徐如人

徐如人传

家学术成长资料采集工程 丛书

科学院院士传记

宁德宽　刘学铭◎著

1932 年	1949 年	1952 年	1976 年	1991 年	2001 年
出生于浙江	考入复旦大学	参与创建吉林大学化学系	开始分子筛研究工作	当选中国科学院学部委员	建成无机合成与制备化学国家重点实验室

老科学家学术成长资料采集工程

中国科学院院士传记丛书

景行如人

徐如人传

宁德宽　刘学铭◎著

中国科学技术出版社

上海交通大学出版社

图书在版编目（CIP）数据

景行如人：徐如人传／宁德宽，刘学铭著. —北京：中国科学技术出版社，2021.2

（老科学家学术成长资料采集工程丛书. 中国科学院院士传记丛书）

ISBN 978-7-5046-8935-1

I. ①景… II. ①宁… ②刘… III. ①徐如人–传记 IV. ① K826.13

中国版本图书馆 CIP 数据核字（2020）第 258829 号

责任编辑	何红哲	
责任校对	吕传新	
责任印制	李晓霖	
版式设计	中文天地	

出　　版	中国科学技术出版社　上海交通大学出版社	
发　　行	中国科学技术出版社有限公司发行部	
地　　址	北京市海淀区中关村南大街 16 号	
邮　　编	100081	
发行电话	010-62173865	
传　　真	010-62173081	
网　　址	http://www.cspbooks.com.cn	

开　　本	787mm×1092mm　1/16	
字　　数	310 千字	
印　　张	20.25	
彩　　插	3	
版　　次	2021 年 2 月第 1 版	
印　　次	2021 年 2 月第 1 次印刷	
印　　刷	北京华联印刷有限公司	
书　　号	ISBN 978-7-5046-8935-1 / K·285	
定　　价	110.00 元	

老科学家学术成长资料采集工程
领导小组专家委员会

老科学家学术成长资料采集工程
丛书组织机构

老科学家学术成长资料采集工程简介

　　老科学家学术成长资料采集工程（以下简称"采集工程"）是根据国务院领导同志的指示精神，由国家科教领导小组于 2010 年正式启动，中国科协牵头，联合中组部、教育部、科技部、工信部、财政部、文化部、国资委、解放军总政治部、中国科学院、中国工程院、国家自然科学基金委员会等 11 部委共同实施的一项抢救性工程，旨在通过实物采集、口述访谈、录音录像等方法，把反映老科学家学术成长历程的关键事件、重要节点、师承关系等各方面的资料保存下来，为深入研究科技人才成长规律，宣传优秀科技人物提供第一手资料和原始素材。

　　采集工程是一项开创性工作。为确保采集工作规范科学，启动之初即成立了由中国科协主要领导任组长、12 个部委分管领导任成员的领导小组，负责采集工程的宏观指导和重要政策措施制定，同时成立领导小组专家委员会负责采集原则确定、采集名单审定和学术咨询，委托科学史学者承担学术指导与组织工作，建立专门的馆藏基地确保采集资料的永久性收藏和提供使用，并研究制定了《采集工作流程》《采集工作规范》等一系列基础文件，作为采集人员的工作指南。截至 2016 年 6 月，已启动 400 多位老科学家的学术成长资料采集工作，获得手稿、书信等实物原件资料 73968 件，数字化资料 178326 件，视频资料 4037 小时，音频资料 4963 小时，具有重要的史料价值。

　　采集工程的成果目前主要有三种体现形式，一是建设"中国科学家博物馆网络版"，提供学术研究和弘扬科学精神、宣传科学家之用；二是编辑制作科学家专题资料片系列，以视频形式播出；三是研究撰写客观反映老科学家学术成长经历的研究报告，以学术传记的形式，与中国科学院、中国工程院联合出版。随着采集工程的不断拓展和深入，将有更多形式的采集成果问世，为社会公众了解老科学家的感人事迹，探索科技人才成长规律，研究中国科技事业的发展历程提供客观翔实的史料支撑。

总序一

中国科学技术协会主席　韩启德

　　老科学家是共和国建设的重要参与者，也是新中国科技发展历史的亲历者和见证者，他们的学术成长历程生动反映了近现代中国科技事业与科技教育的进展，本身就是新中国科技发展历史的重要组成部分。针对近年来老科学家相继辞世、学术成长资料大量散失的突出问题，中国科协于2009年向国务院提出抢救老科学家学术成长资料的建议，受到国务院领导同志的高度重视和充分肯定，并明确责成中国科协牵头，联合相关部门共同组织实施。根据国务院批复的《老科学家学术成长资料采集工程实施方案》，中国科协联合中组部、教育部、科技部、工业和信息化部、财政部、文化部、国资委、解放军总政治部、中国科学院、中国工程院、国家自然科学基金委员会等11部委共同组成领导小组，从2010年开始组织实施老科学家学术成长资料采集工程。

　　老科学家学术成长资料采集是一项系统工程，通过文献与口述资料的搜集和整理、录音录像、实物采集等形式，把反映老科学家求学历程、师承关系、科研活动、学术成就等学术成长中关键节点和重要事件的口述资料、实物资料和音像资料完整系统地保存下来，对于充实新中国科技发展的历史文献，理清我国科技界学术传承脉络，探索我国科技发展规律和科技人才成长规律，弘扬我国科技工作者求真务实、无私奉献的精神，在全社会营造爱科学、学科学、用科学的良好氛围，是一件很有意义的事情。采集工程把重点放在年龄在 80 岁以上、学术成长经历丰富的两院院士，以及虽然不是两院院士、但在我国科技事业发展中作出突出贡献的老科技工作者，充分体现了党和国家对老科学家的关心和爱护。

自 2010 年启动实施以来，采集工程以对历史负责、对国家负责、对科技事业负责的精神，开展了一系列工作，获得大量反映老科学家学术成长历程的文字资料、实物资料和音视频资料，其中有一些资料具有很高的史料价值和学术价值，弥足珍贵。

以传记丛书的形式把采集工程的成果展现给社会公众，是采集工程的目标之一，也是社会各界的共同期待。在我看来，这些传记丛书大都是在充分挖掘档案和书信等各种文献资料、与口述访谈相互印证校核、严密考证的基础之上形成的，内中还有许多很有价值的照片、手稿影印件等珍贵图片，基本做到了图文并茂，语言生动，既体现了历史的鲜活，又立体化地刻画了人物，较好地实现了真实性、专业性、可读性的有机统一。通过这套传记丛书，学者能够获得更加丰富扎实的文献依据，公众能够更加系统深入地了解老一辈科学家的成就、贡献、经历和品格，青少年可以更真实地了解科学家、了解科技活动，进而充分激发对科学家职业的浓厚兴趣。

借此机会，向所有接受采集的老科学家及其亲属朋友，向参与采集工程的工作人员和单位，表示衷心感谢。真诚希望这套丛书能够得到学术界的认可和读者的喜爱，希望采集工程能够得到更广泛的关注和支持。我期待并相信，随着时间的流逝，采集工程的成果将以更加丰富多样的形式呈现给社会公众，采集工程的意义也将越来越彰显于天下。

是为序。

总序二

中国科学院院长　白春礼

由国家科教领导小组直接启动，中国科学技术协会和中国科学院等12个部门和单位共同组织实施的老科学家学术成长资料采集工程，是国务院交办的一项重要任务，也是中国科技界的一件大事。值此采集工程传记丛书出版之际，我向采集工程的顺利实施表示热烈祝贺，向参与采集工程的老科学家和工作人员表示衷心感谢！

按照国务院批准实施的《老科学家学术成长资料采集工程实施方案》，开展这一工作的主要目的就是要通过录音录像、实物采集等多种方式，把反映老科学家学术成长历史的重要资料保存下来，丰富新中国科技发展的历史资料，推动形成新中国的学术传统，激发科技工作者的创新热情和创造活力，在全社会营造爱科学、学科学、用科学的良好氛围。通过实施采集工程，系统搜集、整理反映这些老科学家学术成长历程的关键事件、重要节点、学术传承关系等的各类文献、实物和音视频资料，并结合不同时期的社会发展和国际相关学科领域的发展背景加以梳理和研究，不仅有利于深入了解新中国科学发展的进程特别是老科学家所在学科的发展脉络，而且有利于发现老科学家成长成才中的关键人物、关键事件、关键因素，探索和把握高层次人才培养规律和创新人才成长规律，更有利于理清我国科技界学术传承脉络，深入了解我国科学传统的形成过程，在全社会范围内宣传弘扬老科学家的科学思想、卓越贡献和高尚品质，推动社会主义科学文化和创新文化建设。从这个意义上说，采集工程不仅是一项文化工程，更是一项严肃认真的学术建设工作。

中国科学院是科技事业的国家队，也是凝聚和团结广大院士的大家庭。早在1955年，中国科学院选举产生了第一批学部委员，1993年国务院决定中国科学院学部委员改称中国科学院院士。半个多世纪以来，从学部委员到院士，经历了一个艰难的制度化进程，在我国科学事业发展史上书写了浓墨重彩的一笔。在目前已接受采集的老科学家中，有很大一部分即是上个世纪80、90年代当选的中国科学院学部委员、院士，其中既有学科领域的奠基人和开拓者，也有作出过重大科学成就的著名科学家，更有毕生在专门学科领域默默耕耘的一流学者。作为声誉卓著的学术带头人，他们以发展科技、服务国家、造福人民为己任，求真务实、开拓创新，为我国经济建设、社会发展、科技进步和国家安全作出了重要贡献；作为杰出的科学教育家，他们着力培养、大力提携青年人才，在弘扬科学精神、倡树科学理念方面书写了可歌可泣的光辉篇章。他们的学术成就和成长经历既是新中国科技发展的一个缩影，也是国家和社会的宝贵财富。通过采集工程为老科学家树碑立传，不仅对老科学家们的成就和贡献是一份肯定和安慰，也使我们多年的夙愿得偿！

鲁迅说过，"跨过那站着的前人"。过去的辉煌历史是老一辈科学家铸就的，新的历史篇章需要我们来谱写。衷心希望广大科技工作者能够通过"采集工程"的这套老科学家传记丛书和院士丛书等类似著作，深入具体地了解和学习老一辈科学家学术成长历程中的感人事迹和优秀品质；继承和弘扬老一辈科学家求真务实、勇于创新的科学精神，不畏艰险、勇攀高峰的探索精神，团结协作、淡泊名利的团队精神，报效祖国、服务社会的奉献精神，在推动科技发展和创新型国家建设的广阔道路上取得更辉煌的成绩。

总序三

中国工程院院长　周　济

由中国科协联合相关部门共同组织实施的老科学家学术成长资料采集工程，是一项经国务院批准开展的弘扬老一辈科技专家崇高精神、加强科学道德建设的重要工作，也是我国科技界的共同责任。中国工程院作为采集工程领导小组的成员单位，能够直接参与此项工作，深感责任重大、意义非凡。

在新的历史时期，科学技术作为第一生产力，已经日益成为经济社会发展的主要驱动力。科技工作者作为先进生产力的开拓者和先进文化的传播者，在推动科学技术进步和科技事业发展方面发挥着关键的决定的作用。

新中国成立以来，特别是改革开放 30 多年来，我们国家的工程科技取得了伟大的历史性成就，为祖国的现代化事业作出了巨大的历史性贡献。两弹一星、三峡工程、高速铁路、载人航天、杂交水稻、载人深潜、超级计算机……一项项重大工程为社会主义事业的蓬勃发展和祖国富强书写了浓墨重彩的篇章。

这些伟大的重大工程成就，凝聚和倾注了以钱学森、朱光亚、周光召、侯祥麟、袁隆平等为代表的一代又一代科技专家们的心血和智慧。他们克服重重困难，攻克无数技术难关，潜心开展科技研究，致力推动创新发展，为实现我国工程科技水平大幅提升和国家综合实力显著增强作出了杰出贡献。他们热爱祖国，忠于人民，自觉把个人事业融入到国家建设大局之中，为实现国家富强而不断奋斗；他们求真务实，勇于创新，用科技为中华民族的伟大复兴铸就了辉煌；他们治学严谨，鞠躬尽瘁，具有崇高的科学精神和科学道德，是我们后代学习的楷模。科学家们的一生是一本珍贵的教科书，他们坚定的理想信念和淡泊名利的崇高品格是中华民族自强不息精神的宝贵财富，永远值得后人铭记和敬仰。

通过实施采集工程，把反映老科学家学术成长经历的重要文字资料、实物资料和音像资料保存下来，把他们卓越的技术成就和可贵的精神品质记录下来，并编辑出版他们的学术传记，对于进一步宣传他们为我国科技发展和民族进步作出的不朽功勋，引导青年科技工作者学习继承他们的可贵精神和优秀品质，不断攀登世界科技高峰，推动在全社会弘扬科学精神，营造爱科学、讲科学、学科学、用科学的良好氛围，无疑有着十分重要的意义。

中国工程院是我国工程科技界的最高荣誉性、咨询性学术机构，集中了一大批成就卓著、德高望重的老科技专家。以各种形式把他们的学术成长经历留存下来，为后人提供启迪，为社会提供借鉴，为共和国的科技发展留下一份珍贵资料。这是我们的愿望和责任，也是科技界和全社会的共同期待。

徐如人院士

徐如人院士（右）与采集小组负责人宁德宽（左）交流采集工作

采集小组在上虞区档案馆开展采集工作（左起：刘飒、冯世博、闫文付）

采集小组在云和县开展采集工作（左起：刘绍、宁德宽、闫文付、刘飒）

采集小组在工作中（左起：刘飒、于吉红、宁德宽）

采集小组负责人宁德宽（右）与徐如人院士（左）探讨问题

序 一

　　徐如人教授是浙江省绍兴市上虞区人，无机化学家，中国科学院院士，现任吉林大学化学学院教授。1952 年从上海交通大学化学系毕业后，他积极响应国家关于建设东北工业基地的号召，来到东北人民大学（今吉林大学）化学系无机化学教研室任教，在老一辈化学家、教育家的直接指导下，参与了艰苦的建系工作，至今已在吉林工作 60 多年。1991 年当选为中国科学院学部委员（现称中国科学院院士），2003 年当选为第三世界科学院（现称发展中国家科学院）院士。徐如人教授是国际著名的分子筛与多孔材料化学家，我国无机合成化学学科创建者与奠基人，水热合成化学的开拓者，分子筛与多孔材料研究的引领者和先驱者之一，曾获国家自然科学奖 4 次，国家教委（教育部）科技进步奖一等奖 3 次，1995 年获何梁何利基金科学与技术进步奖化学奖，1998 年获全国教育系统劳动模范并授予全国模范教师称号，在国内外学术刊物上发表论文 550 余篇，出版了 16 部学术专著，在国内外享有崇高的声誉。

　　我曾与徐如人教授共事多年。他思维严谨，思路清晰，思想开阔，为人正直，爱国为民，具有强烈的事业心、责任感和改革创新精神。徐如人教授是吉林大学无机化学（国家重点学科）专业的主要学术带头人。他长期从事"沸石分子筛合成与结构化学"与"无机合成化学"的基础研究，在"分子筛的合成化学与晶化理论""无机微孔晶体合成化学、结构与性能及其分子工程学的研究""水热化学"等领域进行了系统深入的研究，并有独创性的突破，为我国在上述研究领域进入国际先进行列作出了重要贡献。他带领下的学术研究为国际学术界所瞩目。他应邀多次到美国、德国、日本、英国、法国等国家和地区进行讲学及学术访问，并与国际有关研究集体建立了良好的协作研究关系。以分子筛为代表的多孔材料与国民经济密切相关，是用途最广、用量最大的催化、吸附分离与离子交换材料。他看到我国石油化工迅速发展的广阔前景，遂将自己的研究工作转向与石油炼制、石油化工密切相关的"沸石分子筛合成与结构化学"基础研究，为支撑我国炼油催化工业的兴起作出了重要贡献。吉林省是全国老工业基地之一，他在兼任吉林省人大常委会副主任期间，对吉林省石油化工等行业的发展提出了很多建设性意见，有力促进了吉林经济的繁荣发展。

徐如人教授是德高望重的著名科学家和教育家。在长期工作中，他十分重视对人才的培养与教育，在培养人才方面，他也像搞科研、教学一样严肃认真，要求他的学生多到科研、教育及生产一线实践中培养和锻炼。同时对年轻人委以重任，让他们勇挑重担，将他们推向科研与教学的前沿，鼓励竞争，同时为他们创造必要的条件，让他们能在比较宽松的环境中成长。他为我国分子筛与多孔材料领域和无机合成与制备化学学科方面培养了大批优秀人才，其中包括中国科学院院士3人、国家级名师与多位长江学者和国家杰出青年基金获得者，凝聚了产、学、研相结合的科技创新团队，为我国社会主义现代化事业的创新发展提供了强有力的智力支持和人才支撑。他虽已年过八十，仍工作在科研第一线，有力推动了我国分子筛与多孔材料科学的研究和无机合成化学学科的发展。

"老科学家学术成长资料采集工程"（以下简称采集工程）是一项庞大复杂的系统工程，也是一项开创性工作。采集工程通过实物采集、口述访谈、录音录像等方式，把反映老科学家学术成长历程中各方面的资料保存下来，为深入研究科技人才成长规律、宣传优秀科技人物提供了第一手资料。徐如人教授是采集工程中吉林大学承接的第一位采集对象，也是吉林省前几位被采集的老科学家。这不仅是对徐如人教授个人学术成长的追述与探寻，还是对吉林大学化学学科发展历程的考证和梳理，更是对我国化学学科相关研究领域历史脉络的探索与研究。本书以采集工作所获资料及其他旁证或间接资料为基础，以徐如人教授个人学术成长经历为主线，以学术学科领域在国内外的发展历程为背景，准确、完整、清晰地描述和汇集了徐老教授的出身家世、求学历程、师承关系、工作环境、学术风格、科学成就及学术交往中重要节点的关键人物和重大事件，全面勾勒出其学术思想、观念和理念的产生、形成、发展过程，并精炼总结了其学术成长的特点及重要影响。本书内容翔实，语言流畅，线索清晰，真实再现了徐老教授当年艰苦奋斗的学习、工作历程，深入刻画了其对学术研究严谨认真、一丝不苟、精益求精、开拓创新的精神，充分体现了徐老教授对党和人民事业的无限忠诚和热爱。

徐如人教授是我共事多年的老朋友，也是我非常敬重的老科学家。在本书即将付梓之际，我欣然应命为之作序，深感荣幸，然寥寥数语，恐难尽其意。在此，我衷心希望我国能够培养和涌现出更多像徐如人院士这样的爱国科学家，为全面建成小康社会和中华民族伟大复兴的中国梦作出更大贡献！

王云坤

2017 年 11 月

序　二

　　徐如人教授是我崇敬的科学家、教育家。他1952年到东北人民大学化学系任教，参与化学系的建系、学科建设的教学、科研等工作；我于1958年在东北人民大学中文系毕业并留校，在中国现代文学教研室任教。论辈分，当我还是中文系的学生时，他已是化学系的青年教师。虽然我们之间隔系、隔行，辈分不同，但是那时我就知道徐如人教授是无机化学家关实之教授学术团队的骨干、优秀青年教师。这是缘于关实之教授与中国现代文学著名作家老舍是北京师范学校的同班同学，关实之教授的夫人、生物化学家陶慰孙教授又是中国现代文学著名作家陶晶孙的亲妹妹，陶晶孙与中国现代文学著名作家郭沫若还是连襟。这些都引起了我们从事中国现当代文学教学与研究者的极大兴趣——我们东北人民大学的化学与文学还有这样的因缘关系，很自然也就关注了关实之学术团队骨干教师徐如人教授。我留校后住在教职工宿舍明德四舍，徐如人教授住在明德三舍，我们都在明德三舍教工食堂就餐，我看到徐如人教授与夫人庞文琴常在一起用餐，有时边用餐边讨论教学、科研问题，有说有笑，神采奕奕。当然，对徐如人教授的真正了解，还是在我1987年到学校任校领导工作之后，特别是读了本书之后，对徐如人教授不凡的人生之路、真挚的爱国情怀、求是的科学精神、不懈的事业追求、仁厚的宽容胸襟、行为世范的高尚品格、学为人师教书育人的学术业绩有了更为真切的认识。

徐如人教授在上海交通大学毕业后，放弃了上海优越的工作条件，来到东北人民大学化学系任教。当时正值化学系初建期，实验设备、化学药品奇缺，办学条件十分艰苦，他和全系教师一起，发扬艰苦奋斗的精神，克服重重困难，因陋就简，保证了教学工作的正常进行。在蔡镏生、唐敖庆、关实之、陶慰孙等老一辈化学家、教育家的带领下，参与了艰苦的建系工作和化学学科的建设工作，成为吉林大学化学系最早的创建成员和化学学科建设发展的最初奠基人之一。

作为吉林大学无机化学学科的学术带头人，徐如人教授坚持教学、科研、社会服务三者的并重、相融，以艰苦创业、求实创新，基础研究与实际应用相结合的科研理念，带领他的科研团队，团结协作、拼搏进取，取得了丰硕的科研成果。"文化大革命"一结束，他便时不我待地组织科研团队，在理化楼中间大厅里侧间隔出实验室的房间，开展了分子筛和水热合成化学方面的研究，在新型微孔无机物的合成与开拓、分子筛的晶化机理、开放骨架结构磷酸铝的结构化学、微孔骨架结构的设计定向合成与分子工程学研究方面取得了优异的成绩。他的"分子筛的合成化学与晶化理论""无机微孔晶体合成化学、结构与性能及其分子工程学的研究"达到了国际先进水平。徐如人教授还与夫人庞文琴教授共同开展了"无机合成与制备化学"研究。2001年，无机合成与制备化学教育部重点实验室被科技部批准为国家重点实验室，成为我国无机合成与制备化学领域的一面旗帜。随着国家和学校事业的发展，学校科研环境与条件也在不断改善，建起了国家重点实验室大楼。徐如人教授也把吉林大学和中国的分子筛与多孔材料化学的研究推上了国际前沿的最高水平。

徐如人教授是教书育人的楷模。他重视课堂教学，认为作为教师首先要讲好课。他以身作则，先后为本科生、研究生主讲了普通化学、无机化学、现代化学基础、稀有元素化学、无机合成化学、固体化学、分子筛化学等基础课和专业课。他善于启发式教学，灵活地将科研成果、科研思想与方法融会于课堂讲授的教学中，培养学生思考和解决实际问题的能力。他注重人才培养，让青年教师在教学与科研第一线的工作实践中学习、成长，使他们在教学与科研的实践中逐步形成了自己的特色和风格。他对学生和学术团队的成员严格要求，一方面要求他们树立正确的政治方向、高尚的人格修养、求实创新的科学精神和励志图强、艰苦奋斗、勇攀科学高峰的宏图大志；另一方面又以自己教学、科研经历的心得体会，指引他们的学术道路，引领他们健康成长。我在学校工作期间，与徐如人教授接触较多，他从来没有向我谈过他个人的需求，更多的是谈他对实验室科研方向、项目选择和实验室建设的想法。每次国家或教育部的专家组来检查、评估、验收实验室的工作，他都是亲自率领大家认真准备、听取意见、研究改进措施。他特别关心教师的学习、教学、科研和生活的环境及条件，在交谈中向我反映了一些这方面的问题，以引起学校的重视。60 多年来，徐如人教授为国家培养了几代高层次专门人才，仅留在吉林大学工作的他的博士生中，已有两人当选为中国科学院院士（其中一人还被评为发展中国家科学院院士），有 5 人获中国青年化学奖，6 人获国家杰出青年基金，2 人被评为国家教育部优秀跨世纪人才，3 人当选教育部"长江学者奖励计划"特聘教授，1 人获国家教学名师奖。

徐如人教授以其半个多世纪的辛勤耕耘，为吉林大学化学学科创造了宝贵的科学财富和深厚的文化底蕴。他是我国无机合成化学学科的创建者与奠基人、分子筛化学与水热化学发展的重要推动者，为我国教育与科学事业立下了丰功伟绩，赢得了蜚声中外的学术声誉。

在我的心目中，徐如人教授是德艺双馨的科学家，桃李芬芳的教育家，真诚慈祥、谦和包容、与人为善的仁者。是我由衷钦敬的师长，情意亲近的朋友。应邀为其传记写序，我深感荣幸的同时，也自觉重任难负，则寄希望于以我的拙笔能弘扬徐如人教授博大精深的思想精神、高尚的品德、坦荡的胸怀、宏伟的业绩之一二，以激励人们以徐如人教授这样的老科学家为榜样，为建设中国特色社会主义，实现中华民族伟大复兴而努力奋斗。

2017 年 11 月

目　录

图片目录

导 言

　　徐如人教授是国际著名的分子筛与多孔材料学家，我国无机合成化学学科的创建者与奠基人，水热合成化学的开拓者。在国际上首次提出现代无机合成化学学科的科学体系。他一生致力于化学科教事业，建树颇多，成果丰硕。

　　一个偶然的机会，使我有幸成为徐如人成长资料采集小组的负责人，开始走近他，了解他。踏寻他的成长路线，梳理他的师从关系，探究他的学术思想，收集他的科教成果，感悟他的人生智慧，领略他的人格魅力，走进他的婚姻家庭，挖掘他的生活点滴。这种全方位的采集和了解，让我们重新勾勒出了一个科学家的全貌，把一个近乎透明的学术大师介绍给大家。

　　对此，徐如人教授曾当着子女们的面跟我们半开玩笑半认真地说："现在，谁也没有你们对我最了解，包括我自己"。

　　徐如人教授说得没错，在采集工作中，我们收集到了连他本人也未曾看到的他中小学时期的有关资料，采访了他本人也未曾听到的别人对他的评价，查阅了档案馆中他所不知的有关他的记述……

　　然而，事非经过不知难，实际工作的开展远比想象中要难很多。采集工作是一个庞大的系统工程，它不是简单的对一位老科学家成长经历的概括和总结，而是要就其成长的各个方面进行深入探究，求全求细地多方位展示，它需要专业性、写实性、科学性、文学性与可读性等方面的综合运用。研究报告素材的准备来自各方面资料的收集，如传主的自述、相关人员的访谈、实地走访、佐证材料的查阅、历史事件的考证等多个渠道。这些工作的开展需要多个相关专业的人员如新闻、档案、文学、历史及徐如人教授所从事的化学专业相关人员等相互配合才能完成。好在，在中国科协与吉林大学领导的支持下，在学校党委宣传部、档案馆、科技处等相关部门的配合下，我们很快配齐了人马，组建了采集队伍。2015 年 7 月，采集工作开始启动。但困难依旧明显，由于采集小组的人员来自学校多个部门，他们都是在岗人员，都有自己繁忙的日常工作，因此采集工作只能靠大家的业余时间和假期时间来完成。大家对徐如人教授都是心怀崇敬之情，充分认识到采集工作重大非凡的意义，所以，都认真努力地去完成工作。

为做好采集工作，我们按照中国科协的要求，制订了详细的采集工作方案，按照由内及外、由表及里、采集与创作兼顾的工作思路不断推进。在访谈方面，我们在充分征求徐如人教授意见的基础上确定了一系列访谈人选。他们中有徐如人的学生及同事冯守华院士、于吉红院士、裘式纶教授、陈接胜教授、刘学铭教授，大学同学、校友沈静兰教授、高滋教授，中学同学朱通、向长恕、刘绍，化学界同行何鸣元院士、屠昆岗教授，以及吉林大学老校长刘中树、徐如人的长子徐鹰等。此外，我们还远赴徐如人的出生地浙江省绍兴市上虞区下管镇实地走访了他的乡亲邻里，到他当年下乡所在地吉林省扶余市三井子镇永久村与村民座谈，等等。形成音视频材料 20 多份，录音整理稿近 18 万字。

让我们感到难得的是，徐如人教授非常支持和配合采集工作。他身体状况良好，思维敏捷，对许多往事仍记忆犹新，提供的材料也比较全面，这给我们开展采集工作增加了信心和底气。采集工作开展后，我们先后对徐如人教授做了 8 次访谈，多次个别沟通交流。对我们的问题他每次都不厌其烦地给予耐心解答和说明，对我们索要的材料给予较全面的提供，对我们的创作初稿做认真细致的修改。其中，我们用了 6 次长时间的专访，采集了徐如人教授的家庭出身情况，求学经历，参与创建东北人民大学化学系的工作经历，"文化大革命"期间遭受迫害，改革开放后迎难而上、拼搏进取的创业精神以及婚姻家庭生活等方面的详细内容。这为我们整理出他的研究报告提供了一个完整的架构，然后结合其他的访谈内容和采集资料的补充完善，在写实的基础上经过一番文学创作和润色，《景行如人：徐如人传》的内容便逐渐丰满起来。

随着对徐如人成长资料采集工作的不断深入，我们对徐如人教授从表面上的认识了解逐渐走向多角度、多层次的认知和内心深处的沟通与交流，感悟到他的真实与性情。我们对他的印象也发生了巨大的转变，从最初的对他高不可攀、不苟言笑的大学者的敬畏到可以和他促膝交谈、亲如父辈一样的随意自如；从对他所取得的丰硕卓著的成就认为是来自天才与灵感的臆断到对他长期的埋头坚持、攻坚克难、从不放弃的工作态度使我们重新回到了天才来自勤奋和汗水的论断；从对他出身不凡、家庭显贵、生活优裕的世俗印象到对他一生清贫、命运多舛、自强不息的现实奋斗经历所矫正。

对此，我们总结出：徐如人教授的一生充满了传奇色彩，亦充满艰辛和坎坷，他的成功离不开脚踏实地的拼搏奋斗。

徐如人出身于民国时期的官宦之家，父亲徐浩曾任国民党浙江省党部书记长。母亲刘谱人是大家闺秀，早年与徐浩一同参加孙中山领导的辛亥革命，在共同的革命生涯中结为伉俪，后步入政坛成为首届立法委员。这种显赫的家庭背景听起来是令人艳羡的，但徐如人却生不逢时，不仅没有享受到家庭所带来的荣华富贵，还因此遭受了许多不白之冤，让他的人生一度陷入了谷底。

在徐如人5岁时抗日战争爆发，他与2岁的弟弟随父母转战于浙西南贫困山区。整整8年的时间他都是在那里度过的。当时可以说是居无定所，食无兼味，学业断续，颠沛流离，饱尝了战乱之苦。

抗日战争胜利后，徐如人随父母转回杭州，尚未过上几天好日子，就遭遇了父逝母去的重大家庭变故。他和年幼的弟弟几近成为孤儿。但少年徐如人面对生活的挫折没有选择逃避和自弃，而是独自挑起生活的重担。

他自强自立，顽强与命运抗争，家破而不堕其志，清贫而不忘进取。通过勤学苦读，考上了理想的大学，成为中华人民共和国成立后的第一批大学生，走上了那个年代年轻人所向往的人生的正确道路。

大学毕业后，徐如人积极响应国家援疆支教的号召，只身远赴长春，投身到东北人民大学化学系的初创工作中。他经历了创业的艰辛，栉风沐雨，励精图治；遭受了"文化大革命"的迫害，身陷囹圄，下放改造；改革开放后，已近天命之年的他开始发愤图强，拼命工作，坚持奋斗35年，把弱小的无机化学学科建成了国家首批重点学科，并在此基础上建成了无机合成与制备化学国家重点实验室，在无机合成化学与分子筛化学领域取得了一个又一个重大的科研突破，培育了一大批高级化学专业人才，为国家和社会作出了突出贡献。

徐如人对社会的主要贡献体现在分子筛领域研究的重要成就，使我国分子筛产业从空白走向了兴盛，推动了炼油工业的重要发展。

在中华人民共和国成立早期，我国炼油工业一穷二白，国外对我国实施技术封锁。在我国早期建立的炼油工业中面临着许多难题，其中包括由于夏季温度高，导致生产钠Y分子筛导向剂失效问题，以及稀土分子筛两交换，两焙烧生产路线长、成本高的问题。对此，徐如人提出了解决方案，成功开发了生产钠Y分子筛的高温长效导向剂，提出了中温水热条件下的"一交一焙"稀土Y分子筛制备路线，支撑了我国早期炼油工业的发展。之后，为了响应国家战略布局，他全力投入分子筛的基础科学研究，并致力于推动产学研的紧密结合。

经过几十年的发展，如今我国分子筛产业蓬勃兴起，年产量已经达到约60万吨，约占全球分子筛市场的五分之一，这些分子筛材料被广泛应用于石油加工、石油化工、精细化工、煤化工、空气分离等重要工业领域，极大地促进了我国国民经济的发展。

中国科学院院士、曾任中国石油化工集团有限公司石油化工科学研究院总工程师、国际分子筛协会副主席何鸣元指出，我国分子筛产业界发展得非常快，取得了很多应用型成果。为推动分子筛领域的研究达到国际前沿，徐如人倾注了全部精力。分子筛学术领域发展到今天，徐如人的贡献是巨大的，这也是大家所公认的。

科技界对徐如人在分子筛和无机合成化学领域所作出的杰出成就给予了高度评价，2007年国际分子筛协会官方期刊《微孔与介孔材料》出专刊庆贺徐如人75岁生日，国际分子筛协会原主席Weitkamp教授评价时指出："徐如人教授不但是中国、亚洲，而且是国际分子筛界及材料科学界的引领者"。

1998年，《香港文汇报》还出专版介绍了徐如人在合成化学领域的贡献，称其为"无机合成化学先锋"。

徐如人创建并见证了一个学科的发展，当年从南方来到吉林大学工作的许多人，由于地域、气候、经济条件等原因都陆续离开了，但他坚守了下来，这一守就是65年，从未离开。

这就是徐如人，他的骨子里有一种埋头、坚持的韧性，在他处于命运低谷时，不记恨、不抱怨、不消极、不低靡，仍不忘记一个知识分子的本色——造福人类，揭示真理，教书育人，传承文明，这是他一息尚存便奋斗不止的生命动力！

本小组接受采集任务以后，深感任务艰巨，如何把徐如人富有传奇的一生写出来，写好，写生动，让读者看到一个听起来出身显贵、富有传奇色彩的学术大师但在人生的每一个阶段都未曾离开过脚踏实地、砥砺进取的人生轨迹，这是我们构架此书的一个主要线索。

本书名中的"景行如人"取自《千字文》中的"景行维贤"，"景行"是指崇高光明的德行，也喻指徐如人所从事的教书育人和科学研究的伟大事业；"如人"指徐如人的名字，"景行""如人"合起来指他高尚的德行尤如其人，可谓一语双关。

全书共十二章，基本以时间为序进行展开，其中个别章节根据叙述需要时间跨越较大，但不影响时间的整体顺序。

第一章主要介绍徐如人的身世与家庭：童年的经历。描述他虽出生在一个相对显贵的家庭中却没有享受到与其相对应的生活，而是身陷于那样一个特殊的战乱年代，名为官宦子弟，实则与普通百姓子女并无二致。父母又过早离他而去，剩下他与年幼的弟弟相依为命，不为命运所屈服的他们自强不息，谱写了一篇与弟弟的励志故事。

第二章主要描写徐如人在战乱中的小学及初中生活。从 1937 年抗日战争全面打响，到 1945 年第二次世界大战结束，抗日战争取得彻底胜利，整整 8 年，他的童年生活、启蒙教育，整个小学学习与两年的初中生活都是在颠沛流离的战乱中度过。战乱迫使他们不断迁移，他寄宿过祠堂，借居过农家，在山洞和寺庙里上课，经常遭受战火的侵扰，学业断续。对他而言，虽然对最基础知识的学习与正规良好学习习惯的培养与养成造成了较大的负面影响，然而从另一个角度讲，由于童年时期受到抗日爱国精神的熏陶，艰苦与动荡生活的磨砺，为他以后的成长起到了积极的影响。

第三章虽然时间跨度较小，但我们用一章的篇幅来描写了他的高中生活，进而强调高中教育对他未来成长的影响很大。抗日战争结束后，建国中学迁回杭州，徐如人开始接受了比较正规、系统、稳定的中学教育。高中阶段，有几个方面都对他产生了积极的影响：一是遇到一位办学有方的好校长章湘伯；二是受教于一批教学水平较高的好老师；三是中学改制，将三年制改为试办六年一贯制。建国中学的改制，并不是简单地将初中与高中连接一起，而是在教学方面做了大胆探索，有力促进了学校教学质量和教学效果的提高。在这些有利因素的带动下，短短几年时间，建国中学迅速崛起，跻身全国著名中学行列。徐如人在杭州建国中学受到了良好教育，为他后来考入名牌大学以及从事科教工作奠定了坚实的文化基础和品行基础。

第四章主要介绍徐如人的大学生活。由于三年高中生活打下了较好的基础，虽然在高考前他遭受了家庭的重大变故，但他能够从巨大的心理压力中解脱出来，忍受艰难困苦，全身心备战高考，并顺利考上了大学，成为新中国第一批大学生。在大学学习阶段，他受教于不少著名的化学家与教育家，其中有三位老师：顾翼东教授、严志弦教授与朱子清教授是他特别崇敬的，且为他以后的专业研究与学术思想的养成产生了深远影响。尤其是顾翼东教授，这位我国当代无机化学学科的重要奠基人，他热爱祖国，为人师表，德高望重，治学严谨，直到九秩高龄仍潜心科教事业。徐如人有幸在交通大学化学系二年级时听他讲物理化学课，在 1956—1958

年又追随他在复旦大学化学系进修近两年的稀有元素化学，且在以后的几十年中不断地得到他的指导与教诲，是他终生难忘的授业恩师。

第五章主要介绍徐如人大学提前毕业后，为响应国家建设东北的号召，只身来到长春，参与东北人民大学化学系的初建工作。1952年，全国高等院校调整，高等教育部抽调一批专家学者到东北人民大学创建了数学、物理、化学等学科，使东北人民大学由财经政法性质的大学变成了一所综合性大学。当时，化学系在蔡镏生教授、唐敖庆教授、关实之教授和陶慰孙教授等人的带领下，开始了艰苦卓绝的创业工作。徐如人在关实之教授的直接带领下，参与创建了无机化学学科。因此，关实之教授成为他从事高校科教工作的启蒙老师，也是他以后成长成才的人生导师。关实之教授当时就是国内知名的化学家和教育家，他对年轻教师的培养和提高一向高瞻远瞩、远见卓识，在当时他就特别重视"教学必须与科学研究同时抓"的培养方针。这一点，对徐如人的影响很大，并受益终身。

第六章介绍的是徐如人参加工作后的一个重要经历：到复旦大学进修。东北人民大学化学系成立之初，师资力量薄弱，课程门类不能满足教学需要，为了开更多的课程，化学系决定分批派出年轻教师到国内其他大学进修，回来后独立承担授课任务。徐如人在1956年暑期至1958年春季被派往复旦大学化学系跟随顾翼东教授学习稀有元素化学，为期两年。徐如人去复旦大学进修，对他的人生起到了重大作用，堪称他人生的关键时期、关键事件，并且再次遇到了顾翼东那样成为他终生良师益友的关键人物。顾翼东与徐如人的关系，对徐如人的影响，不仅是良好师生关系的楷模，这种关系所产生的人才效应也是令人效法的楷模，也就是人们常说的"名师高徒"效应。

第七章主要叙述"大跃进"思潮下的教育改革。这段时期，虽然高教工作也受到了"极左"思潮的影响，但那种高负荷、打破常规、"大跃进"式的工作方式让徐如人经受了前所未有的历练。他积极热情地投身于各项运动中，学校大办工厂时，他出任硼砂厂厂长；教改课程一条龙时，他要龙头，主讲"现代化学基础"。尤其是在教改中，打破以往四大门基础课的格局，重组"一条龙"课程新体系，即将原来无机、分析与物化的部分基础内容组成以无机化学为主的一条龙。徐如人担任课程的主讲并作为教改负责人，工作的重压逼迫他在短时间内把无机、分析和物化的课程内容通学一遍并编在一起组成一门课。虽然这种"大跃进"模式下的教改工作未能走远，但对徐如人在今后的教材编著和课程编排上的确是一个很好的训练。

第八章所述内容是徐如人一生中最为灰暗的岁月，"文化大革命"的爆发成为他厄运的开始。由于出身不好、社会关系复杂，特别是中华人民共和国成立后其母亲随国民政府去了台湾，使他被当时化学系的"群专"组织以所谓"特嫌"的罪名关押，进行"隔离审查"，被迫交代问题，经常被押着去参加批斗会等，完全失去了人身自由。随后被下放到偏远农村参加劳动改造，数九寒天，备受煎熬。但是，在处于命运最低谷时期，他不记恨、不抱怨、不消极、不低靡，仍不忘记一个知识分子的本分、一个智慧学者的天职，像候鸟敏于发现栖息地那样，寻找知识用武之地，千方百计地把专业知识转化为造福乡里的生产技术，把当地丰产的石英砂用土法自制的反应釜转化为化工产品——水玻璃。表现出当代中国知识分子的优良品质。

第九章至第十一章是本传记的核心内容，所占篇幅相对较大。主要介绍徐如人在"文化大革命"结束恢复工作以后，重新奋起，埋头苦干，只争朝夕的工作精神。在这些章节，集中展示了他作为一名教育工作者，在教学、科研、人才培养、著作撰写、学科建设、对外交流等方面的拼搏历程和所取得的卓越成就。如在国内率先开展分子筛研究，率先开展对外交流合作，开创无机合成化学专业方向，建成了无机合成与制备化学国家重点实验室，培养了一大批高水平的无机化学专业人才，把无机化学学科建成了首批国家一级学科，出版了国内第一本《无机合成化学》专著，等等。在第十一章中以感悟的方式，系统总结了徐如人执教生涯中一些独特的经验和做法，如育人之道、科研之法、著述之丰、队伍之强、学科之盛、成果之硕等，足以留给后人一笔宝贵的智慧财富，同时亦可供教育界同行学习借鉴之用，发挥出了强大的社会效益。

在第十二章中，我们用了一整章的篇幅介绍他和庞文琴教授的婚姻家庭。徐如人大学毕业后，只身来到长春，参与东北人民大学化学系的创建工作。当时，除了远在外地当兵的弟弟外，他几乎没有可以直接依赖的亲人。妻子庞文琴的出现，让他在亲情和爱情上得到了充分的弥补，庞文琴成为他一生相依相伴的人生知己。徐如人和庞文琴风雨同舟、相濡以沫、患难与共，生活上相互照顾，工作上相互支持，精心养育子女，并把他们都培养成为对国家和社会的有用之人。他们婚姻幸福，家庭和睦美满，子女成才。这方面，亦可成为众多家庭学习的典范。这也是我们把这项内容单独列为一章的原因所在。

本书内容主要在徐如人自述的基础上，结合访谈的内容，以及我们采集到的有关资料，逐步充实完善起来。其中对我们创作参考作用比较大的资料有《云和县抗战文化》《上虞史志》《吉林大学化学学科史料》《吉林大学化学学科史志》《关实之、陶慰孙百年诞辰纪念文集》《蔡镏生纪念文集》《高山仰止——唐敖庆和他的弟子们》及采自上海交通大学档案馆、复旦大学档案馆、杭州高级中学校史馆、浙江省档案馆、中国第二历史档案馆、吉林省扶余市档案馆等单位的档案性资料。在这些资料的帮助下，本传记不仅充实丰满起来，也使得事件有考证、引用有出处，使传记在一个客观、纪实的基础上建立起来。其内容不虚构、不浮夸、不推测、不臆断，符合科学家传记的严谨性与写实性的要求。

在采集工作中，我们获得了许多较为珍贵的资料，在此列举一二。

其一是徐如人与他的大学老师顾翼东几十年的书信手稿。徐如人在大学期间得到了顾翼东教授的言传身教，耳提面命，两人之间建立了深厚的师生情谊与合作关系。徐如人离开复旦后的三十多年里，他们之间一直保持着密切的交往，徐如人有问题就向老师请教，老师也毫无保留地予以热心指导。他们的交往程度，从他们相互往来的几十封书信中就可寻到答案。从学术的指导到生活上的关心，从科技的发展到个人事业规划的建议等，字里行间体现了老师对学术严谨、认真、负责之态度，以及关爱后学、诲人不倦、热爱科学之匠心。顾翼东教授的品行及为师之道给徐如人留下了深刻的印象，对他以后教书育人、埋头科研、兴业立事起到了良好的引领和示范作用，令他受益终身。

其二是"文化大革命"期间徐如人下放扶余农村，我们在扶余县档案馆里查到的有关他的记述。档案里主要记述了他下乡期间在三井子公社生产水玻璃这件事，不仅是他开展水热化学的开端，也反映了他处于命运最低谷时期仍不忘记一个知识分子的本色，寻找知识用武之地，千方百计地把专业知识转化为造福乡里的生产技术，把当地盛产的石英砂转化为有用的工业品——水玻璃。体现了徐如人作为一名知识分子的天性！

我们采集到的还有徐如人当年完整的教案手稿，童年时期家庭的一些珍贵照片等资料，都已悉存到馆藏基地，这里不再列举。

徐如人的一生虽跌宕起伏但历久弥坚，富有传奇亦平淡真味。通过采集工作，我们剥开一层层历史的面纱，翻阅一页页尘封的档案，对一个老科学家的成长经历有了重新的认知。拂去笼罩在他身上的传奇色彩，我们看到了他在现实社会中所经历的苦难。通过与他多次近距离的接触，使我们对他那种高不可攀的心理印象逐渐退去。但随着了解的深入，徐如人教授让我们越发感动，让我们越发感到亲近，他的人格魅力对我们有着深深的吸引力，他的形象在我们心目中变得真正高大起来。让我们心生景仰的是：他在人生道路上的百折不挠，他在科学事业上的执着奋进，他在东北这块黑土地上长期的坚持坚守与无私奉献是常人所难以做到的。这远远超越一般政治觉悟和社会道德的高度，这就是他留给后人最好的精神财富，亦是本传初心。

第一章
身世与家庭

原籍上虞　　出身名门

徐如人于 1932 年 3 月 16 日出生在浙江省绍兴市上虞区下管镇。祖父徐祺，生卒年不详；父亲徐浩，字子梁（1895—1947），上虞区下管镇人；母亲刘谱人，字娟卿（1895—1982），上虞区丰惠镇人。

人们经常用"地灵人杰"这句成语来说明杰出人物与出生地的关系。这是有生态学和文化学依据的。

有什么样的生态环境，就造就什么样习性的物种，正所谓"橘生淮南则为橘，生于淮北

图 1-1　徐如人故里上虞区下管镇（上虞区乡贤馆提供）

图 1-2　下管镇老街坊（2017 年 3 月，宁德宽摄）

则为枳，叶徒相似，其实味不同。所以然者何？水土异也"，晏子使楚时这句名言，道出了生命个体的习性与生态环境密不可分的关系，正是一方水土一方人。

从文化学观点来看，人是文化的产物，出生地是文化根基，是故乡人群和个体的文化母体，有什么样的故乡传统文化，就造就出什么样的人群和个体。正所谓"江南才子山东将，陕西黄土埋皇上"，这都是地域文化的宏观效应。江南多才子，名士自风流。自屈原以来，不管是"唐宋散文八大家"，还是明清的"江南四大才子"，这些文人墨客几乎都来自江南。即便当代，鲁迅、茅盾、曹禺等文学大家几乎都来自江南水乡。这里说的是人文才子，至于谈到近现代教育科技精英、江南的杰出人物，更是不胜枚举，比如，数学家苏步青、谷超豪，力学家钱学森，物理学家严济慈、钱三强、赵忠尧，化学家纪育沣、汪猷、严东生，土壤化学家朱祖祥，农学家金善宝，生物学家贝时璋、童第周，植物学家钱崇澍，林学家梁希，地理与气象学家竺可桢、赵九章等 400 余名院士均出自浙江。

浙江上虞自古就是人杰地灵的隆兴之地。那里历史悠久，文化灿烂，积淀深厚，有着 4500 余年的文明史。据郭沫若《卜辞通纂》中云，殷商甲骨文中已有"上虞"地名。据《上虞史志》记载："舜，出生于上虞，上虞地名与帝舜密切相关，不可分割，舜避丹朱于此，故以名县。百官从之，故县北有百官桥。舜与诸侯会事讫，因相娱乐，故曰上虞。"[①]

徐如人的父亲徐浩，出生于上虞区下管镇，此乃千年古镇，三面群山环抱，管溪、鹿溪绕村而过，曹娥江贯穿而行，是中国古代孝文化的发祥地，历史文化底蕴厚重。据《管溪徐氏宗谱》记载，南宋时，徐姓

---

① 汪国泰：舜与上虞。《上虞史志》，2016 年第 2 期，第 66-78 页。

祖先自奉化白岩迁来定居，筑舍于上管村下，卜居管溪，故名下管。后子孙兴旺，遂成望族。宋熙宁年间（公元1070年）置下管乡，民国二十一年建镇[①]。下管乡一直是浙东著名的水果之乡、商贸重地。现保存有西桥五经牌坊、应乾塔、百年老街、千年古道等古建筑。其中，五经牌坊是明代皇帝为表彰徐氏先人教育上的功勋所建，上面记载着明清数百位功名人士，被尊为下管文风之所赖，三尺禁地内"文官下轿，武官下马"。

图1-3 徐如人的父亲徐浩（1945年，徐如人提供）

在下管镇安门立户的徐家，是个诗礼传家、书香门第的望族，可谓俊杰辈出。单明代就出进士23位，举人55位，且后贤接踵；我国现代著名文学家徐懋庸[②]就出生在下管镇，他对文学和革命的执着精神，奠定了下管人民的坚定革命信念；中共早期党员徐用宾、徐镜渠在此创办了《管溪声》[③]，开了下管人革命之先声。1895年，徐氏家族又添了一个男丁，祖上起名曰"浩"，意为顶天立地、浩然正气之意。徐浩少年时期就读于浙江省第一师范学校，学习勤奋，成就优异，成人后开始了不凡的人

图1-4 五经牌坊（2017年3月，刘飒摄）

---

① 李慧：《千年古镇 生态下管》。北京：大众文艺出版社，2013年，第6页。

② 徐懋庸（1910-1977），原名徐茂荣，浙江省绍兴市上虞区下管镇人，我国现代著名文学家、革命家。李慧：《千年古镇 生态下管》。北京：大众文艺出版社，2013年，第113页。

③ 李慧：《千年古镇 生态下管》。北京：大众文艺出版社，2013年，第91-92页。

生旅程。

图1-5　徐如人的母亲刘谱人
（徐如人提供）

徐如人的母亲刘谱人，出生于上虞区丰惠镇。古镇丰惠，人文古迹甚多：建于元代的九狮桥、鸾凤和鸣的仙姑庙、明代风格的大宅院等；这里还流传着许多美丽的神话传说：至死不渝的"梁祝化蝶"、得道升天的"伯阳炼丹"、两袖清风的"孟尝还珠"、归隐林泉的"范蠡入湖"……

丰厚的文化、灵秀的山水，养育了丰惠的儿女。在这个古镇上，有一大户刘姓人家，家有一女名唤谱人，字娟卿，贤良聪慧，纯真执着，知书达理，勤奋好学。少年时期就读于杭州女子师范学校，堪称民国以来第一代知识新女性。

后来，徐如人的父亲徐浩从浙江省第一师范学校毕业后执教于故里小学，母亲刘谱人从杭州女子师范学校毕业后，参加创建并执教上虞县立女校。当时，受辛亥革命进步思想的熏陶，他们热情投身于孙中山领导的国民革命，并担任过国民党上虞县党部的领导工作。1920年前后，他们在工作中相识相知，共同的学习和革命经历，使徐浩和刘谱人很快走到了一起，并结为革命伉俪。1930年，他们婚后同赴日本留学，徐浩先后就读于日本明治大学法学系与东方文化学院文学系，刘谱人就读于东京高级女子师范学院，开始了他们求学报国的人生历程。

日军入侵　辗转浙南

1931年9月18日夜，在日本关东军的蓄意策划下，铁道"守备队"炸毁沈阳柳条湖附近日本修筑的南满铁路路轨，并栽赃嫁祸于中国军队。日军以此为借口，炮轰沈阳北大营，这便是震惊中外的"九一八"事变。

"九一八"事变是日本在中国东北蓄意制造并发动的一场侵华战争，是日本帝国主义侵华的开始。

"九一八"事变后，日本为了转移国际视线，并逼迫南京国民政府屈服，日本侵略者于1932年年初又在上海不断寻衅挑起事端。1月28日晚，日本侵略者突然向闸北的国民党第十九路军发起了攻击，随后又进攻江湾和吴淞。十九路军在军长蔡廷锴、总指挥蒋光鼐的率领下，奋起抵抗。2月14日，蒋介石命令由前首都警卫军87、88师和教导总队组成第五军，以张治中为军长增援十九路军参战，这就是上海"一·二八"事变。

"九一八"事变和"一·二八"事变等日军侵华事件的接连发生，激起了全国人民的强烈愤慨，国内抗日救亡运动开始掀起。时局的动荡也影响到了远在日本的徐浩和刘谱人等中国留学生，他们痛恨日军的侵略行径，毅然决定返回祖国参加抗日救亡运动。回国后经过了一段过渡性的工作，徐浩开始从政，任职于国民党浙江省党部，刘谱人执教于浙江省立高级助产学校，并担任过该校校长，直到1937年全面抗日战争开始。

1932年3月16日，徐如人在上虞区出生，随后与父母来到杭州生活。1935年1月，其弟徐如镜出生，组成了当时的家庭。实际上，在他们的家中，徐如人还有两位哥哥和四位姐姐，他们都是他的同

图1-6　1945年抗战胜利回杭州后徐如人一家四口合影（前排右一为徐如人。徐如人提供）

图1-7　20世纪40年代，徐如人（左）与弟弟徐如镜（右）和大哥徐如愿（中）在杭州合影（徐如人提供）

父异母兄姊。

由于当时他的同父异母兄姊们都生活在故乡上虞，而徐如人与父母和弟弟生活在杭州，抗日战争爆发后又随父母辗转于浙南山区8年之久，再加上当时年纪幼小，因此在抗日战争结束前与他们几乎没有接触过。直至抗日战争胜利后，大哥徐如愿才开始与他们有较多的接触。徐如愿毕业于抗日战争时期的浙江大学化工系，毕业后曾在著名的上虞春晖中学① 任过9年校长，是当地较有名气的教育家。1941年5月，因日军入侵，学校被迫解散，8月，他率领全校师生在偏僻的虞南泰岳寺复校，在极其艰苦的条件下继续坚持办学，直到1945年抗日战争胜利。徐如人对这位大哥是非常敬重且佩服的。中华人民共和国成立后徐如愿转往江苏医学院与南京医科大学任教授，"文化大革命"中被批斗，不堪折磨自杀而亡。对于其二哥与姐姐们，除二姐在杭州有些来往外，其他都在故里生活与工作，因而接触就更少了。

1937年，"七七"事变爆发，抗日战争全面打响。同年10月7日，日军在上海乍浦强行登陆，很快将战火烧到宁、沪等江南一带。战火的蔓延，迫使地方政府不断向浙江中南部山区转移。1937年冬，5岁的徐如人与2岁的弟弟徐如镜随父母跟随浙江省会机关内迁到浙江省中部山区的永康市方岩镇，随后又到附近的宣平、松阳等县（1937—1942年），并在那里开始了他的小学生活。

1942—1945年，随着日军的进一步南侵，徐家也一直随着浙江省会机关的内迁再次转移到了位于浙南崇山峻岭中的云和县和附近的景宁、泰顺等地，这种局面一直持续到抗日战争结束。在8年的辗转中，徐如人度过了一个非同寻常的童年，饱尝了时局的动荡、战乱的恐惧、生活的艰辛、世事的沧桑，但同时也磨砺了他的意志、锻炼了体魄、增强了敢于面对困

---

① 1908年，上虞富商陈春澜在小越横山创办春晖学堂。1919年，近代著名教育家、民主革命家经亨颐借同乡贤王佐续办中学。早期的春晖中学，经亨颐校长即提出"与时俱进"的校训、"实事求是"的教育方针，首开浙江中学界男女同校之先河。夏丏尊、朱自清、朱光潜、丰子恺等先后在此执教。学校积极推行"人格教育、爱的教育、感化教育、个性教育"等教育思想。推行新教育、传播新文化，留下了浓厚的文化底蕴，奠定了坚实的名校基础。学校一时声誉鹊起，有"北南开，南春晖"之说，成为浙东教育的一颗璀璨的明珠。

难和挫折的信心与勇气。

1945年8月15日，日本宣布无条件投降，这年，"九三"抗日战争胜利日之后，徐家从丽水大港头码头出发，沿江乘船迁回杭州。他们当时的心情可以用八个字来形容：劫后余生，百感交集！

父逝母去　骨肉分离

在1937—1945年的抗日战争中，父亲徐浩担任国民党浙江省党部书记长，参加浙江省全面抗日战争的领导工作。他从省会机关迁至永康市方岩镇开始就整日忙于工作，殚精竭虑，日理万机，最终积劳成疾。1945年秋他返杭后身体健康状况便急剧下降。1946年确诊为胃癌，后入住上海第四医院医治，虽经多方会诊与精心治疗，但他还是于1947年9月在上海逝世，享年52岁。当年徐如人只有15岁。

抗日战争胜利后，徐母于1946年曾担任过一届杭州市参议会参议员。在1947—1948年国民党组织的首次直接选举中，她当选为首届立法委员。1949年杭州解放后，她考虑到自己的身份地位所限，不得已由上海经香港转道去了台湾。

徐如人现在还清晰地记得，他到上海车站送别母亲时的情景。他知道，母亲没有带两个还在读书的孩子，独自一人离开大陆，是有着撕心裂肺的苦衷的：她身为立法委员，碍于政治身份不得不只身出走。而这一走，前途不明，生死未卜。作为母亲，她要一人做事一人当，没有必要牵扯着正在读书上进、前程有望的两个幼子，让他们卷入新旧政权的惊涛骇浪之中。所以，这个深明大义的母亲毅然决然地把两个宝贝儿子留在大陆，留给了人民，愿他们将来能够有一个好的出路。然而，骨肉分离毕竟是切肤之痛的，担心儿子们生计尚不能自理，做母亲的把手头唯一的积蓄——两根金条交给了儿子，以备应急之用。兄弟俩虽再三推辞，最后只好勉强接受。中华人民共和国成立后，为响应政策，支持国家建设，他们把金条和家中财产全部捐献给了国家。

母子分别，天各一方，何时相见，归期难料。但难于跨越的不是海峡两岸的千山万水，而是两岸长期的政治壁垒。随着岁月的流逝，徐如人和弟弟的思母之情与日俱增，但是在那个特殊的年代，他们的这种离愁别恨也只能压在心底。直到1982年，两岸关系开始缓解，徐如人在他当时就职的吉林大学和化学系有关领导及吉林省委统战部的支持下，才得以开始与在台湾的母亲联系。在政府相关部门的帮助下，经过努力，最后在一个叫张维的台商帮助下，通过在美国定居的一个尚未谋面的妹妹联系上了他的母亲，并由她转交了兄弟俩的信件和家庭照片。台商张维是美国通用电气公司飞机发动机制造集团远东地区市场发展部的经理，负责对中国大陆的贸易工作，由他帮助联系此事还真是比较借力。有一次，张维出差到北京，徐如人得知后马上与弟弟徐如镜专程赶去拜访他，向其说明事情原委。在张维的热心沟通联络下，很快，徐如人就收到了从美国的妹妹处转来的一封母亲请人代笔的书信（由于那时徐母年事已高，久卧病榻，已不能自己动手写信了）和一盘录音带，信中特别希望与他兄弟俩见上一面。

徐母信中写道：

如人如镜：接到如镜来信和照片，这下总算找到你们了，谢谢菩萨的安排。分离了卅多年了，为娘真的是亏待了你们。但为娘亦日夜在盼望你们，惦记着你们。我每日黄昏祷告菩萨为你们祈福，为你们求平安。

为娘已经老了，如今老眼昏花，行动迟钝，听力衰退，尤其近年来双手颤抖，不能写字了，更不能自己痛痛快快地吃饭做事。所以接到信，你们能来赶快来，好让为娘看看你们已长得如何模样了。

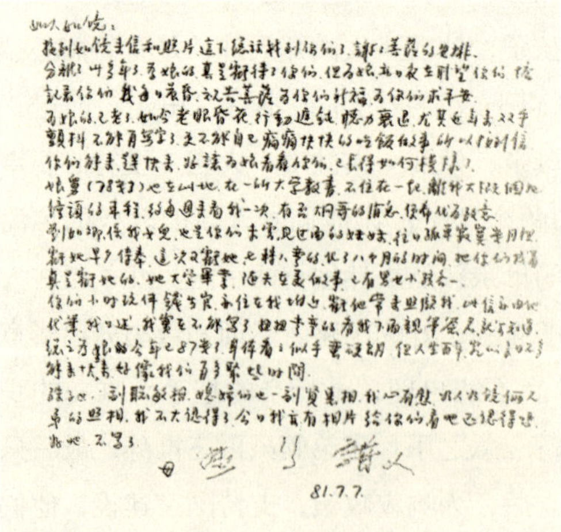

图1-8　徐母的书信（徐如人提供）

娘舅（78岁了）也在此地，在一所大学教书，不住在一起，离我大概个把钟头的车程，约每周来看我一次。有否炯哥的消息？便希代为致意。

刘如卿，系我女儿，也是你们未曾见过面的妹妹，往日孤单寂寞岁月里亏她朝夕侍奉。这次又亏她七转八弯地花了八个月的时间把你们找着，真是亏她的。她大学毕业，随夫在美国做事，已有男女小孩各一。

你们小时玩伴钱生官，亦住在我附近，亏他常来照顾我。此信亦由他代笔，我口述，我实在不能写了，扭扭弯弯的，看我下面亲笔签名，就可知道。总之为娘今年已87岁了，身体看着似乎蛮硬朗，但人生百年，究以来日不多，能来快点来，好让我们能多聚些时间。

孙子女一副聪敏相，媳妇们也一副贤惠相，我心有慰。如人如镜两兄弟的照相我不太认得了，今日我亦有照片给你们看吧，还认得吗？

好吧，不写了。

母　刘谱人　（19）81.7.7[①]

骨肉分别30多年，如今终有音讯，相见之心如箭。但由于当时的政治壁垒，两岸"三通"尚未开启，仅能间接以书信往来。正当徐如人兄弟两个为能与母亲相见而奔走努力时，不幸的是，翌年3月，徐母就因病在台北台大医院逝世。临终前她仍念叨着两个儿子的名字，但终未能相见，成为他们永久的遗憾。

这里，需要补充说明的是，徐母只身去台湾后，在台北过继了一位故里乡亲的女儿，她随徐母姓，叫刘如卿。如卿很小起就在徐

图1-9　徐母晚年照片（20世纪70年代摄于台湾，徐如人提供）

---

① 刘谱人（徐母）给徐如人、徐如镜的信，1981年7月7日。资料存于采集工程数据库。

图 1-10　徐母与过继的女儿刘如卿合影（20 世纪 70 年代摄于台湾，徐如人提供）

图 1-11　徐如人在台北阳明山母亲墓前留影（摄于 1995 年 8 月，徐如人提供）

母身边，一直陪伴与照顾她到晚年，替徐如人兄弟尽了孝。他们的这位妹妹在台湾大学毕业后去美国留学深造，其后留在美国工作，育有一子一女。在徐母去世前，她每年都会回台湾陪伴养母一段时间，在徐母去世后，每年她都会在忌日回台扫墓。1983 年，徐如人去美国 Reno 参加第六届国际分子筛大会，抽空去西雅图妹妹的家里与她相聚了两周，了解了更多母亲去台湾后的情况。

1995 年 8 月，徐如人随团去台北参加国际杂环化学会议，并访问了台湾大学、清华大学（新竹）等多所高校及台南石化研究中心。访问结束后，8 月 5 日，他专程去台北阳明山徐母的墓前祭奠了与他分别 46 载的母亲。

阳明山坐落在台北市近郊，是台湾著名旅游胜地。山青谷翠，漫山樱花和杜鹃，景色宜人。此时徐如人无心观赏沿途风景，在台湾朋友——时任台湾触媒学会会长雷鸣宏的陪同下，径直驱车来到母亲墓前。在两排苍翠的松柏间，他见到了母亲的墓墙，黑色大理石墓碑上刻着"徐母刘太夫人谱人之寿域"，上嵌母亲遗像。徐如人跪伏墓前，潸然泪下，睹墓思人，悲从中来，此情此景，无以言表！正是：分别苦寻卅六载，独留荒冢盼儿来。这时，最容易让人想起民国故老于右任^①在《望大陆》中的句子：

> 葬我于高山之上兮，望我故乡；故乡不可见兮，永不能忘。
>
> 葬我于高山之上兮，望我大陆；大陆不可见兮，只有痛哭。
>
> 天苍苍，野茫茫，山之上，国有殇！^②

1996年1月，徐如人与妻子庞文琴应邀去台北出席台湾超微粒与触媒研究会，会议期间他携妻子再次去母亲墓前扫墓祭奠。自此后他在历次赴台期间，总会为母亲扫墓上坟。他的三个子女，在他们赴台讲学、参加会议期间或进行其他活动，也都曾去过祖母墓前为其扫墓。

手足情深　难忘胞弟

在徐如人的家庭中，与他关系最亲密的是他的弟弟徐如镜，他是家庭中最小的成员。

1949年暑期结束后，徐如人离开杭州去上海念大学，弟弟如镜则继续留在杭州高级中学念书。那时由于母亲已经去了台湾，他们在杭州的家也从原来政府分配的房子搬到了一处狭小的民房，主要是为了寄存家中除家具以外的所有东西。

弟弟徐如镜当时在杭州高级中学住校学习。1950年，抗美援朝战争爆发，国内高等院校与一些高中开展了"参干"运动^③，徐如镜抱着满腔热忱

① 于右任（1879-1964），陕西三原人，中国近现代政治家、教育家、书法家。早年是同盟会成员，长年在国民政府担任高级官员，同时也是中国近代书法家，是复旦大学、上海大学、国立西北农林专科学校（今西北农林科技大学）的创办人和复旦大学、私立南通大学校董等。

② 于右任《望大陆》手迹回归故里，香港：文汇报官网，2005年1月1日。

③ 20世纪50年代初，为培养新型军事干部，中共组织地方知识青年报考军队院校。经过广泛的军事动员和政治动员，全国共有9万余名学生和工人进入军校学习。此举为新中国国防建设储备了一支现代化人才队伍，也推动了抗美援朝运动的深入开展。

图 1–12　徐如人参加工作之初与弟弟的合影（摄于 20 世纪 50 年代，徐如人提供）

响应号召，踊跃报名且被批准加入中国人民解放军大连海军学校，学习航海专业。由于他也将离开杭州，因而兄弟俩商量后，决定将他们在杭州的所有家私财物（包括母亲临走时留下的金条）全部捐献给了当地的政府，这样，兄弟俩成了名副其实的"无产阶级"。

那年，徐如人的弟弟还不满 16 岁，还在读高二，就应召入伍。而徐如人也才 18 岁，正在上海交通大学读大二。兄弟俩相隔几千里，平时只能靠书信传递思念之情以共勉。

弟弟在大连海军学校航海专业毕业后，留校任教，从事雷达技术方面的研究工作，到 1964 年转业分配到北京交通部科学研究院工作之前，在海军服役了十几年。

在徐如人的家庭成员中，与他关系最亲密的就是这位弟弟。从弟弟出生到 1949 年徐如人离开杭州去上海念大学的近 15 年的时间里，他们一直生活学习在一起，感情特别好。儿时为躲避战乱，他们随父母在浙西南山区度过了 8 年的童年时光，他和弟弟一起上学、一起玩耍、一起在家做功课。浙西南的山川河流成为他们嬉戏的场所，松石野花结为他们的玩伴。他平时呵护着弟弟，和他朝夕相处；弟弟也依赖着哥哥，与他形影不离。战乱流离虽苦，却也不乏欢乐。抗日战争胜利返回杭州后，他们还没过上几年好日子，就遭遇了父逝母去的重大家庭变故。此时兄弟俩都尚未成人，却需要独自挑起生活的重担。他们自强自立，彼此相互鼓励，相依为命。家破而不堕其志，清贫而不忘进取。通过勤学苦读，徐如人考上了大学，弟弟则参军入伍，走上了那个年代年轻人所向往的人生道路。在以后各自的学习与工作阶段，甚至成家后，他们两家仍旧相处如一家人。这些往事在徐如人的记忆中始终无法忘怀。

1950 年，弟弟徐如镜参加军干校时，由于他们将家中所有财产都交给了当地政府，这样兄弟俩的生活就得完全依靠"自力更生"了。弟弟刚去部队，每个月仅有几块钱的津贴。而徐如人在交通大学念书，只能依靠在校外找点工作，如做家庭教师或做代课老师得到一点收入来补贴生活。在徐如人记忆中特别难忘的是 1951 年中有几个月，在他生活最困难的时候，弟弟从部队非常有限的津贴里，每月给哥哥寄 1—2 元钱以补贴他的日常生活，这件事至今令徐如人感念不已。

1964 年，弟弟徐如镜转业到北京交通部科学研究院工作，成了一名科技工作者。他热爱工作，全心钻研业务，很快便成为单位的技术骨干。1978 年 11 月，他利用未婚妻赵群随团来长春演出的空隙，一起来到长春，在哥哥当时狭窄的家中举行了简单的婚礼。弟弟为了干事业，结婚时年龄已愈不惑。他们夫妇视兄嫂为父母，遇事经常向哥嫂请教。看到弟弟终于立业成家，徐如人总算了却了一桩心愿。此后，随着生活条件的好转，两家来往日益频繁，徐如人的长子徐鹰一到放假时就去北京叔叔那里向他学习一些专业技术，徐如镜的儿子徐鹏在北京念完高中后，又考到吉林大学数学系读书，没事就寄宿在大伯家里，他们始终把徐如人的家看成自己的家。

据徐如人回忆，弟弟徐如镜从小就聪明过人，无论学习还是工作都特别踏实勤勉，积极钻研。在"文化大革命"期间，他被下放到铁道部印刷厂从事了 7 年的劳动。他在劳动实践中不忘钻研业务，在单调的车票印刷流程中，他发现手工印票、点票工作费时费力，工作效率极低。于是他就认真

图 1-13　徐如人与弟弟徐如镜在北京参加两会时的合影
（摄于 1993 年 3 月，徐如人提供）

琢磨，努力钻研，发明了火车票自动印票机与点票机，并因这一成就获得了1979年全国科学大会奖与全国铁路科学大会奖。在此基础上，1978年，他恢复工作后，在交通部科学研究院继续开展研究工作，屡创佳绩，接连取得了一系列国家级的科技成果。他担任过交通部情报所的副所长、总工程师，并曾担任过第七、第八、第九届全国政协委员，称得上是一位事业上的成功者。退休后，他还一直坚持为发展我国的交通事业而努力探索。在家中，他系统整理和编译国外前沿的交通技术发展信息，提供给领导和有关单位参考，竭尽全力发挥余热。

2013年10月，徐如镜因病在北京去世后，两家人并未因此疏远，尤其是子女间依旧往来密切，亲如一家，延续了他们父辈所建立的这种血浓于水的亲情与真情。

第二章
战乱中颠沛流离的八年

逃避战火　省会内迁

　　1937 年 12 月杭州沦陷，当时年仅 5 岁的徐如人和 2 岁的弟弟就这样随父母跟着当时国民党浙江省会机关内迁到了作为临时省会的永康市方岩镇。

　　永康市位于浙江省中部的低山丘陵地区。方岩镇是根植于丹霞地貌的山水奇葩，浙江省著名旅游胜地，自然景观以岩险、谷幽、景奇为特色。方岩山海拔 380 余米。平地拔起，四面如削，峥嵘壁立，俨如撑天方柱。由罗汉洞拾级而上，惊险曲折。山上古木参天，风景秀丽，有唐建广慈寺，并有古代名人游息的

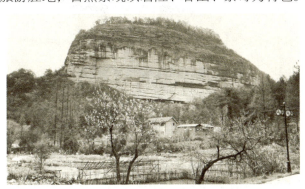

图 2-1　浙江省永康市方岩山（2017 年 3 月，宁德宽摄）

听泉楼、读书室、金鼓洞等遗址。镇北 1.5 千米处有寿山风景区，由鸡鸣、覆釜、桃花、瀑布、固厚五峰叠成的羊角天，峰下有石洞，建有五峰书院，南宋名人陈亮、朱熹、吕祖谦曾在此讲学。洞旁有飞瀑，四时不竭，飞流直下，蔚为奇观。可惜的是，当时徐如人的年龄太小，加以又行色匆匆地逃避战火，无暇也没有心情欣赏沿途和身边景色。

为躲避日军的空袭，临时省府的办公场所建在五峰山陡峭崖壁下面的石室里，共有三层，命名为"重楼"。四周皆有峰峦和树木遮挡，在空中很难发现，是一个绝好的隐蔽场所。时任浙江省主席黄绍竑[1]要求将石室和重楼用清灰涂面，以示不忘国耻（该建筑至今仍保留在方岩镇五峰山景区内，为浙江省重点文物）。他又命人在外围的山脚下依次建了一些民房，以供随行的省府机关家属居住。

徐如人还依稀记得，他家入住在刚建成的竹木结构的一所小二层的房子里，在这里开始了他童年战乱生活的第一站。

五峰山脚下还有一所五峰小学，1938—1939 年，已近学龄的他在该小学随班听课，算是他小学生活的开始。

据《丽水市教育志》（1994 年出版）记载，抗日战争时期内迁丽水的学校中，有关五峰小学的描述如下：

图 2-2　抗战期间浙江省政府在五峰山下的临时办公地旧址——重楼（2017 年，宁德宽摄）

抗日战争爆发后，浙江省府由杭州迁至方岩。省属各机关职员之子弟，苦无相当肄业之所。民国二十七年（1938 年）8 月间，省府会议决议，在方岩设立一所直辖于省教育厅的临时小

---

[1]　黄绍竑（1895-1966），字季宽，广西人，著名抗日爱国将领，爱国民主人士。参见《云和县抗战文化》，2012 年，第 2 期。

学。8 月 20 日，省令委任孙一芬为校长，并即开始筹办，9 月 5 日正式开学，取方岩寿山的覆釜、固厚、桃花、鸡鸣、瀑布五峰之胜为校名，曰："浙江省立五峰小学"，校舍分设 3 处，共 5 个学级。

五峰小学的校长是由省教育厅直接委任的。校长孙一芬所延聘的教师，大多是在杭州市任教过的优良教员。民国二十七年（1938 年），在校教师 11 名，校长孙一芬，教导主任孙志琨，训导主任潘培桢，总务主任金福生，体育主任文慰高，教员汤莹、王淑英（黄岩人）、王淑英（嘉善人）、袁声丽、朱素娥、俞道范，全是有点名望的优良教员。

那时，由于日军的疯狂进攻，抗日战争形势比较严峻，战争使人们流离失所，尤其在幼小孩子们的心灵上留下恐惧的阴影，他们流离在外，思念家乡，希望战争早日结束。面对这种局面，学校在学生中进行抗日战争宣传，鼓舞士气，激励斗志。

校长孙一芬亲自创作了一首校歌，并撰写激励文字，内容如下：

抗战必胜，建国必成，这凡是我中华民族的每一个同胞，莫不同具此希望！我们流亡在外面的人，更希望这抗建大业能提早完成，可以使我们马上唱着凯旋歌，回到自己的故乡去。我们的故乡究竟在哪里？因为在这里的小朋友，虽有浙西人，也有浙东人，还有外省的人，并不是完全从杭州而来。我想就是不都是从杭州而来，我相信在这里的小朋友，一定都愿意到杭州去。因为杭州是有繁华的街市，优美的西湖，伟大的钱江大桥，像这样好的地方，谁不愿意把它当作自己的故乡！我们因为纪念我们的学校，爱护我们的学校，同时希望我们的抗战马上得到胜利，而可以回到我们时刻记着的杭州去，所以我们时常在这里把我们的校歌这样的唱着：

五峰五峰，高托云天，美名早流传。

国难当前，省会驻迁，我校创其间。

来来来，兄弟姊妹，来爱护我们的乐园。

图 2-3　五峰小学校歌（1938 年 8 月，浙江省档案馆提供）

明日迁回，西湖滨，钱江边，齐唱凯旋。①

孙一芬创作的校歌，对身处战争磨难中的孩子们是一种激励，也算是一种心理疏导，起到了一定的安慰作用。

但随着逃难到此的人口不断增加，上学的孩子们也越来越多。1940 年秋天，为了解决省会机关以及其他内迁单位的大量子弟的上学问题，临时政府在五峰山麓又建立了一所建国小学，这样，徐如人就与弟弟转入建国小学上学，开始了正规的小学学习生活。

祠堂住家　庙宇小学

徐如人在建国小学上课还不到一年，1941 年 5 月，日军就迫近离方岩不远的金华。当时他又随父母非常匆忙地往南转移到宣平与松阳县，那里的环境更为艰苦，他们在极其简陋的条件下生活了几个月。令他终生难忘的是，他家在宣平时竟然住在一家祠堂里！

一提到祠堂，人们容易想起我国著名祠堂——孝堂山东汉石祠。那是中国东汉墓地祠堂。在山东省长清县孝里铺南的孝堂山顶，是中国现存最早的石筑石刻房屋建筑。祠内石壁和石梁上遍布精美的线刻图画，具有较高的历史和艺术价值。即使全国最著名的祠堂，也是把人们的心理取向引

---

① L032-000-3029，两年来之浙江省立五峰小学。存于浙江省档案馆。

导到过去，说一句大实话，让人们朝后看，同过世的先人和鬼神接触，使人们（尤其是孩子们）不禁心存恐惧和晦气。

这种情况一直持续到 1941 年 8 月，战事稍缓后，他们才又迁回方岩。

教育学家们认为，童年的磨难教育，对人才的培养是非常有必要的。磨难教育包括物质和精神两方面，教育内容始于物质而止于精神。物质方面的磨难，应包括衣食住行，在逃避战乱的颠沛流离中，徐如人一家除了饱受衣食困苦、旅途劳顿外，在安身住处也遇到了意想不到的困难。

徐如人前半生坎坷，磨难颇多，单说居所，他住过蜗居、栖过陋室，还在乡下住过四壁结霜的冰冷的土屋。但是，他都挺过来了，究其原因，他童年逃避战乱时住过的一家祠堂，就是对他进行"定所"方面的磨难教育的第一本教材。

1942 年春夏交汇之季，日军大举进攻浙赣线，浙江临时省会在 6 月又进行了第二次全面内迁，向南转移到仙霞岭山区的云和县。云和县当时在浙江是一个非常贫穷落后的小县，那里山高路险，耕地较少。虽然自古就有云和梯田，但多分布在云和县崇头镇周围高山上，海拔跨度为 200 米到 1400 多米，垂直高度 1200 多米，跨越高山、丘陵、谷地三个地质带，土壤贫瘠，耕种困难，产量不高。虽然现在成为名胜景观，但在那个年代却无人欣赏此景，人们需要解决的是吃饭问题。临时省会迁入之初，据说当时全县只有一家很小的饭店。那里成为抗日的最前线之后，使这座偏僻的小县城发生了巨大变化，也变得拥挤不堪。

据云和县抗

图2-4　云和梯田（2017年，云和县抗日战争文化研究会提供）

日战争文化研究会会长刘绍统计:

抗日战争时期,迁驻云和县的国民党党政军机关和企事业单位有183个,其中党政、群团58个,工业、交通、商业34个,教育、卫生、文化42个,中央派出机构13个,军警机构28个,其他8个。这些单位三分之二迁驻在城镇及附近郊区,员工及随行家属近2万人。①

住在云和县老街的102岁老奶奶高彩芹对当时的情景至今还记忆犹新:

1942年浙江省政府迁到云和,使云和成为临时省会,到处车水马龙、熙熙攘攘,现在的解放街,是过去的一条老街,又短又窄,拥挤不堪。前面那一段叫中街铺,我家店面房开过合作商店,老百姓凭票买盐。对面西药铺、中药铺、书报店、照相馆、裁缝店、皮鞋店还有面馆、酒店和卖猪油烧饼的小吃店。处处商店林立,市场繁华。后溪三官堂是盟军招待所。旁边有剧院,戏剧明星吴梅珍、叶赛花等曾在此登台演出。工厂也跟着发展起来,后溪孔庙后面的染织厂,瓦窑的水电站都是抗日战争时创办的,缓解了面纱、棉布、燃料等紧缺物资的供应。

那时云和百姓生活很不安宁,日军经常出动飞机轰炸。警报一拉响,大家就向城外奔跑,躲到树林底下。我妈家隔壁是云和县一所中心小学,教室也遭到轰炸,幸好没

图 2-5　1942 年的云和老街 (云和县抗日战争文化研究会提供)

---

① 刘绍:抗日战争期间迁住云和单位.《云和县抗战文化》,2014 年第 4 期,第 40-46 页。

有师生伤亡。

当时，城内城外都住满了人，连灰铺也住上了。卫生条件很差，很多人生疥疮、患疟疾，一到下午就发冷发热。不少人还染上鼠疫，像上河村的儿童保育院中就有10多个染上了鼠疫死了。为防止疫情扩散，只好把保育院烧了。

云和成为临时省会后，军队在那里过境频繁，兵荒马乱，百姓生活十分艰难，整天提心吊胆，不能安居乐业。

那时节，尽管社会动荡不安，但宣传抗日战争，支援抗日战争，却搞得热火朝天，那时我三十出头，容易接受新鲜事物，敢去冲破封建束缚，不辞劳苦，不计报酬，走向街头，奔向农村，爬山越岭，到安溪、黄处等地宣传抗日，宣传"二五减租"，高唱抗日歌曲，组织妇女识字班，动员妇女做军鞋，编制麦秆扇等慰劳抗日战士……虽然过去了70多年，云和抗日战争的点点滴滴，我还清清楚楚记着。①

高彩芹的叙述，真实再现了当年云和抗日战争的情景。

迁入云和后，徐家临时租住在一户姓魏的老乡家中，当时徐如人兄弟俩就读的建国小学也随省会的内迁搬到了云和。由于当时迁入单位众多，其中大、中、小学就有十几所，如英士大学和之江大学中的一部分就是那时迁入云和的，导致用地非常紧张。由于没有校舍，建国小学暂时借驻一家寺庙中上课，孩子们都变成了"小和尚"，整天最多面对的不是老师和先生，而是泥塑金身的罗汉和菩萨。而且，这种情况还不止他们一所学校，当时迁来的省立宁波高级工业职业学校就曾借用两座寺庙上课，这成了战争时期学校办学的一种真实写照。这种情况一直持续到徐如人小学毕业。

据徐如人回忆，六年的小学学习时间，实际上还不及正规上课时间的一半，而所谓正规上课，又是在无教材、无资料，全靠老师口授，学生们又不会做笔记的条件下进行的。当时他们的老师，在他印象中除初小时

---

① 刘绍：百岁老人话云和抗日战争。《云和县抗战文化》，2013年第3期，第44—45页。

图 2-6　抗战时期徐如人在五峰山上课的山洞（2017 年 3月，刘飒摄）

（一至三年级）有一位女性的沈老师及楼姓校长是原本小学老师出身外，其他很多老师他现在连一点印象也没有，但其中相当一部分老师是很有学问的，甚至还有逃难于此的留学生，然而他们并没有小学的教学经历与经验，讲授的知识也不连贯，而且这些老师又因战乱常常更换。另外，他们上课的教室经常因战乱而搬迁。在他的记忆中，在方岩有相当一段时间内，因敌机时常空袭，学校干脆决定将几个年级的学生直接搬到一个大山洞中进行过一段相当长时间的上课。①

徐如人的小学学习情况，总的来说很不正规：教材不正规、老师不正规、校舍不正规、教学秩序也不正规。1943 年秋，他就在这样很不正规的环境和条件下，糊里糊涂地从建国小学毕业了，当时他 11 岁。

徐如人当时并不知道，就是这样极不正规的学习环境和学习条件，还是云和地区共产党教育领域的负责人坚持统战工作的正确方针，千方百计争取来的。

据云和县抗日战争文化研究会会刊第三期记载，当时教育界的统战工作由县委宣传部部长陈向平②负责。他主管全县教育工作，形式上是在县长潘一尘掌管之下，实质上是在党组织领导之下工作的。表面上，陈向平

---

① 徐如人回忆录，2016 年，未刊稿。资料存于采集工程数据库。
② 陈向平（1909-1974），原名增善，庙行乡人。出身农民家庭，年轻时追求进步，在宝山师范读书时参加了中国共产主义青年团。民国二十一年（1932 年）考入上海中国公学，和部分同学一起组织"社会科学研究会"，学习和宣传马克思列宁主义，投身学生运动。次年去浙江和徐州、南翔等地，从事民众教育工作，并主编《民众之路》周刊。后加入中国农村经济研究会，发表过剖析当时中国农村经济状况和一些社会问题的文章。抗日战争初期，陈向平去浙南山区。民国二十七年（1938 年）2 月在云和县任教育科长时秘密加入了中国共产党。

按照国民党政府规定的县政施政范围和国民党中央政府教育部的教育法令来工作，但他尽可能做有利于抗日战争、有利于革命的教育工作。陈向平坚持"教育为抗日服务"的办学方针，团结教育界的知识分子，积极做好党的抗日民族统一战线工作。

陈向平着重抓了两件事：一是对教师进行思想政治教育；二是改用适合战时的教材。

在教师思想建设方面，主要采取以下方式进行，即对全县教师经常分区分期举行报告会、讨论会，给教师上政治课，着重对教师进行抗日救国宣传和革命人生观的教育，以及帮助教师解决业务上的问题。在寒暑假则集中一段时间举行政治学习和业务学习。

在教材问题上，规定在全县各小学采用生活书店出版的战时课本为国语教材。陈向平采取的这些措施深受广大教师的欢迎，但云和国民党顽固派暗中将这些情况报告给浙江省教育厅厅长许绍棣。为此，许绍棣特地到云和调查此事，指责云和教育科的工作没有完全按国民党教育部的法令办事，战时课本是国民党中央教育部没有审定的非法课本，不能采用。这件事引起了全县教师和县政府中进步人士的强烈不满。但顾及国共合作大局，才未与他们的关系破裂，党组织考虑到有利于从团结抗日的愿望出发，将生活书店的战时课本改为常识补充教材，实际上仍让各小学进行教学。

求学困难　生活多艰

1943 年夏天，徐如人从建国小学毕业后，就开始准备上中学的事。那时云和没有初中，只有一座简易师范学校。当时政府为了解决省级机关工作人员子弟在云和升学的问题，临时从各地抽调了一批老师成立了省立建国中学。徐如人就是在这时考进建国中学的，他还记得当时的同学有方培伦、李家实姐妹、郑光瑶、朱通、黄世颖等人，这些人当时都是省里高官要员的子弟。

其中，徐如人和朱通 ① 关系较好，常在一起郊游，参加工作以后，他们还经常有联系。朱通也是高官子弟，他父亲曾任江苏省最高法院院长，在江苏创建了多个法院。

据朱通回忆：

> 我和徐如人在建国小学就认识了，当时我们在一起打乒乓球。那个时候我们学校里都是一些官员、高干、商人的孩子。著名画家、艺术家的孩子也都和我们在一起，潘天寿的儿子就和我们是同班同学。后来我们要上中学了，又从其他地方专门抽调了一批中学教师组建了建国中学。我是在沦陷区躲了一年之后和徐如人在建国中学成了同班同学的，我们是 1942 年的秋季班。后来 1943 年云和闹鼠疫，我就转到温州中学去了，1945 年又回到了建国中学，徐如人他们一直没有离开过建国中学。我和徐如人、郑光瑶、方培伦一直是好朋友。后来 1946 年，我开始接触马列著作，读《共产党宣言》，因为我们家好几个人都是共产党员。从那个时候我们几个的信仰就不一样了。
>
> 当时那里生活非常贫困。我们那些同学基本都是在抗日战争的背景下成长起来的，我们那些同学，虽是官僚子弟，但都有着自己的抗日战争情怀，我们的生活同样也是很艰苦的，同样也是吃粗米、咸菜，天天要躲防空洞，所以抗日的情怀是根深蒂固的，不比延安的子弟差。②

朱通的回忆道出了建国中学当时同学间的关系、家庭背景和一些生活的基本情况。

---

① 朱通，男，中共党员，义乌人。1930 年 9 月生于江苏南通。1945 年义乌中学肄业。1948 年 3 月在杭州建国中学加入中国共产党的外围组织新民主青年社，同年 9 月入党，是新建的建中地下支部负责人。1950 年 5 月调入中央团校学习并留校。先后在马列主义教研室、哲学教研室任助教、教员。1977 年起在《红旗》杂志编辑部任评论员和编辑。1978 年 5 月回团中央筹备共青团"十大"，起草大会报告等文件。大会结束后调入中央宣传部理论局。1979 年 5 月转研究室工作，先后任中宣部研究室副主任、主任、研究员。

② 朱通访谈，2016 年 2 月 23 日，北京。资料存于采集工程数据库。

由于没有校舍，
学校成立之初借用一
个停办的训练班的场
地办学，地点位于离
云和县城约十里左右
的一个山村中。由于
交通不便，半月后又
迁到云和简易师范学
校的校址狮山。狮山

图 2-7　云和狮山浮云溪（2017 年 3 月，宁德宽摄）

是一座被云和周边群山环抱中的小山，因山形似雄狮蹲踞而得名。云和诗
人王若钦 [①] 在民国三十七年（1948 年）著有《狮山记》中云：

> 狮山为云和圣地之一，狞然雄踞于南亩之郊。岩头怪特，林木丛
> 生，俨然狮之蹲伏者。培峰亭立其颠，危楼高耸，岌岌欲坠。新沟学
> 舍数椽，潜行林中，欲隐欲现…… [②]

狮山环境优美，景色宜人。校舍建在山上，周围被满山郁郁葱葱的树
木包围，山麓间有一条大溪流过，溪水清澈见底，不时有飞鸟在上面掠
过、欢鸣。校园里有两棵双人合抱的高大桂树，每当桂花开放时节，离狮
山几里外都能闻到随风飘来的桂花香。

可是，在那样一个战乱的年代，人们是不可能闲下来欣赏诗一般的美
景，却整日要为生活和生存去奔波、劳顿，更重要的是还要躲避战火的侵
袭，战争打破了和谐，给人们身心带来无法抹平的创伤。

建国中学的第一任校长是青田人周宪初；教务主任是江山人徐正绥，
他兼教数学；训育主任兼英语老师，姓马，绍兴人，是辛亥先烈马宗汉之
子；教美术的是东阳人卜翔，等等。这些老师都是当时比较优秀的老师，

---

① 王若钦（1908-1993），云和赤石人。曾任云和县政协委员。其诗词歌赋文采飞扬，抗日
战争期间曾主办《云和报》，著有《若钦诗文选》。
② 王若钦：民国三十七年《狮山记》。《云和县抗战文化》，2012 年第 2 期，第 36-37 页。

学校条件虽然差，但教学起点并不低。

关于建国中学的情况，杭州高级中学校史馆中陈列的一本民国三十六年的（1947年）《建中手册》中描述道：

民国三十二年秋季，敌寇侵扰浙东，省府迁治云和，一时人文群萃于此，教育厅以省公教人员子弟就近无相当学校可资容纳，乃筹设本中学以宏造就。初设云和狮山，旋于瓦窑地方特建校舍大小凡七栋，其地山环水绕，风景清幽，与复兴馆、游泳池、运动场、水电厂及儿童教育馆等新建筑相比邻，蔚成一文化区域。三十四年八月，敌寇投降，省府迁治，本中学奉令迁杭，遂将云和校舍移让处州师范而来杭别觅新址，初由省府指定孝女路四号为临时校舍，甫一学期，以人数不能容纳而别设分部于湖滨民教馆，再一学期复迁至西大街现校址，中经两度迁徙，人力物力，损耗不赀，兹以女中复校，将于明年再作第三度之迁移，止基或可从兹永奠矣。

图 2-8　建中手册（1947年，杭州高级中学提供）

本中学初开办时为一初级中学，校长周宪初，第二学期由张振镛继任，三十四年八月一日，校长再度易人，继张振镛者为章湘伯，是年十月率全体师生返杭复课，三十五年二月，奉令改办六年一贯制中学，将省立临时联合初级中学及宁波中学所设六年制学生并入本中学，而移送本中学之初中学生于杭初，于是本中学之制度因以确立。张振镛乃萃其全力于校务之进展，添置设备，调整课程，延揽良师，整饬校纪，为本中学建立百年大计，终于不胜劳瘁，于三十六年一月倦，勤厅委颖犀承乏，一年来亦步亦趋，尚能于安定中

求进步，是则差堪告慰于关心本中学之先
进诸君者也。①

图2-9　建中校徽（1947年，
杭州高级中学提供）

建国中学初建时，有初一上、下两个班，
约一百人。由于师资短缺，除语文、数学、英
语外，其他许多课程没有开，都成了自习课。
那时的学习和生活条件十分艰苦，学生基本都
住校。住的是由竹片钉成的双层大通铺，每人
的铺位宽不到三尺。因为学校没有围墙，而与
狮山连接的大山中在夜间常传来狼嗥声，徐如
人他们这些十二三岁的孩子都怕单独出宿舍，
晚上为了上厕所往往叫醒一帮同学"集体行
动"。山上没有水源，早晨起床后集队下山洗漱，晚上上自习时，四人一
盏桐油灯，只许点两根灯草，真是灯光如豆。书本纸的质量很低劣，是又
粗又灰的再生纸，印的字模糊不清，阅读起来非常吃力。第二学期，因冬
春气候很冷，宿舍阴冷潮湿，卫生条件较差。徐如人实在吃不消，就改成
走读了，当时叫"通学"，每天早出晚归，翻山越岭，来回十多里路。虽
然吃了不少苦，但也锻炼了体魄和奔走的能力。

这段学习经历在徐如人的记忆中是十分深刻的，学习生活虽然艰苦，
却也颇有收获，也算是比较系统地接受了初中教育，增长了知识，磨炼了
意志，建立了同学友情，在人生的道路上不断成长起来。

2000年，徐如人被聘为浙江大学兼职教授，讲学之余，他还专程去云
和县凭吊过学校原址。

这种学习状况持续了将近一年，直到1944年春天，当时的省教育厅
为省立建国中学在云和县瓦窑村建立了新校舍，虽然只是几排土木结构
平房，但毕竟有了比较正规的教室。暑期后他们正式搬进新校舍上课，
这是徐如人自小学读书以来第一次就读于有正式校舍的学校。然而好景

① 《建中手册》，民国三十六年十一月，第3-4页。存于杭州高级中学校史馆。

图 2-10　徐如人等在建国中学瓦窑旧址合影（左起：徐如人、刘绍、徐如镜、卢亚南，2001 年 10 月，徐如人提供）

不长，1943—1945 年，日军在浙赣战役失利，丧心病狂的日军向浙南地区开展了细菌战。云和县当时因鼠疫细菌大规模传播而造成大量人口的死亡，当时弄得人心惶惶，学校上课又开始不正常了。

据云和县抗日战争文化研究会记述：

> 在 1942—1945 年的抗日战争期间，云和各种疫病两度横流，第一次高峰在 1943 年 10—11 月，第二次高峰是 1945 年 7—11 月。其特点是从城镇及其附近开始，向四周蔓延，到处传播，来势汹汹，传染范围广，危害程度深，死亡人数多。人人谈鼠色变，惶惶不可终日……

据不完全统计，1942—1945 年，受害总人数达 1237 人，其中死亡 1007 人，幸存 230 人。比较惨痛的是古竹村廖根昌一家三代相继染上鼠疫，在一个半月之内，9 人被夺走生命，加上佣人，达 10 人之多[1]。

每当提起此事，徐如人仍觉触目惊心。他说，当鼠疫流行比较严重的时期，经常早上起来后可在水缸旁发现死鼠。为防止跳蚤侵染，家中地上铺满了石灰，他们都穿着自家缝制的白布高筒及腰长袜以防跳蚤侵染。有一段时间，为防鼠疫传染，就不去学校上课了。1944 年冬丽水再次沦陷，他们又随父母搬到距离云和县南部 30 千米的景宁县，后来又撤至靠近福建的泰顺县，直至 1945 年春夏之际才回到云和县新校舍上完了抗日战争

---

① 刘绍，云和细菌战记述．《云和县抗战文化》，2014 年第 4 期，第 31—32 页。

期间最后一段初中课程。这一路奔波，使得他的初中教育变得断断续续。

徐如人就是在这样一个战争不断、生活艰难、死亡威胁无处不在、日常学习、生活极其不正常的环境下度过了 8 年，走过了他本应天真烂漫、无忧无虑实际却充满艰辛恐惧的童年，步入了他过早成熟的青少年时期。

1945 年 8 月，日本宣布无条件投降。这一消息是被徐如人在建国小学的同学魏裕永第一时间听到的。那天，他到邻居正报社吴社长家去玩，电话铃响了，就听吴社长说："好，马上出号外，要用大红字。"吴社长放下电话，高兴地喊道："好消息，好消息！日本人无条件投降了！"吴太太也从卧室来到客厅，高声喊："我们可以回杭州了！"①。

消息一传出，云和县全城轰动，万民空巷，狂欢庆祝。时任浙江省通志馆馆长余绍宋②闻讯半夜惊起，高兴得老泪纵横，随即口占一首七言律诗，题曰:《云和大坪闻日本投降、口占，用杜老闻官军收河南河北韵》③

夜半俄闻敌已降，起来颠倒着衣裳。

惊疑醒作还家梦，失措欢如中疾狂。

何意忽能逢此日，从兹不必滞他乡。

八年锋镝余生在，莫向崦嵫叹夕阳。

从 1937 年到 1945 年，整整 8 年，徐如人的童年生活、启蒙教育，整个小学学习与两年的初中生活就是在这样颠沛流离的战乱中度过的。虽然战乱对他在基础知识的学习与良好学习习惯的培养和养成上造成了比较大的负面影响，然而从另一个角度讲，由于童年长期受到抗日爱国精神

---

① 魏裕永：报纸还没有排版我就知道日本投降了.《云和县抗战文化》，2013 年第 3 期，第 48 页。

② 余绍宋（1882-1949），字越园，浙江龙游人，生于浙江衢州。日本法政大学毕业。近代著名史学家，鉴赏家。清宣统二年（1910 年）回国，以法律科举人授外务部主事。民国元年任浙江公立法政专门学校教务主任兼教习。翌年赴北京，先后任众议院秘书、司法部参事、次长、代理总长、高等文官惩戒委员会委员、修订法律馆顾部、北京美术学校校长、北京师范大学教授、北京法政大学教授、司法储材馆教务长等职。

③ 陶慧明，张益清：蜗居山城 艰难修志.《云和县抗战文化》，2012 年第 2 期，第 41-53 页。

的熏陶及艰苦与动荡生活的磨砺，也为他以后的成长起到了一定的积极作用。

在八年的战乱与动荡的生活中，徐如人少年时期主要是在方岩与云和等崇山峻岭中度过的，那里山清水秀，漫山遍野的山花翠竹春、夏、秋三季不断，祖国的大好山河陶冶了他爱国、爱生活的美好情操。他从小好动，而学校又经常停课，因而很多时间都奔跑玩耍于山水之间，加上不断地逃难与搬迁，没有什么交通工具，像他这样的孩子，出门主要是靠脚走路。他记得当时从云和县到景宁县有 30 多千米的山路，从方岩到松阳也有很长的山路，当时他才十岁左右，印象很深，都是父亲带着他靠双脚走过去的。这样使他从小锻炼了一个好的身体和吃苦耐劳的精神，并从小喜欢跑、跳与球类等运动。

至于在童年受到的家庭教育，主要来自母亲，但父亲的言行也对徐如人产生了潜移默化的影响。他父亲在抗日战争的八年中，由于工作极其繁忙，又加上他为人严肃，不苟言笑，因此在徐如人的印象中他很少与父亲讲过几句话。但是，父亲在工作中严以律己，办事认真，为官十分清廉节俭，让他印象非常深刻。父亲常说他们家中是"房无一间，地无一垄"，直到他去世时都一直是这种状况。这一点对徐如人一生产生了重大影响，这也是徐如人在后来的工作中能够做到勤奋严谨、埋头苦干、执着奉献、不计个人得失的最好证明。父亲工作繁忙，那么，在家中照顾和管教孩子的任务就大多落在母亲身上。据徐如人回忆，母亲除了在生活上照管他们兄弟俩外，从小学开始，由于学校经常停课，母亲就在家中对他们进行一些国学的初级教学，从《三字经》、四书中的《大学》《孟子》篇开始，到要求他们学习一些《古文观止》中的经典文章，诸如《兰亭集序》《阿房宫赋》《滕王阁序》《前后赤壁赋》《前后出师表》，还有《陈情表》与《祭十二郎文》等。当时他们对这些经典的古文根本无法全面理解，甚至有些内容完全不懂。然而用母亲的话讲："先背下来，以后慢慢弄懂。"母亲的教育效果果然有效，直到今天徐如人对这些文章中的某些精彩段落还记忆犹新，甚至还能朗朗上口，随着年龄的增长也越来越理解其中的文意与哲理，以及其精辟华丽的文采。

在母亲的熏陶下，徐如人对看小说的劲头也大为增加，几乎看遍了当时能借到的一些著名小说，诸如《水浒传》《三国演义》《西游记》《东周列国志》等经典名著，以及一些演义与武侠类小说，如《封神榜》《隋唐演义》《七侠五义》《蜀山剑侠传》等。

博览群书，培养了徐如人终生不渝的酷爱读书、专研业务的优良品质，不仅改变了他的知识结构、开阔了知识面，还提高了他的道德风貌和文化素质，使他既具有逻辑缜密的理性思维，又具有创造灵动的人文素养，尤其是后者，对他后来在专业领域获得骄人的成就大有裨益。

第三章
抗战胜利后的中学生活

初中学习　有教无类

1943年秋，徐如人开始就读于浙江省立建国中学。学校分春秋季各招生一个班，到1945年9月已有6个班，有200多学生。其中大多数是省级机关员工子弟，也有少部分流离失所的难民子女和云和当地的青少年。学生之间平等相处，团结友爱，教师有教无类，尽职施教。学校还设有公费生制度，资助奖励学业成绩优秀的贫困学生。学校考试制度、升留级制度规范，教务管理部门严格把关，将学生情况及时告知家长。

徐如人少年时期热爱运动，乐于跑跳，在老师眼里是一个"淘气"的学生，但他的学习成绩还不错。有一次，他的品行课只考了60分，也许是没有达到良好以上的原因吧，老师便去了他家进行家访，向其父母通报孩子的学习及日常表现情况。母亲知晓后，对徐如人作了严厉的批评。要知道，徐如人当时算是高官家里的孩子，老师竟然也不留情面，这点足以证明当时学校要求的严格。这也为学生求真知、做真人打下了良好的基础。

据徐如人当时的同学朱通回忆说："小时候徐如人学习还不如我，有一次考试我在班级排第8名，他排第11名。他有些贪玩，但是很聪明。后来他靠自己的努力考上了大学，在专业的研究领域做得很成功，所以一辈子走来，我觉得徐如人挺不错的。"①

现任云和县抗日战争文化研究会会长刘绍与徐如人是初中同学，他就是来自当地的普通人家的孩子，读书时和徐如人相处得很好，至今仍有来往。抗日战争胜利后建国中学搬迁至杭州，刘绍仍留在当地求学。中华人民共和国成立后，当地政府将简易师范学校搬迁至瓦窑村建国中学的旧址附近，建立新校舍，更名为云和初级中学，"文化大革命"后增设高中，更名为云和中学。刘绍曾任该校校长，并将云和中学的办学水平推向了一个新的高度。据他介绍，现在云和中学的校园后面还挺立着当年留下的几棵枝繁叶茂的大枫树，见证着学校的变迁。他回忆说，当年建国中学的校舍非常简单，只有几排简单的平房，大约五六个班级。但教学很正规，老师要求很严，学生考试不及格是常事儿，不及格的学生需要补考，直至合格为止。学校在考试制度、升学制度方面要求很严，不徇私情，学风比较纯正②。

徐如人在这里度过了两年左右的初中生活，当时战争虽然还没有结束，但教学秩序相对稳定，徐如人的学习基本走上了正轨，也奠定了较好的学习基础，并结下了深厚的同学友谊和师生情谊。

2012 年 10 月 17

图3-1　采集小组在建国中学旧址与云和中学老校长刘绍
（中）合影（2017年3月，冯世博摄）

① 朱通访谈，2016年2月23日，北京。资料存于采集工程数据库。
② 刘绍访谈，2017年3月31日，云和。资料存于采集工程数据库。

日，刘绍在《丽水日报》撰文《云和瓦窑村的几个标志性建筑拾零》中提到当年建国中学时说：

> 云和百姓一直称道当年建国中学所在的瓦窑村的风水好，是育才的宝地，求学的乐园。不少学子在那里受到抗日爱国精神的熏陶，艰苦奋斗的磨砺，获得了智慧和力量，为他们以后成长为社会精英起到了良好的影响和作用。国民党浙江省党部书记长徐浩的儿子徐如人，现在是中国科学院院士，吉林大学著名教授；省民政厅厅长阮毅成的儿子阮大元，是澳门大学教授。他们都是当年建国中学学生，分别在无机化学和人文学领域造诣很深，在国际上颇有声誉。省政府秘书长李立民的女儿李家实，勤奋好学，后来居上。退休后成为社会称道的书法家，她的一幅扇面书法作品，被省领导作为"国礼"赠送给外宾，她也是建国中学的校友。①

中学改制　名校崛起

1945年年末至1946年年初，建国中学宣布试行改制，将三年制改为试办六年一贯制，同时还将联初②、宁中（宁波中学）两个学校的六年一贯制部分调整到建国中学，因此，原建国中学的学生规模几乎增大了两倍。经过改制后，建国中学就有五个年级了，分春秋十一个班。开始借用铜元路原杭州女子中学的校舍招收新生。这在当时的浙江，甚至在全国的中学教育界都是一项开创性教学探索。

---

① 刘绍：云和瓦窑村的几个标志性建筑拾零。《丽水日报》，2012年10月17日。

② 1938年6月14日，浙江省政府委员会议决议，将撤至浙南的省立杭州高级中学、杭州初级中学、杭州女子中学、杭州师范学校、民众教育实验学校、嘉兴中学和湖州中学七校合并，组成"浙江省立临时联合中学"，简称"联中"，1939年6月20日，省府委员会第1080次会议决议，令联中改组，将原高中、初中、师范三部分别独立，初中部称为"浙江省立临时联合初级中学"，简称"联初"，校长由唐世芳担任。1940年秋，唐世芳校长辞职，教育厅派章湘伯继任。

建国中学的改制，并不是简单地将初中与高中连接在一起，而是在教学方面做了大胆的探索。据徐如人回忆：课程设置就有改革，如物理、化学、历史、地理等只讲授一次，而不像三年制中学，初中学一遍，到高中又学习一遍，这样安排是为了避免许多教学内容上的不必要重复。当然那时没有与之相适应的教材，主要由任课老师自行选用或编写，在实践中探索性地检验试用。①

此外，改制后学生到六年级可以按志愿进文科或理科组，这样学生可以选择一些自己爱学的选修课程，如理科的可以选修立体几何和解析几何，文科的可以选修中国文学史常识和文学知识等。由于改制后来了许多联初和宁中的学生，学校风气也有所改变。联初、宁中的同学大多数来自农村，和建国中学里的一些政府机关子弟相比，他们不少人家境清贫，经济条件落后，但他们艰苦朴素、勤奋好学。这些精神和品质对树立新的校风、学风有很大的影响。

那时徐如人有些偏爱理科，对知识的理解也快，有些问题老师一点就透，他当时在班上属于中等偏上水平。抗日战争胜利后的几年里，由于学习秩序相对稳定，徐如人闲暇之余也愿意和同学们参加一些郊游、打球和看电影等娱乐活动，这培养了他热爱生活，豁达乐观的性格。②

值得庆幸的是，徐如人在建国中学遇到了一位办学有方的好校长，以及一批教学水平较高的好老师，这些老师的讲授让他受益匪浅，为他打下了较好的知识基

图 3-2　徐如人在建国中学时与班级同学合影（后排左二为
徐如人，1947 年，徐如人提供）

---

① 　徐如人访谈，2015 年 9 月 14 日，长春。资料存于采集工程数据库。
② 　同①。

础。如今提起建国中学时代的师长，他还如数家珍、记忆犹新。其中，校长章湘伯是浙江诸暨县人，当时就是蜚声金坛的教育家，时年38岁，上海复旦大学文科毕业，曾任联初等中学校长，浙江大学讲师。为了尽力办好六年一贯制的新中学教育模式，章湘伯校长竭尽了全力，特别是邀请了一批优秀的老师来校执教，以求办好新教学模式的中学教育。在这些教师中，当时教过徐如人的有国文老师张厚植、生物老师吴克刚、物理老师寿望斗和章元济、化学老师韩葆玄、代数老师陈汉民、解析几何老师裘颂兰、英语老师沈贻南和徐葆炎、历史老师郑公盾、美术老师俞乃大、体育老师储德等，他们都是当时中学教育界有名的老师。有些老师在中华人民共和国成立后成为政坛和学术界的名人，比如，他当年的历史老师郑公盾，后来曾荣任中国科协顾问和《红旗杂志》（现《求是》杂志前身）副主编。在他们的管理和执教下，学校教学质量显著提高，教育秩序也越来越正规，在短短的几年时间内，浙江省立建国中学就跻身全国著名中学行列。

现在，提起郑公盾老师，徐如人印象仍很清晰：他学识渊博，上课认真，文采飞扬。徐如人参加工作以后，单位有一位同事叫刘学铭，在一次全国科普作家大会上见到了郑公盾，顺便问起对徐如人的印象如何。郑老先生说，他还记得徐氏兄弟（包括他的胞弟徐如镜），他们兄弟俩念书时人很稚小，但都很聪明，学业不错，外语很好。

1949年中华人民共和国成立后，章湘伯等一些教师去了台湾，建国中学与杭州市立中学先后与杭州高级中学合并，更名为杭州第一中学（现杭州高级中学）。建国中学这一校名从创建到结束仅仅存在六年，但其办学模式与人才培养方面所取得的成就却非常大，这一现象非常值得学界研究和探讨。

2000年8月，徐如人应邀参加在台北举行的第三届全球华人无机化学家大会，会后他专程去看望了章湘伯，并与恩师合影留念。

常言道"名师出高徒"。著名学校、知名的老师，必然培养出不同凡响的学生。建国中学培养出的名家翘楚令人瞩目，徐如人后来被评为中国科学院院士，成为著名无机化学家、教育家，他只是建国中学毕业生的杰出代表之一。其实，当时就读于杭州建国中学的学生被评为中国科学院院士的，不止徐如人一人，吉林大学另一位著名教授沈家骢院士，中国科学院化学所的徐瑞夫院士也就读于该中学。此外，杭州建国中学还造就了一大批政界和文艺界精英，比如，徐如人同班同学朱通原来是中共地下党员，后来曾在中宣部任要职。他的同班同学房天琪（艺名房子），曾是话剧表演艺术家，杭州话剧团的台柱子。

目前，在浙江省档案馆及杭州高级中学校史馆还能查阅到很多有

图 3-3　2000 年徐如人赴台期间与建国中学老校长章湘伯合影（徐如人提供）

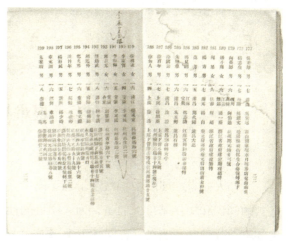

图 3-4　徐如人在建国中学时的学生通讯录（1946 年，杭州高级中学提供）

关建国中学的记载。翻开厚厚的档案，有关建国中学的旧有资料就会浮现在眼前，教师名册、学生成绩单、学生手册、校歌、校徽及学校有关事务的记载一应俱全。这些资料再现了当年建国中学教学严谨、管理严格、办学正规、师资精湛、议事规范等特点，从尘封中透射出名校的风采。在杭州高级中学的校史展室里面有一堵校友墙，记录了学校的历届知名校友，上面不乏文化名人、科学巨匠、政坛领袖、行业精英……让人感受到学校深厚的文化底蕴，堪称哺育英才的摇篮。其中，徐如人的照片跃然墙上——徐如人，1949 届校友，中国科学院院士。

图 3-5 徐如人在建国中学时的成绩单（2017 年 4 月，浙江省档案馆提供）

图 3-6 徐如人在建国中学的毕业证书（2017 年 3 月，复旦大学档案馆提供）

时局动荡　艰难抉择

　　徐如人在省立建国中学就读了三年高中，为他后来的成长打下了比较坚实的知识和文化基础。但是，为人谦逊的他似乎对自己在中学阶段的表现并不十分满意。他在一篇回忆录中写道："然而遗憾的是，我的确有点辜负众多好老师的教导，并没有把重要的高中学习阶段完成得好。现在回想起来，虽有客观因素的干扰，然而主要还是我自己不够努力。由于长期的战乱生活，我的学习基础原来就比较差，加上长期以来没有养成良好的学习习惯，一下子还转不过来，再加上刚从艰苦的生活条件下过渡到繁华的大城市，特别是抗日战争刚胜利后美国电影充斥市场，街头到处是五光十色的广告，弄得眼花缭乱。虽然当时我母亲还为我们请了家庭教师，以督促我们兄弟的学习，然而我还是不够努力，有时甚至应付了事。现在想起来的确非常惭愧……"①

---

① 徐如人访谈，2015 年 9 月 14 日，长春，资料存于采集工程数据库。

当然，在徐如人的高中阶段，还真的有几件事对他的成长影响非常大。

第一件事就是 1946 年徐如人的父亲被检查出胃癌，之后就去上海第四医院治疗，直到 1947 年 9 月因胃癌不治去世。这一年多时间里，他母亲一直在上海陪伴着父亲，只留他们兄弟俩在杭州学习，日常生活都需要他们自理。由于父亲的病情经常反复变化，在他的记忆中，他与弟弟经常奔波于杭、沪之间，有时还陪住在医院，因此也耽搁了很多学习时间。后来他父亲去世，家庭随之发生了巨大的变迁，这段经历当时对他产生的影响还是较大的。

第二件事是 1948 年，徐如人的母亲在众多朋友与父亲以往部下的鼓励与支持下，竞选为首届立法委员，而这时长江两岸解放战争正在激烈进行，国民党战局形势急转直下。徐如人的母亲以前没有什么从政的经历，再加上其丈夫刚刚去世，因此对政治并不太关心。然而当她当选为立法委员后，便有了一定的政治身份，代表了一个阶级的立场，在当时的战争形势与社会上的种种传言的影响下，她就开始比较多地考虑当时的去留问题，这是一个非常矛盾且难于决策的问题。这当时对他们的家庭与兄弟俩的影响是相当大的。

第三件事对徐如人来说，更有一个亟待抉择的问题是，1949 年夏，他即将报考大学。如果跟随政权的起伏波荡辗转迁徙，必将影响到他人生的选择。这时，一件让他记得很清楚的事情是，在 1948 年秋，他父亲有一位学生，当时在国民党的教育部工作，他从南京南撤到广州的途中，曾在杭州徐家住过几天，他当时就劝徐如人去广州中山大学念书，如此云云。这些对他当时的学习与考虑报考哪所大学都产生了较大的影响。经过激烈的思想斗争，在徐如人的内心，他的志愿已定，那就是报考在沪、杭两地的大学，如交通大学、复旦大学、浙江大学等学校，他当时不想再离开沪、杭等地，也不想随母亲他们一道南撤。这是一个艰难和痛苦的选择，他和弟弟留下来不走，而母亲迫于当时的政治选择又不得不离开，这样势必会造成骨肉分离，也许他们当时认为不久后可能还会团聚，但没想到却是永别！

这些事情对徐如人的影响很大，有的甚至是难以做决策的。但童年和青少年时期的磨砺与锻炼，使他养成了临事不乱，有自己的判断和主见，不随波逐流的性格，他认为可以自己选择属于他自己的人生道路。

　　1949 年 5 月，杭州解放，此时，距徐如人高中毕业仅有几个月的时间。受战争的影响，以及临近杭州解放前一年左右，国民党失败的经济政策导致社会上的混乱，再加上家庭的变故对当时自己思想上的影响，学习就更不稳定了。然而，就是在这样一种时局动荡、心绪复杂、骨肉分离、情感波动非常大的情况下，青年徐如人努力让自己平静下来，开始临阵磨枪，报考大学，迈出了人生极为艰难的一步，也是从此改变他人生命运的一步。

第四章
沪杭解放后的大学生活

考取复旦　感悟大学

　　1949 年 5 月，宁、沪、杭一带均已解放，因而大学的入学考试在华东地区已首次改为国立大学的统一招生考试制度，而当时的私立大学（如上海的大同大学、大夏大学、光华大学等）与教会办的大学（如上海的圣约翰大学、沪江大学，杭州的之江大学，苏州的东吴大学等）则仍保留传统的各校分别招生的制度。考试时间有先后，私立大学与教会大学相对好考一些，因此先举行考试。为了增加考取概率，6 月，徐如人先在杭州报名且考上了教会办的之江大学后，8 月，又去上海参加华东地区的统一招生考试，并考上了复旦大学化学系。相比之下，国立大学要比私立大学和教会大学更好一些，所以，徐如人便选择了到复旦大学报到，成为新中国的第一批大学生。

　　复旦大学创建于 1905 年，原名复旦公学，是中国人自主创办的第一所高等院校，创始人为中国近代知名教育家马相伯，首任校董为国父孙中山。

图 4-1　1949 年徐如人的高考志愿表（2017 年，复旦大学档案馆提供）

图 4-2　1949 年徐如人的高考准考证（2017 年，复旦大学档案馆提供）

图 4-3　徐如人在复旦大学读书时的学生证（2017 年 3 月，复旦大学档案馆提供）

校名"复旦"二字选自《尚书大传·虞夏传》名句"日月光华，旦复旦兮"，意在自强不息，寄托了当时中国知识分子自主办学、教育强国的希望。1917 年复旦公学改名为私立复旦大学；1937 年抗日战争爆发后，学校内迁重庆北碚，并于 1941 年由私立改为国立；1946 年迁回上海江湾原址；1952 年全国高等学校院系调整后，复旦大学成为以文理科为基础的综合性大学；1959 年成为全国重点大学。

大学对一心向学的徐如人来说，是个别有文化魅力的天地，更是他汲取科学知识、施展人生抱负的神圣殿堂。徐如人进入复旦大学理学院化学系学习，这也是他第一次比较系统地接触化学的学习与实验课程操作，他从此与化学结下了不解之缘。复旦大学的学习生活开启了他一生从事化学研究的开端，在变化无穷的化学实验中，使他对该学科产生了浓厚的兴趣，感受到了科学的无穷魅力。虽然在后来的工作当中历尽艰辛，但他一直倾情化学，初心不改。

蔡元培说，"大学者，研究高深学问者也""大学者，囊括大典，网罗众家之学府也"。[①] 也就是说，大学最根本的，是用人类积累起来的文化成果浇

---

① 蔡元培：新任北京大学校长演说。《北京大学学刊》，1917 年。

灌人的智慧，培植人的德性，促进、保护和增强社会的文化价值观念，大学以学术为根基，善用知识与智慧为造福人类服务。

当时的徐如人也许并不知晓这句话的道理，但后来的工作却印证了他一直在践行这一"大学之道"。

徐如人进入大学以后，开始为自己的人生作了规划，确定了目标，那就是要在专业学习的领域有所建树，做到"术业有专攻"。由于刚刚经历了家庭的重大变故和社会的重大变革，送走了一个旧的时代，迎来了一个新的时代。徐如人经受了血与火的考验，他现在一心想

图4-4　1951年复旦大学的校门（2017年9月，复旦大学档案馆提供）

图4-5　1949年徐如人与复旦大学化学系一年级同学的合影（后排右四为徐如人，2016年7月，徐如人提供）

做的就是：尽量忘记情感上的伤痛，重新开始新的生活，埋头于大学的知识海洋里，寻找他人生新的兴趣与追求。于是，他踏下心来，潜心探索专业知识的奥妙，享受着知识与学习带来的无与伦比的充实与乐趣，不断领悟人生的真谛及科学世界的奥秘。

徐如人在复旦大学化学系上的第一堂化学课是由当时的化学系主任严志弦[①]教授给一年级学生讲授的普通化学。严志弦教授是他进入复旦大学

---

① 严志弦（1905-1968），江苏武进人，无机化学家、化学教育家。长期从事无机化学的教学和科学研究工作，编写了多种无机化学和定性分析教材，其中《络合物化学》是中国第一部有关络合物化学的专著。1949-1968年任复旦大学教授，先后兼任化学系副主任、主任，学校教学科学部主任，副教务长。

图 4-6　严志弦教授
（2017 年 9 月，复旦大学档案馆提供）

化学系学习时所接触的第一位老师，当时讲课用的教材是由严教授自己精心翻译并出版的 *Deming：General Chemistry*（德明《普通化学》）。据徐如人回忆说，他是一位讲课很好的老师，理论功底深厚，尤其在络合物化学的研究方面见长。当时由于刚解放，第一年学校的政治运动还不是很多，因此，他是比较认真、全面地学完了化学一年级的所有课程，对化学这门学科产生了浓厚的兴趣，这为他以后从事基础化学的教学和研究工作打下了良好的基础。

转学交大　受业名师

　　1950 年暑期，徐如人听说当时交通大学化学系在有机化学与物理化学方面有朱子清[①]、顾翼东[②]等著名教授，在化工方面又有苏元复教授等。通过详细了解，热爱化学的他感到交通大学的化学专业设置可能更适合他的专业取向和今后的发展。怀着对这些教授的敬仰和对化学专业的热爱，徐如人决定转学到交通大学。当时的转学要求是很严的，必须通过严格的考试。徐如人利用暑假的时间，认真复习准备，经过一番努力，他在暑期开学前就通过正规的转学考试插班到了交通大学化学系读二年级，直到 1952年提前毕业。

　　① 朱子清（1900-1989），安徽桐城人。有机化学家、教育家。在有机化学，尤其在天然产物有机化学方面取得了丰硕成果，其中贝母植物碱的研究曾居国际领先地位。1949 年 10 月 -1952年 8 月任上海交通大学教授；1978-1988 年任兰州大学有机化学研究所所长兼天然产物有机化学研究室主任。
　　② 顾翼东（1903-1996），江苏苏州人，无机化学家。1923 年毕业于东吴大学化学系；1925年获美国芝加哥大学硕士学位；1935 年获该校博士学位；1942 年任交通大学教授；1980 年当选为中国科学院学部委员。主要从事中国丰产元素钨、钼、铌、钽及稀有元素化学的研究，开展有关液 - 固体系平衡相图及溶剂萃取的工作。

那时大学升学率很低，能考上国立大学的人就更少，可谓是优中选优。徐如人转到交通大学时所在的班算他才 10 多个人，全系学生也不到 100 人，这个班后来竟出了两位院士，可见当时的高等教育称得上是真正的精英式教育。

　　徐如人在交通大学化学系学过朱子清教授与朱振华教授的有机化学，顾翼东教授的物理化学，以及苏元复、王承明、刘复英等著名教授的多门化工与工业化学方向的选修课。除此以外，他在那时还曾选修过刚从美国回国的一位张姓女老师的生物化学（这在当时是萌芽来的新学科，比较有前沿性）。通过在交通大学的学习，他对一些新兴学科的生长点与理工交叉科学有了接触和了解，这对他扩大科学视角及树立创新型科学思想、锻炼科研能力、培养良好的科学素质有很大的促进作用。

　　徐如人的大学学习阶段虽然只有三年，但他却受教于两所知名大学，师从多位著名的化学家与教育家。其中顾翼东、严志弦、朱子清三位老师是他特别崇敬的，且为他以后的专业能力与学术思想的形成影响很大。

　　下面详细介绍一下这几位老师对徐如人的影响。

　　第一位是顾翼东教授。顾翼东教授 1903 年 3 月出生于苏州的一个书香门第，1924 年赴美国留学，1935 年获芝加哥大学化学系博士学位。回国后长期致力于大学化学的教学与科研工作，曾在多所大学的化学系教过几乎所有的化学课程，甚至包括数、理课程，因而顾翼东教授的学术造诣可谓高、广、深，在学科间的交叉，理论与实践的结合，科学研究思想上的灵活性，都堪为后辈学者学习的榜样。他热爱祖国，为人师表，德高望重，严谨治学，直到九秩高龄仍潜心科教事业。

　　徐如人有幸在交通大学二年级时听他讲授物理化学课程，据他回忆当时的教材是 Daniel 的 *Textbook of Physical*

图 4-7　顾翼东教授（2016 年，徐如人提供）

Chemistry，而实际上顾翼东教授主要是以 A. A. Noyes 和 S. M. Sherill 撰写的 *A Course of Study in Chemical Principle* 作为主要的教学参考用书，以做题来带动学习深入。顾翼东教授是一位知识面极广，化学基础极为雄厚的老师。他长期在高校与其他研究单位从事我国重要矿物资源诸如钨矿、铌、钽尾矿及稀土等矿物中主要成分元素的提取与分离化学的基础与应用研究工作，有很多杰出的建树，甚至对现今来说他也是一位杰出的无机资源化学专家。听他的课，对徐如人来讲的确有相当的难度，有时往往跟不上他的思路。那时，上海刚解放，政治运动较多，学生们上课之余要经常上街参加活动。由于他没有正确安排好学习与课外活动的时间，在学习上也没有认真复习与做功课。虽然有这样一位优秀的老师授课，但令徐如人非常惭愧的是，由于参加课外活动过多，他在当时的确没有学好物理化学，甚至有一次考试没有及格。至今，徐如人提起这件事还忍俊不禁。

1952 年徐如人被分配到东北人民大学化学系任助教，1956 年暑期到 1958 年春季，学校派徐如人去复旦大学化学系顾翼东教授的研究组跟随他学习了近两年的稀有元素化学。这是他第二次直接且比较长时间的受教于顾翼东教授。这两年里，徐如人在顾翼东教授的严格指导与培养下，通过系统的研究工作锻炼，系统地读书钻研，务实的科学与教学能力的培养，经过自身的艰苦努力，夯实了化学基本功，增长了科研能力，提升了专业素质，为以后几十年的教学与科研工作打下了良好的基础。

自此，徐如人与顾翼东教授的联系从未间断，关系更加亲密。每当他在科研与教学工作上遇到较大问题时，还经常向老师请教，并经常受到他的指导与鼓励。以 1989—1993 年那段时间为例，他就曾向顾翼东教授就"科研与创新""《无机合成化学》一书的撰写"，"成立水热合成开放实验室"与"学术的成长"等方面的问题进行讨教，每次都得到了顾翼东教授耐心细致的回复。他至今还保存着顾翼东教授当时给他的近四十封回信。当时，顾翼东教授已年近九秩，而他的回信都用蝇头小楷写成，里面饱含了他对徐如人的关怀、指导与期望。在徐如人的心中，顾翼东教授是他终生难忘的恩师。

其中，在《无机合成化学》一书的撰写方面，顾翼东教授与徐如人的书信往来就不止五次，不仅给他提了许多专业性的意见，还做了比较细致的修改。现仅抽取其中一封，便可见一斑。

如人同学：

今天很高兴接到您的信。一切顺利，非常快慰。

……

《无机合成化学》稿中，我提出一些意见，仅供参考，不必逐条考虑。至于写序言，我已有腹稿，但字数一定要你定夺。望告我上限及下限。

我给王世显的信，我没有留底。能否嘱他复制寄我？

来稿十八章。第一章绪论；其余十七章拟分为四部分。

Ⅰ.操作原理，#6真空技术，#8高压合成，#5低温合成，#4高温合成；

Ⅱ.反应步骤，#7水热合成，#9电解合成，#10光化合成，#11等离子体合成，#12晶体生长；

（水热合成或有机溶剂中合成，似乎操作原理少一些。把#7提出来，是否合适，请您考虑。我随意提意见而已）

非水溶剂中合成似乎不太多，但也有。

Ⅲ.态况测绘验证，#2气体，#3液体，#17标记化合物，#18验证概述；

Ⅳ.无机化合物发展类型，#13配合物，#14金属簇合物，#15金属有机，#16非化学计量比化合物。

这样的意见，仅供参考。要写稿者定夺。

你在德国是否发现新的参考书籍？德国写作多创新。但又喜欢旧

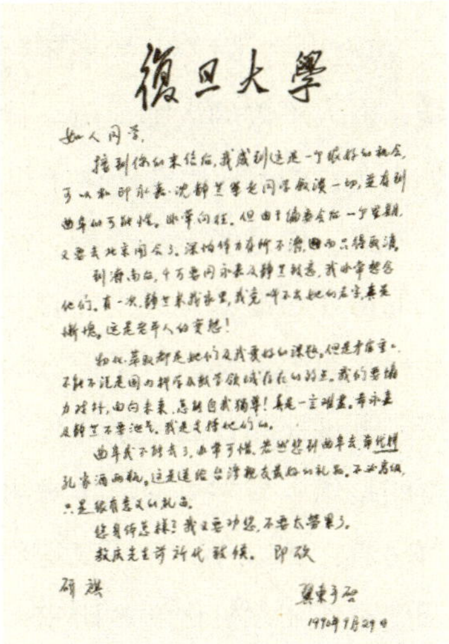

图4-8 顾翼东写给徐如人的信件之一（1989—1995年共写35封，徐如人提供）

书再版，或添增作者。我于 1924 年用心在美念书时，即是念有机的，却要做无机制备实验。Biltz（著），似乎到 1980 年仍见到该书的再版。English-chemistry 的微量操作，见到否？

近年来，无机化合物制备（很多是含有有机物的无机化合物）都是 1g 左右的用量。您在绪论中是否可以提出强调？不然，用于药品的制备，则是几克或几十克的。从大变小，或从小变大时，条件都要考虑变动。这些都是您在绪论中要提出的。

另一回事。书要出得快（另有些人也在该方面集体写作，我没有同他们联系过，但知道有这回事），不会尽善尽美。我什么时候要交出序言望告我。

即颂

俪祺

翼东手复

1989 年 11 月 9 日 [1]

从顾翼东教授给徐如人的书信中，既有对他饮食起居等生活上的关心，又有具体的工作指导，同时还有中肯的建议。字里行间可见顾翼东教授学识渊博，对专业的熟悉程度及严谨认真的科学态度，但又不乏谦虚委婉，诲人不倦的大师风度。体现了他与徐如人亦师亦友的真挚情感，对徐如人今后的工作事业产生了重要影响。

第二位是严志弦教授。严教授虽没有出国留洋的经历，然而他凭借自己的奋斗与追求，成为当时复旦大学化学系主任，且在教学、新学科建设与科学研究上都取得了很好的成绩。徐如人在复旦念大一时就受教于严教授，听过他的普通化学课程。他讲课深入浅出，逻辑思维极其清晰，更难得的是乐于与学生交流学术思想，且以自己的治学经验教诲学生，传授学习之道。1952 年，全国高等学校院系调整以后，严志弦兼任复旦大学化学系副主任和无机化学教研室主任，主持无机化学课程的教学工作和络合物化学的研究工作。他参加并主持了教育部组织的中国第一部综合大学无机

---

[1] 顾翼东给徐如人的信，1989 年 11 月 9 日。资料存于采集工程数据库。

化学统编教材《无机化学教程》的编写工作，并在复旦大学化学系首建了络合物化学研究基地，编著了中国第一部有关络合物化学的专著——《络合物化学》，是我国"络合物化学"的主要开拓者与奠基人之一。

徐如人始终把严志弦教授的自学、奋斗、追求与开拓精神作为自己努力学习的榜样。

第三位是朱子清教授。他早年留学美国，获博士学位，之后又去德国和奥地利进一步深造，是我国著名的天然有机化学家，特别是在贝母植物碱的研究上曾领先国际，他精湛的有机实验技术为国内化学界所称颂。他治学极其严谨，一丝不苟。徐如人有幸在交通大学大二、大三时受教于朱教授，在他的教育下，使徐如人逐渐地懂得化学是一门实验性极强的科学，因而在以后的学习与工作中，徐如人极其重视实验方法与技术的开拓与研究。虽然在交通大学大二时有一次做有机化学实验合成硝基苯时，徐如人曾不慎引起过一次小爆炸，然而他对实验的兴趣不减。上大三时，为培养实验技能，他还专门选修过两个学分的玻璃吹制课程。在徐如人一生的研究工作中，对实验工作的重视与研究始终坚持不渝，且获得与开发了不少新的实验研究成果。朱子清教授一生积极追求科学真理，他为人正直，襟怀坦荡，刚直不阿，给徐如人留下了深刻的印象。20 世纪 70 年代末期，徐如人去探望已调入兰州大学工作的朱教授时，他还是那样满腔正义感地谈论一切。80 年代中期，朱教授已是病魔缠身，但他依然承担着多项研究课题，坚持指导当时兰州大学的教师与研究生，可谓生命不息，奋斗不止。

以上三位教授，都是徐如人先后聆听过教诲的授业恩师，他们在徐如人的心目中是人生和事业的路标，是里程碑式的人物，他一辈子都不会忘记这些道德文章皆优的老师。

图 4-9　朱子清教授（2017 年 10 月，兰州大学提供）

政治积极　革命热情

徐如人在上海交通大学化学系读书的几年，正值上海刚解放，政治、经济、文化、生产生活都发生着剧烈的转变，这期间也是新中国政权一系列政策、变革开始推行实施的阶段，再加上抗美援朝战争的爆发，导致一系列政治运动不断，特别是当时在上海称被为"民主堡垒"的交通大学总是在这些运动中首当其冲。

同学们的政治热情都很高，积极参加各种运动。他们的学习就是在一系列政治运动诸如思想改造、抗美援朝、参加军事干校、"三反""五反"、镇压反革命等运动中同时进行的。特别是有的政治运动是要求他们直接参加，如在1951年6—7月上海市开展大规模镇压"反革命"运动，当时就从交通大学抽调了一批学生到市里进行学习培训，然后去有关地区直接参加镇反工作。

据徐如人回忆，当时他与同班的沈静兰、顾其伟、潘振华以及化工系的胡英等被抽调到当时比较落后、治安混乱的普陀区公安局做协勤工作，在公安局的领导下直接参与运动。他当时的任务是"外勤"，整天在工人中间和棚户区走街串巷调查有关作案人员的情况，然后写成报告交给办案人员。这项任务大概持续了一两个月，虽然工作不熟悉且相当辛苦，但的确受到很大的教育和锻炼。使他们进一步了解了社会，锻炼了能力，增强了大学生对国家社会的责任感和使命感。[①]

还有就是参与1952年华东地区高校毕业生首次试行统一分配工作。由于国家刚解放，百业待兴，各行各业的建设需要大量高校毕业人才，因而经国家决定，将当时的1952届三年级学生提前与四年级学生一起毕业以适应国家建设对大量高校毕业人才的需要。徐如人就是这批三年提前毕业的学生中的一员。由于华东地区是当时国内高校最为集中的地区，加上两个年级的学生同时毕业，毕业生人数多，毕业分配任务重。因此，当时的

---

① 徐如人访谈，2015年9月14日，长春。资料存于采集工程数据库。

华东人事部就从各高校抽调了一些学生去协助毕业生分配工作。

1952 年 5 月，徐如人与交通大学的另外两位同学（土木系的朱竹年和物理系的匡定波）以及其他上海高校的大约有十几位同学被抽调到华东人事部华东地区高校毕业生统一分配委员会协助工作。统一分配委员会把他们安排在上海沧州饭店，在那里集中工作了近 5 个月的时间，一直到 10 月初才完成分配任务。

作为新中国的第一代大学生，年轻的学子们正值风华正茂、踌躇满志、有理想、有抱负的时期，在这新旧社会制度剧烈变革更替的年代，国家迫切需要他们到社会的洪流中施展才华，有所作为。对于徐如人来说，像所有那个年代的青年人一样，他响应号召，积极参加各类活动，并在这些活动中培养和锻炼自己，促使自己尽快成长、成熟起来，将来能够适应国家发展建设所需。

然而，过多的校外活动对徐如人的专业学习来说的确是有影响的，他在交通大学最后一个学期就基本上没怎么上课与读书。用他自己的话说就是："四年大学实际上只念了二年半"——提前毕业一年，参加活动占去半年。

2008 年 5 月，徐如人访问母校时，时任上海交通大学校长张杰教授很郑重地赠送给他一份装帧得很讲究的他读书时的成绩单。感谢之余，令徐如人感到特别遗憾的是成绩单上最后一学期他连一门成绩都没有。后来，徐如人经常拿这件事自我解嘲说："我是一个没读满三年就提前毕业的且没有学好专业课的大学生。"

当然，这种遗憾属于那个年代，也是特定的社会环境造成的。其实，这里还有一点影响到他学习的是，中华人民共和国成立前夕，由于他母亲只身去了台湾，临走前给徐如人和他弟弟留下了一点钱，但这些钱很快就花掉了，后来徐如人在交通大学念书时，生活基本上就只能靠助学金的资助及比

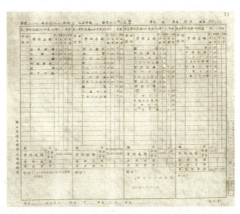

图 4-10　徐如人在上海交通大学时的成绩单
（2017 年 5 月，上海交通大学档案馆提供）

较长时间的在外面兼职做家庭教师或代课老师来维持。这在时间与精力上都对当时的学习带来较大的影响，但这些也锻炼了他肯吃苦、自强自立、接触了解社会、提高实践的能力。他自己经常说，在交通大学虽有好的老师与学习条件，然而学习就处在这样一个比较特殊的社会环境与条件下，自己又没有很好处理学习与其他众多事情之间的关系，因而的确影响了学习，没有学好专业课。徐如人就是在这种情况下结束了他的大学学习生活。

前面讲到徐如人毕业前一直在华东人事部协助毕业生分配工作，直到10月初才完成分配派遣工作。而徐如人也是当时众多毕业生中的一员，看到同学们都已奔赴祖国各地参加新中国的建设，他内心早已心潮澎湃。此时此刻，是需要他作出人生重要选择的时候了。按常理说，他协助毕业生分配工作，是有机会把自己分配到一个条件、待遇和环境都不错的单位去的。据他自己讲，那时他完全可以选择留在交通大学，也可以到浙江大学，或是留在上海、杭州等地其他单位工作。但徐如人内心中早已定下了自己的去向，那就是，到国家建设最需要的地方去，到大东北去，援疆支教，在艰苦的环境中锻炼成长。于是，他只身来到了坐落在东北腹地的长春，参与到东北人民大学新兴的化学学科的创建工作中来，这一初衷的选择，便成了他终生的事业！

清贫自得　谊结金兰

在徐如人的性格中，有一点是非常难能可贵的，那就是，无论是他身处逆境，还是春风得意，他都会波澜不惊，平淡处之。也许这是儿时生活磨砺所造就的一种韧性吧。他在上大学之前就遭遇了父逝母去的巨大家庭变故，留下他和弟弟两个尚未成年的"半大小子"，近乎成为孤儿。在这种无人监管的状况下，他们并没有流落街头、自甘堕落或我行我素、任性妄为。而是竭力克服了心理上的悲痛情绪、思想上的分化干扰、外界环境的冲击影响，努力使自己平静下来，确立奋斗目标，伏案苦读，积极准备，最终他考取了理想的大学，弟弟在他的带动下也如愿成了一名军校学员。

没有生活来源的徐如人，跨入大学后就面临生活的窘境，而这些仿佛并没有影响到他的学业。平时他一边念书，一边靠在校外找点工作，如做家庭教师或做代课老师等赚取一点收入来补贴生活。弟弟考取军校后，由于部队有津贴费，每月竟然还从仅有的 6 元津贴中拿出 1—2 元来资助哥哥。这是现在年轻人所感受不到的。为了节约开支，徐如人平时除买点基本的生活用品外，几乎不买什么衣物，身上的穿着都是同寝室的同学送给他的一些旧衣服。

但徐如人从未因此感到自卑，也从未因此感到苦闷，他学习勤奋，活动积极，为人坦诚，生活阳光，并且对未来充满理想和信心。

对于徐如人的大学表现，他的大学校友，复旦大学化学系高滋[①]教授回忆说：

> 徐老师比我高一届，念书时我们就认识，因为当时交通大学的化学系不大，人比较少，大概一个系也就 90 来人，所以一个系里面不同年级的人都有些认识和联系。徐老师在交通大学还是比较活跃的，他比较喜欢运动，喜欢打篮球，是交通大学的篮球队员。我也比较喜欢体育，也是交通大学女子篮球队的。所以那个时候我就认识他。另外他是学生干部，我也是学生干部，经常参加社会活动，所以就有些交往。给我印象最深的是，当时国家要建设发展东北，那个时候就把一些大学毕业生分配到东北的大学、研究所等地方。徐老师当时是参加学生分配工作的，却把自己分配去了，这一点我很钦佩。他分配到了长春吉林大学，像现在有些人如果自己有分配工作这方面的权利，就会走后门什么的，徐老师却什么也没有，所以我很佩服他能够服从国家的需要，不为个人利益考虑。另外呢，当时东北和现在完全不一样，据我的同学后来去了以后跟我说，买蔬菜都很困难，冬天

---

① 高滋，物理化学家和化学教育家。长期从事沸石分子筛、固体超强酸、介孔分子筛、层状磷酸盐、吸附分离与催化等方面基础应用研究，积极投入"功能体系分子工程学"建设，推动了中国分子筛学科和石油化工的发展。她教书育人、著书立说，为中国化学学科发展、化学人才培养以及国内外学术交流作出了贡献。

特别漫长，很难熬。所以我的好多认识的人和同学，到东北去一两年就走了，包括后来分配到吉林大学的好多老师，工作几年就陆陆续续走了，反正我觉得徐老师是唯一一个能够坚持到现在的人了。所以我觉得他是一个真的能够服从国家需要的、到最需要的地方去而不是在意生活上的条件和待遇的人，而且他在吉林大学一直把工作做得非常好。所以给我的印象就是我很佩服我的这个师兄，他书念得很好、工作也很好、带头分配到那么艰苦的地方去、去了以后又能坚持那么多年不离开。所以在做人方面我很佩服我的这位师兄。[1]

徐如人在大学期间，生活虽然清贫，却能以苦为乐，勤学不辍。在学习上有思想，在工作上有能力，在活动上有热情。他对自己要求很严，毕业后自愿到艰苦的地方去工作，但对同学却很讲情谊，乐于助人，甚至是成人之美。对这一点，他的大学同学沈静兰深有体会。她说：

　　由于徐老师是从复旦转学过来的，在学校期间我和徐老师的接触还不是太多。那个时候我印象中徐老师在班上是年龄比较小的，人也比较聪明，他也比较喜欢在学校做实验。记得有一次我们在实验室做有机合成的实验，徐老师一不小心弄炸了，当时瓶子里装的是硝基苯，喷溅出的硝基苯溅到他的脸上了，虽然不多，但是后来还是落下了一点小的疤痕。当时同学们就开玩笑，给他起了个雅号叫"Nitrobenzene"，他也并不在意，我们喊他外号他也会答应。在我们学习期间，交通大学的活动是比较多的。当时国家搞什么"三反""五反"、思想改造、抗美援朝等运动，交通大学都是首当其冲，我们真正学习的时间并不是很多。在我的印象中他的学习比较好，比较聪明。在校期间大体上一个印象是这样的。

　　毕业以后由于几方面的原因，我和徐老师接触比较多。第一个原因就是我和徐老师都在高校当老师，而且都是无机化学教研室的，客

---

① 高滋访谈，2015 年 10 月 26 日。上海，资料存于采集工程数据库。

观上就造成我们联系多一点。第二个原因就是当时有一个事情也很巧，在我们毕业前夕还没有离校的时候，徐老师提前被抽调到华东地区高校毕业生统一分配委员会协助工作。当时他负责我们这届学生的具体分配工作。当时我

图 4-11　1952 年交通大学化学系三年级同学毕业合影（徐如人由于参加分配工作未参加，2016 年，徐如人提供）

和我老伴是同一年毕业的，他比我高一届，他是四年毕业，我是三年提前毕业的，所以我们就一起毕业了。毕业的时候在分配工作上，组织上曾经有一个说法，就是如果在分配过程中有什么特殊要求，可以提出申请，行不行再说。当时我和我老伴就写了个报告，希望不管分配到哪里，只要两个人能分在一块就可以了，省得有那么多麻烦。后来等到我们毕业以后，徐老师跟我们说，我和我老伴一起分到山东大学是他办的，他说当时分配的时候，我是分配到沈阳，我老伴儿是分配到南京，后来徐老师可能就看到了我们写的申请，他就跟领导反映能不能给我们换换分在一起。当时各地都需要人才，分到哪里影响不大，所以领导就同意了。我说我还要谢谢徐老师呢。就这样我觉得关系又近了一步。我们毕业的时候徐老师是被提前调出去了，所以我们交通大学那一届化学系拍毕业照的时候，都没有徐如人。①

在同学和同事的印象中，徐如人就是这样一个人，不以物喜，不以己悲，逆境中不堕其志，得意时不改其形，乐观面对工作生活，平淡中透出真味，质朴中彰显奇能，不计名利，不较得失，踏实做事，真实做人，行端德洁，君子本色。

---

① 沈静兰访谈，2016 年 2 月 28 日，济南。资料存于采集工程数据库。

第五章
支援东北　建设边疆

初到长春　突击俄语

　　1952 年 10 月初，徐如人在华东地区高校毕业生统一分配委员会的工作全部结束后，他就拿着统一分配委员会给他做的工作鉴定和简单的行李登上了北上的列车，怀着满腔支援边疆、建设祖国的热情奔赴东北。火车呼啸着驶离上海，跨过长江，在华北大地上疾驰。透过车窗，山川原野、城镇乡村不时在眼前掠过。时近深秋，田野里还有人们秋收忙碌的身影。车过山海关时，金风劲吹，树木落叶纷纷，秋山渐疏，大地也开始变得荒凉起来。此时，车厢内的徐如人热情不减，他的脑海里在憧憬着今后的工作设想，奋斗目标，人生理想。

　　火车行驶了两天一夜后，首先抵达辽宁省沈阳市。徐如人下车后，先到位于沈阳的东北地区教育部报到，听候分配。东北教育部按计划将他分配到坐落于吉林省长春市的东北人民大学任教。就这样，1952 年 10 月 11 日，他又从沈阳乘火车来到了长春。

学校专门派了一挂敞篷马车来接他，徐如人坐上这种近似原始的交通工具，一路向学校驶来。由于从上海出来时正值金秋时节，南方天气尚暖，他身上只穿了一件衬衫，外罩毛线背心，下穿一条单裤。初到长春的他一下车就感到十分寒冷，从车站到学校的路上，冻得他浑身发抖，不得已将一条从上海带来的薄棉被裹在身上来御寒，迎来路人一片好奇的目光。这是长春给他的第一个印象——太冷了！

长春是吉林省的省会，地处东北平原腹地，地势平坦开阔，春季干燥多风，夏季湿热多雨，秋季天高气爽，冬季寒冷漫长，可谓四季分明。

长春建城历史较短，据今有 200 多年。清嘉庆五年（1800 年）开始在此建立地方行政机构，设"长春厅"。这是有"长春"这一地名的开始，也是现代长春的起源。

1931 年"九一八"事变后，日本帝国主义侵占东北，长春沦为殖民地。1932 年 3 月 1 日，日本帝国主义挟持清朝末代皇帝爱新觉罗·溥仪建立傀儡政权——"满洲帝国"，将长春定为"国都"，改名"新京"。抗日战争胜利后，长春由国民党政府占领。1948 年 10 月 18 日，长春重新获得解放，被确定为特别市。1953 年改为中央直辖市。1954 年划归吉林省管辖，随后省会由吉林市迁至此，长春遂成为吉林省的政治、经济、文化中心。

中华人民共和国成立以后，国家为建设东北工业基地，在长春兴建了第一汽车制造厂、客车厂、拖拉机厂等大型国有企业；同时，大力发展教育科技事业，吉林大学、东北师范大学等高校同期迁入长春，使长春逐渐发展成为一座以"汽车城""大学城""科技城"等为特色的现代化新兴城市。

由于在华东统一分配委员会工作结束有些滞后，徐如人是同批到东北人民大学化学系工作的人员中报到最晚的一个。其他奉调来系工作的老师，有的来自最南方的广州，也有来自苏浙沪地区，大部分来自北京、沈阳等地，他们都已在七八月份时就来到东北人民大学报到并开始化学系的筹建工作了。即使新分配来的其他十位助教也都早在八九月份就报到工作了。

东北人民大学的前身是始建于 1946 年的东北行政学院，1950 年更名为东北人民大学，成为培养财经政法方面专门人才的高等学校。1952 年，全国高等学校进行院系调整。为支持边远地区高等教育事业发展，国家高

图 5-1　教师突击学习俄语（1952 年，徐如人提供）

等教育部从北京大学、清华大学、燕京大学等院校中抽调出一批知名专家、学者前来支援东北人民大学建设。并增设了数学、物理、化学等理科专业，加强了学校的办学实力，使东北人民大学由原来财经政法性质的大学变成东北地区第一所综合性大学。1958 年 8 月，东北人民大学划归吉林省领导，更名为吉林大学。1960 年，国家正式批准吉林大学为全国重点综合性大学。

　　徐如人 1952 年来校工作，就直接参与了化学系的创建工作。由于化学系是新建立的教学单位，开创工作千头万绪，一切教学准备都是从头开始的，因而 10 月份新生才开始报到，11 月份才开始上课。当时正值全国提倡"全面向苏学习"，特别在科教界，大学更是首当其冲。当时全国高校进行院系调整，大学的教学计划、教学大纲、课程设置以及教材编制等全部向苏联学习。这样一变，首先要解决的一个问题是必须组织老师突击学习俄文，否则一切改变都无从谈起，工作也无法开展。在这种形势下，学校和系里决定利用新生上课前这段时间组织所有老师进行一个月的俄文突击学习。

　　由于徐如人报到最晚，他到校后稍一安顿下来，就赶快跟着全系老师一起突击学习俄文。由于所有的老师除来自东北师范大学的曹锡章和庞文琴外，其他人对俄文是完全陌生的，而突击学习也得从最基本的字母开始。特别是他来的最晚，更是任务艰巨，为赶进度，他每天必须硬着头皮背诵 100 个以上俄文单词。学校为了帮助和辅导这些老师们"突击学习"，特意从俄文系抽调了多名学生给他们当辅导员，帮助和辅导他们完成每天三个单元的学习任务。就这样，一个月的强化突击学习，对老师们来说效果还是不错的。徐如人从开始对俄文一个字母都不认识，到一个月后竟然掌握了 3000 多个单词，抱着字典基本上能看俄文专业书籍了。再加上以后在教学实践中边学边做，逐渐对苏联综合性大学教学计划、课程设置、教学大纲，甚至教学用书等熟悉起来，并做到了学以致用。

经过一个月的俄文学习，徐如人对系里的老师也基本上都认识了。他们中有来自燕京大学的蔡镏生[①]教授，来自北京大学的唐敖庆[②]教授，来自东北工学院（现东北大学）及上海大同大学的关实之[③]与陶慰孙[④]夫妇，以及伊葆芳副教授（分析化学）、许江津与稽跃武副教授（有机化学）和唐嗣霖（分析化学）、林富钦（有机化学）、许慧君（有机化学）、卢凤才（有机化学）等讲师。还有与徐如人一起从全国各地分配来的10位应届毕业生，他们是来自东北师范大学的曹锡章、庞文琴，南京大学的王式正，北京大学的顾念承，燕京大学的张世贤，南开大学的梁玉媛，浙江大学的沈家骢，同济大学的张云妹，燕京大学的孙家钟，金陵大学的童有勇（他

---

① 蔡镏生（1902-1983），福建泉州人，物理化学家和教育家。中国催化动力学和光化学研究的奠基人之一。1924年毕业于燕京大学化学系，1932年获美国芝加哥大学化学系博士学位后回国，曾任燕京大学化学系教授。1948年应邀到美国华盛顿大学做访问学者。1949年回国后担任燕京大学化学系主任。1957年当选为中国科学院学部委员。第三、第五届全国人大代表。长期担任中国化学学会理事，长春市化工学会理事长，长春市科协副主席。参见陈维钧：《蔡镏生纪念文集》。长春：吉林大学出版社，1994年。

② 唐敖庆（1915-2008），江苏宜兴人，我国著名的理论化学家和教育家，中国现代理论化学的开拓者和奠基人。1940年毕业于战火硝烟中的西南联合大学化学系。毕业后胸怀科技救国的思想赴美国哥伦比亚大学留学，并于1949年获博士学位。回国后先后就职于北京大学化学系和东北人民大学化学系。唐敖庆于20世纪50年代起到80年代末先后开展了化学键函数和分子内旋转理论、配位场理论、分子轨道图形理论、原子簇化学等理论研究，建树颇丰，开创了中国理论化学事业的先河，被学界尊称为"量子化学之父"。他先后主办过12次面对全国的各种类型的理论化学讨论班，培养出一批具有国际水平的理论化学研究人才，讨论班中多位学员后来当选为两院院士。他曾两次获得国家自然科学奖一等奖，这在中国科技史上绝无仅有。

③ 关实之（1897-1990），北京市人，无机化学家和教育家。吉林大学化学系奠基人之一。1928年毕业于日本京都帝国大学，回国后任上海暨南大学教授，大同大学教授、化工系主任与工学院院长，1950年任东北大学教授。1952年来校任教授，领导创建了吉林大学化学系无机化学专业。1956年任化学系主任和吉林大学副教务长，主持完成了当时国内最大的化学实验教学楼的设计与建设。

④ 陶慰孙（1895-1982），江苏省无锡市人，生物化学家与教育家，吉林大学化学系开创者之一。1930年毕业于日本京都大学，是中国在日本的第一位女性理学博士，回国后在大同大学任教授。1952年来校任教，先后创建了吉林大学化学系有机化学专业、生物化学专业，在国内率先开展大豆球蛋白的研究，培养了大批优秀人才。曾任生物系主任、吉林省政协副主席、第三届全国人大代表、第五届全国政协委员。

图 5-2 蔡镏生教授
（吉林大学提供）

图 5-3 张嘉志（吉林大学
提供）

们中有 8 位是三年提前毕业的，仅 3 位是四年应届毕业生）。令徐如人感到很高兴和巧合的是，这些人中竟然碰到了一位他在杭州建国中学时的老同学——从浙江大学化学系毕业分配来此的沈家骢。

当时，已近 50 岁的蔡镏生教授任系主任，唐嗣霖任系副主任。化学系还成立了党支部，支部书记由 24 岁的张嘉志[①]担任，他在负责党务工作的同时还负责化学系办公室的工作，大家都亲切地叫他张干事。另外还有两位蔡镏生教授从燕京大学带来的负责实验室与设备管理及药品管理的实验技术人员，一个叫张植琇，另一个叫陈向南。这些人加起来总共有 26 位，这便是东北人民大学化学系建立之初的所有教职人员。

参与建系 艰苦创业

1952 年 10 月，化学系第一届新生开始报到。据张嘉志回忆说：

当时共录取了 105 名新生（其中华东地区 28 名，中南地区 6 名，东北地区 57 名，军队转业干部 6 名，其他地区 8 名），5 名未报到，4

---

① 张嘉志，1928 年生于大连市，1948 年参加革命，在东北行政学院教育系学习，1950 年加入中国共产党。1952 年参与筹建东北人民大学化学系，历任系党支部书记、党总支书记、校党委委员。1983 年调任长春光机学院党委副书记、书记。参见张嘉志：《沧桑岁月的回眸》，内部资料。

名转系，实际报到的只有96名。由于那时刚解放，教育升学制度还很不完善，学生的文化程度参差不齐，年龄大小不一。在首届招收的这批学生中，正规高中毕业的不多，他们中有社会青年，也有在岗工作人员，有部队转业干部，还有已结婚成家的人员。这批新生中50%不是第一志愿，三分之一以上不是正规高中生，南方学生约占二分之一，报到后被分为甲、乙、丙三个班。[①]

首批新生入学后，首先遇到的是学生的教学问题，经校、系领导讨论决定，首届无机化学课程的主讲由唐敖庆教授担任。此外，当时最迫切的工作是无机化学实验课的开设准备，其中首当其冲的是带实验的老师。经系、教研室研究后，决定由庞文琴、王式正、童有勇、徐如人、沈家骢、梁玉媛六人分别担任甲、乙、丙三个班的实验课（两个人合带一班）。接着，急需解决实验室的场所与最基本的实验设备，以及当时最困难的如何按苏联教学大纲的要求开设无机化学实验课。当时实验场地、化学实验药品、实验设备、教材与图书资料等都不具备，这成为阻碍在化学系创业者面前的一道难关。

创业是艰辛的，因为这需要创业者去披荆斩棘，开辟道路；创业也是快乐的，因为在筚路蓝缕、栉风沐雨的征途中总能让人看到光明与希望，在打拼中增长能力，启迪智慧，积累经验，收获成功。当时的东北人民大学化学系就如同一张白纸，它需要创业者们用勤劳的双手去绘就出美丽的画卷。

没有实验室，他们就亲自动手设计、因陋就简，亲自搭建实验基础设施；没有实验设备，就动手制作、废物利用、东挪西借，以满足基本实验所需……在学校的支持下，由关实之教授亲自领导指挥，带领当时预备任课的六位年轻教师与学校工人师傅首先整理出了灰楼（当时化学系与物理系合用的教学实验楼，因颜色呈灰色而得名）后面的地下室作为学生的实验室。整理后的地下室可谓空无一物，没有实验台，没有实验设备，没有

---

① 张嘉志：《沧桑岁月的回眸》，第68页。内部资料。

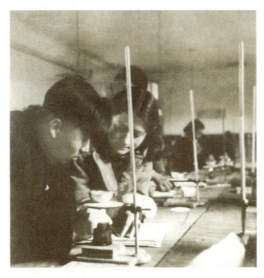

图5-4 建系之初学生用木板条拼成的实验台做实验（吉林大学提供）

图5-5 建系之初学生用墨水瓶做的酒精灯做实验（吉林大学提供）

煤气管道，甚至连上、下水管道都没有，而这些设施是学生做无机化学实验必须具备的基本条件。

由于开课时间临近，制作安装这些设施已来不及且没有足够资金去采购。当时，教研室安排庞文琴任实验组长，负责实验准备工作。庞文琴是一位女教师，毕业于东北师范大学，也是与徐如人同一批分配到东北人民大学化学系参加工作的大学生。她工作认真，办事爽快，雷厉风行（后来与徐如人在共同的工作学习生活中建立起深厚的感情，并结为夫妻）。她接受任务后马上发动一起带实验的包括徐如人在内的六七位年轻助教商量对策，开动脑筋，集思广益来解决这一问题。首先，他们因陋就简，用几条较平整的长木板拼起来搭成实验台；然后在实验台的两端引进一根水管，装上一个水龙头代替上水，没有下水管道，他们就在水龙头下面放一个水桶代替下水，水桶装满后由学生拎出去倒掉，如此反复，算是解决了上下水的问题；没有实验用的加热装置，庞文琴就利用自己和东北师范大学的关系，到那里借来了为数不多的酒精灯，不足部分，他们就积极想办法，到处捡墨水瓶洗净后装上自制灯芯作为简易的酒精灯；没有实验药品，他们又从东北师范大学借来了一些学生实验用的药品……就这样东挪西借，废物利用，在极其简易且困难的条件下终于开设了学生的第一堂无机化学实验课。

上实验课时，他们把学生分成 15 人一组，每班基本分成两组，由两个人带一个班级，徐如人与同期来的助教童有勇合带甲班。在正式带实验之前他们需要事先做准备实验，还要通过试讲来做好上实验课的准备。虽然实验条件很差，但他们都有一种敝帚自珍的感觉，毕竟是他们亲手建起来的实验室，因此都非常认真地备课、认真地带好学生的实验，不敢有丝毫懈怠。建系之初的化学人，就是在这样的条件下，开设并完成了一年级学生的无机化学实验教学。

现在，用木板条搭建实验台，用墨水瓶做酒精灯，用水桶做上下水的时代早已成为历史，但这作为化学系艰苦创业的真实写照却深深铭刻在几代化学人的心上，并作为一种精神代代传承。现在提及此事，许多化学系师生仍耳熟能详。吉林大学化学学院的院徽图标就是采用这些元素设计而成，凝结了化学学院艰苦创业的精神。

图 5-6　吉林大学化学学院院徽
（吉林大学化学学院提供）

接下来是系内教学秩序与教学机构的建立问题。对于这一问题，学校、化学系主要参照苏联的模式，成立了包括三个专门化（当时苏联教育体制中专业下面的一个层次）在内的四个教研室。三个专门化教研室分别是分析化学教研室、有机化学教研室、物理化学教

图 5-7　建系之初无机化学教研室全体教职人员
合影（吉林大学提供）

研室，外加一个讲授无机化学基础课的教研室。唐敖庆教授主讲第一学年的课程，并兼无机教研室主任，伊葆芳讲师任分析化学教研室主任，陶慰孙教授任有机化学教研室主任。不久，唐敖庆教授改任物理化学教研室主任，由关实之教授接任无机化学教研室主任。

　　毋庸置疑，建国初期，在中国大学的化学学科中，东北人民大学化学系创建时间较晚，条件也比较落后，但学科起点并不低。前面提到，在1952年的全国高校院系调整中，国家抽调了一批知名专家学者来支援东北人民大学的建设，他们中有数学家王湘浩教授，物理学家余瑞璜教授和朱光亚教授，化学家蔡镏生教授和唐敖庆教授等人。他们分别领导创建了东北人民大学数学、物理、化学等学科。其中，化学学科的创建者还有关实之、陶慰孙教授等人，他们早年都就读于国内知名大学，并都有出国留学深造的经历，是中华人民共和国成立初期中国科教领域的先行者与带头人。他们思想进步，品行高尚，具有深厚的科研理论功底和教学经验，国际视野开阔，办学理念先进，能够站在学科发展的前沿思考问题和开展工作。所以，化学系创建伊始，条件虽差，但教学科研的方式方法，培养人才的理念，开拓创新的精神已经走在了全国的前列。尤其在中华人民共和国成立之初，百废待兴，人们建设新中国的热情高涨，科教工作者胸怀报国之志，在处女地上更容易规划宏伟蓝图，东北人民大学的创业者们励精图治，敢为人先，推动着新生的化学系不断向前发展，由小到大、由弱到强。

图 5-8　著名理论化学家唐敖庆教授（吉林大学提供）

　　化学系初入学的学生即可直接受教于名师门下，他们所接受的专业基础知识和实验技能培训非同一般。拿入学的第一课来说，当时的无机化学大班课就是由唐敖庆教授亲自主讲。

　　1952年，正值中青年的唐敖庆教授可谓年富力强，他学术水平高，教学科研经验丰富，精力充沛，在北京大学时就给化学系一年级学生讲授普通化学课。他根据当时苏联教学大纲的要求，精心构思了以周期系为纲，辅之以基本的结构化学知识，按族的特点给学生系统讲授元素的无机化学课程。他的课讲得很精彩，功底深厚。即使如此，唐敖庆在讲课前还要进行试讲，让大家提意见，谈感受，以做到万无一失。唐敖庆的课讲得很有特点，他从不拿教案，只凭一张嘴、几根粉笔，然而逻辑思想却非常严密，整个课程中所涉及的各种数据、分子式、方程式、元素符号等都准确无误。

据说，唐敖庆的这一讲课习惯与他的视力有关，唐敖庆年轻时就高度近视，读书时上课根本看不清黑板，于是，他硬是靠记忆背下了老师每一次的讲课内容，逐渐形成习惯，练成了超凡的记忆能力。另外，他知识丰富，逻辑严谨，思路清晰，表达铿锵有力。他的课不仅能够将复杂的化学问题讲得通俗易懂，还能旁征博引，丰富学生的知识面，使学生受到很好的教育。所以，学生们非常愿意听唐敖庆的课。就连当时那些听他课的年轻助教也受益匪浅，他的授课方式被大家公认为教学模板。

系主任蔡镏生是一位教学经验十分丰富的教授，他亲自听了唐敖庆的课后，十分感慨地对系里的教师们说："基础课能讲到这种程度，真不容易，有学问！"以致从那时起，唐氏讲课模式在吉林大学化学系被传承沿用至今。

唐敖庆还有一个关于读书的理论，极具哲理，对化学系的师生们很有启迪，至今仍被广为传颂。他说：

　　　　读书有两种情况。一种人是"躺在"书上读，作者说什么他都信，听凭作者牵着鼻子走；另一种人是"站在"书上读，经常和作者进行争论，向作者提出质疑。前一种人即使读一辈子书，充其量也不过是"书架子"，不会有大作为；后一种人不仅

图5-9　唐敖庆教授在上课（吉林大学提供）

吸取了别人的成果，还看到了一片又一片未被开垦的荒原，从而去开拓，去耕耘。①

唐敖庆的教育理论非常成熟，与其一起共事的人都深受惠益，对开辟新兴的东北人民大学化学系教学科研新模式起到了引领作用。

徐如人是唐氏教育教学理论的传承者之一。他在之前读书的复旦大学化学系以及上海交通大学化学系中没有专门的无机化学课程，大一时学的是英美教学体系中的普通化学，因而他对无机化学从未听过，更没有一个系统的概念。由于当时还没有无机化学教材，因而他在第一学期在带实验课的同时还承担过一段与唐嗣霖老师合作编写讲义的工作。在听过唐敖庆的课后，他如醍醐灌顶，使他对整个基础无机化学有了一个比较系统、全新的认识，这对他今后从事无机化学的教学和科研工作起到了良好的引导和示范作用。

1953年春，第二学期开学伊始，教研室决定让徐如人从暑期开始为物理系一年级大班学生讲授普通化学课程，时间一年。为完成好讲课任务，徐如人不再承担无机化学实验课工作，转做关实之教授的助教。当时关实之教授为物理系学生讲授普通化学，他协助做课下辅导工作，同时在关老师的指导下，积极为下学期给物理系一年级新生上课做准备。就这样，他在关实之教授的精心指导下从安排讲课内容，到初拟教学大纲（当时普通化学没有苏联教学大纲）；从熟悉讲课环节，到开始进行详细的备课工作，努力熟悉掌握课程的所有内容。一个学期下来，徐如人基本做好了上课的所有准备工作。

如果说唐敖庆教授是徐如人从事无机化学科教工作的启蒙者，那么，关实之教授就是他的领路人。二位老师的启蒙与引导对徐如人今后的成长起到了至关重要的影响，令他终生难忘。

---

① 张玉来，于桂芬：《科学家的故事——唐敖庆》。成都：四川出版社，1989年，第95页。

荣登三尺台　教学始长成

中华人民共和国成立之初，百业待兴，中国的高等教育开始在不断探索中前行。如何制定新中国高等教育的新模式，怎样培养社会主义事业的接班人，是政府和教育部门需要认真考虑的问题。在这种形势下，国家的教育机构既不能完全沿用旧制度下的教育模式，又没有全新成熟的教育体制可运用。由于战争、社会制度、意识形态的对立，战后西方发达资本主义国家又对中国进行封锁和制裁，苏联是第一个和新中国建交的国家，考虑到当时中国所处的国际环境，学习和借鉴苏联的教育模式便成了切实可行的办法。

对于新兴的东北人民大学而言，在办学上学习和借鉴苏联模式又独具天时和地利。从 1953 年开始，在党中央的领导下，新中国开始实施第一个五年计划（简称"一五"计划），它是以实现社会主义工业化为中心，基本任务是：集中主要力量发展重工业，建立国家工业化和国防现代化的初步基础；相应地发展交通运输业、轻工业、农业和商业；相应地培养建设人才。其特点是优先发展重工业。

苏联是社会主义阵营的老大哥，工业基础雄厚，又是中国的重要盟友。中国要发展重工业，必须得到苏联的支持。"一五"期间，苏联对新中国工业领域的援助项目达 156 个。这一系列的援助项目有力促进了中国的工业经济发展，奠定了新中国工业的基础。而这些项目又主要集中在东北地区和华北地区，以长春为例，第一汽车制造厂就是我国"一五"计划期间苏联援建的重要建设项目之一。所以，当时在东北地区尤其是长春的苏联专家非常多，与苏联的合作交流成为长春地区最为主要的外事活动。这自然而然地影响到了高校的办学模式，全面学习苏联模式便无可替代地成为新兴的东北人民大学办学的重要样板。

所以，那时系里的老师们除了完成正常的教学工作任务之外，还要参加系里组织的向苏联学习活动，全面学习苏联综合性大学的教育体系、教学计划与教学大纲，目的是把苏联高教的教学模式借鉴过来。这无疑给系里的所有老师增加了工作量。

据徐如人回忆，按教学计划，当时苏联的课程分为三个层次：一是基础课程（有机、无机、分析、物化）；二是中级基础课程，包括胶体化学、结晶化学、结构化学等很多像他们这些年轻教师以前从没有学过的课程；三是专门化课程，如无机专门化课程，包括稀有元素化学、物化分析与络合物化学等。学生三年级结束后要做学位论文，需要查看一定量的文献资料，并进行文献总结与报告。学生在四年级下学期进行毕业论文研究并做毕业答辩。那时徐如人他们面对的不仅是很多没有学过的课程，还要面对完全陌生却需要严格执行的教学体制。因而当时对于他这个三年提前毕业的学生而言，的确如同当头挨了一棒，压得他只能拼命干。[1]

接下来的任务是按当时划分的教研室与专门化课程来确定每位老师的工作任务。徐如人所在的无机化学教研室仅由关实之教授和来自东北师范大学的曹锡章、庞文琴，来自南京大学的王式正及包括他本人在内的四位大三提前毕业分配来校的助教组成，力量比较薄弱。并且一开始他们在一无经验，二无条件的情况下就得承担繁重的基础课任务，实在是困难重重。考虑到这一问题，学校和系里决定暂缓两年开设"无机化学专门化"课程。1953年，在关实之教授的领导下，确定由曹锡章接替唐敖庆教授的无机化学讲课任务，徐如人接替关实之教授的物理系一年级的普通化学讲课任务。为适应两年后的专门化课程教学，关实之又派王式正与庞文琴两位助教于1953—1954年去北京大学跟随当时在北京大学任教的苏联专家进修"物理化学分析"专门化课程，以便回来后承担专门化的教学任务。

徐如人领受任务后，他就开始全力以赴备课，积极为暑期开学后能给物理系一年级学生开好普通化学课程与普通化学实验而努力。那时，物理系主任是余瑞璜教授[2]。余教授是著名的物理学家，早年毕业于国立东南

---

[1] 徐如人访谈，2015年9月21日，长春。资料存于采集工程数据库。

[2] 余瑞璜（1906—1997），江西宜黄人。著名X光晶体学家、凝聚态物理学家、金属物理学家。吉林大学物理系创始人。1930年1月毕业于东南大学理学院物理系，1937年获英国曼彻斯特大学理学博士学位，1955年选聘为中国科学院学部委员。

大学（中央大学、南京大学前身），20 世纪 30 年代赴英国留学，回国后任清华大学物理系教授。1952 年，他与唐敖庆等人同批被派到东北人民大学工作，是物理系的主要创始人之一。他很重视物理系学生对化学基础课的学习，所以建系之初就要求物理系一年级学生要学习一年的普通化学课程。这项任务对徐如人来说比较艰巨，也是一个考验，因为这是他走向三尺讲台的开始，也是对他能否胜任课堂教学能力的考量，他必须竭尽全力开好这个头。

然而，物理系并没有为本系学生开设普通化学课程相应的苏联教学大纲，化学系也没有，这让徐如人感到更加困难。巧妇难为无米之炊，更何况对于没有什么讲课经验的徐如人来说，整个课程都需要自己设计，又没有现成的教材可用。怎么办？好在他找到了两本可用的参考书，一本是由哈尔滨工业大学与大连工学院等有关老师翻译出版的苏联化学家格林卡所著的《普通化学》，另一本是由涅克拉索夫所著的《普通化学教程》。这让他如获珍宝，他认真学习阅读了两本书的内容，仔细体会这两本书的特点并参考唐敖庆教授的讲课体系，认真编写了一份教学大纲与一份实验课大纲。这些工作，他几乎是全力以赴、废寝忘食、夜以继日地忙了半年多的时间才完成，其中的辛苦、煎熬，令他记忆犹新。

功夫不负苦心人，暑期开学，物理系新生的普通化学如期开课。作为一名年轻的助教，能够走上三尺讲台为学生授课，是成为人师、传道授业的一个最基本的方式，也是最神圣的职责。对此，徐如人不敢有丝毫的懈怠，面对台下上百双渴求知识的目光，徐如人既感到激动和紧张，又感到光荣与自信。毕竟，神圣使命今天从这里开启，必须要用自己的所学所知，努力为学生们讲好每一堂课，必须要尽到一个老师应该尽到的责任。在他的精心准备下，物理系的普通化学课讲得很成功，收到了良好的教学效果，得到了学生的热烈反响。三尺讲台，奠定了徐如人的工作之基，也成就了他教书育人的终生事业。

后来，据徐如人自己讲，第一次上课，面对的是一百五十多人的大课堂，开始的确有点怯场，后来慢慢就好点了。那时，由于他的年龄与学生差不太多，有的学生甚至比他还大，因而与学生沟通起来较容易，相处

图 5-10　2012 年徐如人与 1953 届学生合影（左起：杨善德、徐如人、唐明道，吉林大学提供）

得也很融洽。当时，学生中有一部分工农兵学员，文化课基础较差，学校强调要重视学习困难的学生，特别是对工农兵学生要给予"重点辅导"，使他们不掉队。这实际是增加了讲课的难度，一堂课，讲快了、深了，基础差的学生跟不上。讲慢了、浅了，又达不到教学大纲要求的标准，使优秀的学生得不到应有的提高。为解决这一问题，徐如人采取课上正常讲解，课后个别辅导的方法，兼顾了学生良莠不齐的学习进度，但这也耗费了他大量的业余时间，对此，他从无怨言。

在讲课的同时，徐如人还要承担学生的普通化学实验任务，与学生接触就更加密切了，但工作量相当大。这时，来了一位刚从复旦大学分配来的叫周稚仙的助教与他一起承担普通化学实验任务，这样徐如人就可以有多一点的时间投入课堂教学工作中了。

就这样在备课、讲课与带实验的同时，还要经常给落后的同学辅导与补课，徐如人整天忙碌在学生中间，累并快乐着。他的敬业与亲和也使得师生间的交往、友谊更增添了一层，很多学生愿意和他交往，向他请教问题。直到现在，物理系前几届的毕业生们与他仍感情深厚，还时有联系。2017 年 3 月 18 日，他收到曾在杭州中国计量大学任教的一位叫张在宣[1]的学生的信，信中说："徐老师，应该感谢您，我们 53 届的化学课是您主讲，我们都是您的学生，您把我们领进了门……[2]"

---

[1]　张在宣（1936-），上海市人，现任中国计量学院光电子技术研究所所长，国际 SPIE 会员，中国光学学会理事，光电技术与系统专业委员会委员，中国计量测试学会理事。浙江省计量测试学会光学专业委员会主任，浙江省光学学会荣誉理事。1953 年 9 月 -1958 年 7 月在东北人民大学物理系学习、工作。

[2]　张在宣给徐如人的信，2017 年 3 月 18 日。存于徐如人家中。

第一年的教学任务就是在这种情况下完成的。接着他为物理系学生又连续讲授了两年的普通化学课程。通过这三年的教学工作实践，徐如人进步非常大，教学水平有了较大提高，对化学及无机化学专业的认识有了长足的进步。积累了一些经验，掌握了一些行之有效的教学方法，对物理系普通化学的教学应该如何来讲、如何结合物理系学生的实际开展有效的教学等问题有了一些认识和心得，为以后的化学教学工作打下了坚实的基础。

1955 年夏，高等教育部在南开大学组织召开了一次制定综合性大学普通化学教学大纲的会议。当时参会的有北京大学的黄竹坡、南开大学的马维等人，徐如人由于有三年从事普通化学教学的经验，也应邀参加了此次会议。为了开好这次会，徐如人临行前多次向物理系老师征求意见，收集议案，得到了当时管教学的物理系副主任朱光亚教授[①]的大力支持，对他编制的教学大纲提了不少中肯的意见。这让徐如人参会时得以有的放矢，有针对性地发表自己的意见和建议。他的建议让与会的教学专家们颇为赞赏，不禁对这位年轻讲师刮目相看。这可以算是徐如人执教之初为全国综合性大学普通化学教学大纲的制定贡献了一点自己的经验与智慧。

启蒙高教　师承关老

从 1953 年到 1955 年，徐如人除了给物理系学生讲授普通化学课程及实验工作外，还在关实之教授的带领下，与其他几位年轻的老师一道参与了一件很重要的工作，那就是参与设计、筹建理化实验大楼，主要用于物理、化学等理科专业教学科研所需。

这可是一件十分重要的工作，对于一群在地下室改造成的实验室里工

---

① 朱光亚（1924-2011），湖北武汉人，中国核科学事业的主要开拓者之一，吉林大学物理学创始人之一，"两弹一星功勋奖章"获得者。1945 年毕业于西南联合大学；1950 年获美国密执安大学博士学位；1980 年当选为中国科学院学部委员（院士）；1991 年任中国科协主席；1994 年被选聘为首批中国工程院院士，并任中国工程院院长、党组书记；1996 年 5 月被推举为中国科协名誉主席；1999 年 1 月任总装备部科技委主任。

作了多年的老师们来说，不久以后将会搬到一座高大、宽敞、明亮的大楼里工作学习将是一件多么渴求的事啊！

梅贻琦教授曾说过"所谓大学者，非谓有大楼之谓也，有大师之谓也"的著名论断。他的意思是说，大学，并不是只有高大的建筑，而是要有名师。梅教授虽然强调了在大学里大师比大楼更重要，但是也印证了一个事实：那就是大学是应该有大楼的。

然而当时对于新成立的东北人民大学而言，大楼何其少也！那么，对于一个新兴的学科而言，建设一座大楼又何其难也！中华人民共和国成立之初，百废待兴，国家经济基础薄弱，人口多、底子薄、幅员广、生产力落后。那时的学校建设，本身是没有什么经济来源的，在计划经济体制下完全需要国家财政支出。据说，为了盖这座实验大楼，学校通过有关部门把申请一直递到了国务院，是由周恩来总理亲自批准后才得以建设实施的。

1953 年，受学校的委托，关实之作为主要顾问参与实验大楼的框架设计工作。他提出"百年大计"的建设思想，根据化学实验楼的特点，提出了原则性和建设性的意见。他的建设思想得到了时任校长匡亚明[①]的充分肯定，并在全校会议上再三强调"建设社会主义大学的教学楼就应该是'百年大计'，要予以全力支持"。[②]

徐如人能够参与这样一项工作，不能不说既光荣又艰巨。当时，在学校基建部门的组织领导下，徐如人跟随关实之教授等人根据化学实验的特点、教学科研的需求及化学未来的发展等方面做了充分的思考，并在老师、学生当中进行了走访调研，听取意见，精心构思，实地测量，伏案描绘……经过一年多的努力，终于拿出了一份内容非常完备、详细和精准的

---

　① 匡亚明（1906-1996），江苏丹阳人。我国著名的教育家、中国思想史专家。1923 年入苏州第一师范学校就读，1924 年参加革命，1926 年考入上海大学就读，同年 9 月加入中国共产党。中华人民共和国成立后，匡亚明历任华东政治研究院党委书记兼院长、中共华东局宣传部常务副部长等职。1955-1963 年任东北人民大学常务书记兼校长。1963 年起任南京大学党委书记兼校长。"文化大革命"中受到迫害，1978 年复出，担任南京大学党委书记兼校长。1982 年起为南京大学名誉校长。

　② 吕焕栋，宋文敏：《奋斗者的足迹——吉林大学化学学科史料》，2002 年 11 月，第 56 页。内部资料。

设计方案。方案中包括化
学系教学、科研及办公
等各类用房的数量和面
积，实验中所需燃气与氧
气管道、上下水管道、排
风管道的走向与分布，实
验台与通风柜的位置摆
放及防火设施与安全疏散
通道的设计，等等。由
于关实之教授曾长期在

图 5-11　东北人民大学理化实验大楼
（吉林大学档案馆提供）

上海大同大学、暨南大学等高校当过系主任与校务委员会主任等职，因而
他在实验室建设与管理方面有很多好的经验和做法，堪称专家。所以，他
们的设计方案得到了基建部门的充分认可，在施工中被大部分使用或参考
使用。

　　在他们与学校基建部门的共同努力下，工程以惊人的速度向前推进。
历经一年多的建设，1956 年秋，一座当时全国综合性大学中建筑面积最大
的化学科研教学楼拔地而起，其中，化学实验室部分占 1.33 万平方米，当
年建成的是大楼中间的主体部分包括中间的大厅、阶梯教室与图书室和
东部化学系的用房，西部物理系用房于 1960 年落成。该楼总体框架为 6
层，中间部分为 9 层，有 200 多间实验室。理化实验大楼的落成是化学系建
系工作中的一件大事，也是东北人民大学建设中的一件大事，为理化学科
的发展奠定了重要的物质基础和条件支撑，在学校发展史上具有里程碑的
作用。

　　关实之在晚年时曾不止一次地谈道："我学术上不如慰孙（陶慰孙），
但为吉林大学就是做了一件事，盖了化学楼。"那时他已年逾 90 岁高龄，
谈及此事仍津津乐道、如数家珍，甚至在说出化学楼走廊的宽度、楼层的
高度、建筑面积等数据时，竟能准确到小数点后一位数。[1] 直到现在看来，

----

① 吕焕栋，宋文敏：《奋斗者的足迹——吉林大学化学学科史料》。2002 年 11 月 28 日，第
56 页。内部资料。

图 5-12　关实之教授在指导青年教师（左三关实之，右二徐如人，吉林大学档案馆提供）

图 5-13　陶慰孙教授在指导青年教师（吉林大学档案馆提供）

历经六十多年的风雨，这座大楼的使用设计以及建筑质量还是相当好的。徐如人也因能为此付出过辛劳与汗水而感到自豪。

如果说大学学习期间，徐如人有幸遇到严志弦、顾翼东、朱子清和苏元复等著名教授，堪称他终生感激的授业恩师，为他奠定了坚实的专业基础的话，那么，在东北人民大学工作期间，他又幸运地遇到了蔡镏生、唐敖庆、关实之和陶慰孙等著名教授和教育家，为初出茅庐的他精心设计了事业走向和成才之路，其中，尤以关实之教授最为突出。他不仅在一生的工作中与徐如人合作得最好、工作时间最长、相处得最密切，而且他在为人处世、关心弟子、培养后学等方面堪称世人师表和道德楷模。关实之对徐如人的影响是一生一世的。

关实之（1897—1990），无机化学家和教育家。生于北京，少年家贫，发奋学习，1912 年考入北京师范学校，结识老舍，成为挚友。1919 年赴日本留学，1928 年毕业于日本京都帝国大学化学系并留校工作。其间有幸与当时京都大学首届 5 名博士中唯一的中国女博士陶慰孙相识，一见钟情，结为伉俪。1931 年回国后任上海暨南大学教授，大同大学教授、化工系主任与工学院院长。1950 年夏，关实之响应国家支援建设东北的号召，毅然放弃了上海的舒适生活，同爱人陶慰孙一起来到塞外边陲，开始了人生的新历程。他们首先到位于沈阳的东北工学院任教，在那里主讲无机化学和物理化学。他编写的物理化学讲义曾是当时东北地区较有影响的教材之一。

1952 年全国高校院系调整期间，关实之服从国家的安排，从沈阳来到长春，热情地投身到东北人民大学化学系的开创工作中来。当时年过半百的他与年富力强的唐敖庆教授、老成持重的蔡镏生教授、端庄娴静的陶慰孙教授一起，带领来自清华大学、北京大学、燕京大学、交通大学、浙江大学、中山大学、复旦大学、金陵大学、东北工学院、东北师范大学等高校的青年教师，在东北人民大学这块热土上，苦心孤诣地开创出一所新型综合大学的化学系。

特别值得称道的是，作为化学教育家的关实之，在培养人才方面的功绩也是非常卓著的，目前国内有一批著名的化学家，如中国科学院院士徐光宪、高小霞、沈天慧、倪嘉缵等人，都曾受业于关实之教授或者是在他精心培养下成长起来的。

关实之教授具有高尚的师德，他知人善用，因材施教，甘为人梯，想方设法让自己的学生和助手在业务上超越自己，这是非常难能可贵的品质。在建系初期，他在人才培养方面，以少有的远见卓识，创造一切条件让青年教师到校外进修，使这些人迅速成长为能挑重担的骨干力量。在这些人当中，除了已成为中国科学院院士的徐如人外，还有无机合成研究室主任、博士生导师庞文琴教授，无机教研室主任曹锡章教授，以及环境科学学院博士生导师杜尧国教授等，都是在他热心关怀和辛勤培养下成长起来的。

如今，吉林大学无机化学学科已被评为全国化学领域的重点学科，在这个学科工作过的人们，在为学科的不断进步以及所取得的成就和地位感到欣慰的同时，无不情不自禁地想到已经作古的关实之教授。因为这一切成就的取得，与他当年对青年教师和学生的辛勤培养是息息相关的，也是一脉相承的。

对此，作为关实之教授的学生和接班人，徐如人的体会尤为深刻。在他的印象中，关实之教授不仅是他从事高校教学、科研工作的启蒙老师，更重要的是，他是人才成长的全程设计师，他对年轻教师的培养和任用一向高瞻远瞩、远见卓识，在当时他就特别重视“教学必须与科学研究同时抓”的培养方针。因而，在1955年当化学系的教学工作比较稳定后，他就要求徐如人等人在搞好教学工作的同时必须开始从事研究工作。这在当时是非常困难的一步，特别是对无机化学教研室而言，一方面教学任务重，另一方面由于师资力量又比较薄弱（仅关实之一位教授，其他均为刚毕业的助教），设备落后，在当时是系内唯一缓建专门化且没有承担大学生毕业论文任务的专业。在这种情况下，为加强此方面的工作，关实之煞费苦心地从分析化学专门化借来三名毕业生，要求徐如人等几位年轻助教一起协助他指导学生毕业论文。借此机会，关实之开始不失时机地对他们进行全面的科学研究训练，包括对科学研究的认识，研究方法的摸索，锻炼基本的科研实践能力，如查阅文献、设计研究方案与实验方法，以及规范实验要求等。

这些工作，对像徐如人这样一个三年提前毕业又从未接触过科研工作的人来讲的确是十分必要的，虽然做起来困难重重，但也激起了他的科研兴趣。关实之教授对他的严格要求与认真指导，再加上徐如人自己的加倍努力，使他从工作伊始就走上了教学与科研并重的道路。在关实之教授的指导下，徐如人不仅出色地协助他完成了对学生毕业论文的指导工作，而且在实验中摸索和总结了一些研究思路和实验方法，完成并发表了他的第一篇学术论文《镍－铬合金中锰的快速测定》①。这一成果让他在科研的道路上迈出了一小步。但这一小步对他来讲的确是一个良好的开端，以此为起点，他在科学研究的道

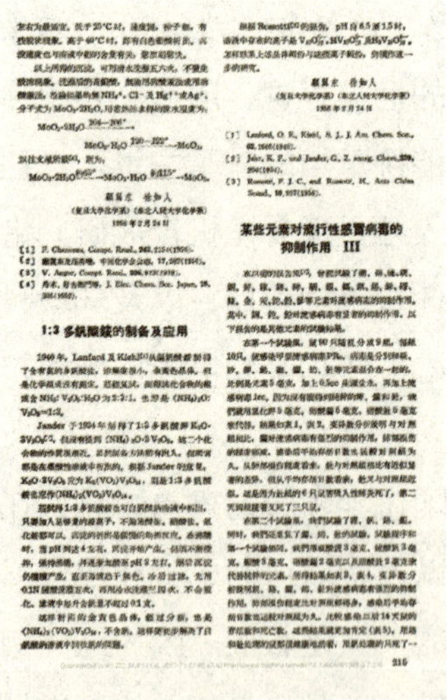
1:3 多钒酸铵的制备及应用

某些元素对流行性感冒病毒的抑制作用 III

215

图5-14 徐如人发表的第一篇论文（徐如人提供）

① 徐如人：镍－铬合金中锰的快速测定。《东北人民大学自然科学学报》，1956年第2期。

路上越走越宽，越走越远，最终把一个学科领域推向了一个新的高峰。这也正应了古代圣贤的话，"九层之台，起于累土；千里之行，始于足下"；"若登高必自卑，若涉远必自迩"。但是，科学的道路并不是坦途，只有那些不辞劳苦，肯于攀登，执着进取的人才能走得更加高远。

师者，不仅要学为人师，传道授业解惑，更要行为世范，教导学生德洁行端。关实之不仅是徐如人从事科教事业的启蒙老师，而且他的豁达、宽容、真诚、敬业、爱国、一心为公的品格始终是他学习的榜样，并为他在以后几十年的成长与发展道路上起到了重要的指导与激励作用。

关实之作为化学系的创建元老，他的办学理念与人才培养观念代表着那个时期教育家的共识，他们具有强烈的国家社会责任感，那个时期太需要他们多培养人才、快培养人才、培养好人才，以服务国家发展建设所需。为此，他们活到老、学到老、工作到老，生命不息，工作不止，直至蜡炬成灰、春蚕丝尽。

现在吉林大学化学学院读书的年轻学子们仍然怀念关实之教授，因为他们还能得到关老夫妇的荫庇，这源于"关实之、陶慰孙奖学金"。1982年12月，陶慰孙教授去世，关实之于1983年将夫妇二人一生的积蓄2.4万元无私地捐献给学校。在20世纪80年代初，一个普通大学老师的月工资不过百元，2.4万元称得上是一笔巨资。经学校研究决定，在化学系及后来成立的分子生物系设立"关实之、陶慰孙奖学金"，用于奖励化学、生物等专业品行兼优的学子，以纪念关、陶二位教授为教育事业所作出的贡献。

1990年1月3日，关实之教授在长春病逝，他生前立下遗嘱，"丧事一切从简，不开追悼会"。按照他的遗嘱，1月10日，学校及化学系有关人员及关老家属将二老的骨灰撒入松花江，"以纪念吉林父老三十多年来抚育之德"。

1990年1月13日，《中国青年报》以"关实之将全部积蓄捐献给教育事业"为题报道了此事，全文如下：

据新华社长春1月12日电　在教育园地辛勤耕耘一生的著名教育家、无机化学家关实之，在走完94岁的生活历程之时，将自己和已故夫人陶慰孙教授的全部积蓄 24000 元捐献给教育事业。吉林大学已根据关实之的遗愿，在化学系和分子生物学系设立"关实之、陶慰孙奖学金"，用来奖励品学兼优的学生。

在弥留的日子里，他多次表示，生命完结的时候，请组织上将党旗覆盖在他的骨灰盒上，并将他的骨灰与夫人陶慰孙的骨灰一同投入东北松花江。"我和夫人陶慰孙生前积蓄的钱，是人民给的，要还给人民。"[1]

与关实之一样，蔡镏生、唐敖庆、陶慰孙等人从建系开始就一直强调且非常重视对年轻助教的提高培养工作。像唐敖庆教授，在刚结束无机化学的讲课工作后，1954—1955 年又亲自为青年教师非常正规地讲授了一个学期的"高等物理化学"，对青年教师提高现代化学的基础认识与理解起了重要作用。化学系还把对年轻教师的"提高培养"同教学与科研工作共同列为建系的三大重点任务。为进一步提高青年教师的业务水平，以适应以后教学的需要，从 1956 年开始，在蔡镏生、唐敖庆、关实之、陶慰孙等教授的积极推动与建议下，经学校批准，分批安排了系内几乎所有年轻助教去国内相关高校与科研院所进行为期两年的进修。这是一个非常重要且正确的决定，这一决定对徐如人他们这些提前毕业且又马上承担繁重教学任务的年轻老师来说是一次加油充电的好机会，这为他们日后能够作为主力承担化学系的教学与科研工作，以及为化学学科今后的进一步成长与发展奠定了坚实的人才与专业基础。这次进修安排有一个明显的目的，即每个进修人员都是带着下一阶段的工作任务诸如负责讲某一门课、从事某一领域的科学研究工作等并以此为导向来设计的。此外，这次进修安排也体现了向苏联学习的用意，进修教师基本上都是派往当时国内有苏联专家的高校与科研院所。

这就是东北人民大学在那个特殊的年代关于教师培养所作出的一个比较有特殊意义的决定。

---

[1] 新华社长春：关实之将全部积蓄捐给教育事业。《中国青年报》，1990 年 1 月 13 日。

第六章
两年的复旦进修

复旦进修　人生关键

　　无论为名人树碑立传，还是平凡人回首往事，往往都会惊讶地发现：人生百年，其实短暂，世事繁杂，其实简单。

　　往事如烟，大部分光阴都是在事如春梦了无痕迹中度过的。但是，在庸碌的岁月长河中，有几个刻骨铭心的阶段，有几个终生难忘的瞬间，有几个没齿难忘的人物，闪烁着人生的亮点，确定了人生的轨迹，绘制出人生的图景。可其实，人生往往取决于几个关键时期、关键事件和关键人物。

　　20 世纪 50 年代中期，徐如人去复旦大学进修，这是他的人生中的一个关键时期、关键事件，并且又遇到了顾翼东教授那样成为他终生良师益友的关键人物。

　　1956 年，关实之教授决定安排徐如人接替他承担专门化课程——稀有元素化学的教学任务。由于对讲授这门课程比较生疏，于是，带着这一任务，徐如人作为当时被派出进修学习教师中的一员，于 1956 年暑期开始动身去了复旦大学化学系跟随顾翼东教授学习稀有元素化学，为期两年。同时听在复旦大学化学系工作的苏联专家巴格耶夫良斯基的物化分析专题课。

徐如人在上海交通大学读书期间，曾受教于顾翼东教授，学习物理化学。顾翼东教授是一位化学理论功底深厚、专业面广、学术水平极高的化学家。1952年，在全国高校院系调整中，顾翼东教授从上海交通大学调入复旦大学化学系任教，与严志弦教授一起负责筹建复旦大学无机化学专业，且在国内率先开展稀有元素化学的科研和教学工作。徐如人带着将来在吉林大学开展稀有元素的科教任务来复旦大学进修，再次拜师于顾翼东教授名下。徐如人下决心一定要利用这次进修的机会，好好向顾翼东教授学习求教，学到真本领，以不辜负学校委托和顾翼东教授的期望，回去后能够更好地运用于今后的教学科研实践中。

顾翼东教授对徐如人的这次进修十分重视，在教学与科研方面都做了详细的安排。顾翼东教授首先要他看一本当时很有名的德国人编著的无机化学方面的书 *Treatise on Inorganic Chemistry*（Vol I 与 Vol II）[①]。顾翼东教授认为，要认识和掌握一门学科，系统地从头到尾看一本高水平的专业著作是非常必要的，这样才能了解该学科的体系与特点，以后再看其他书或有关资料时才会有比较。在顾翼东教授的指导下，徐如人一边开始研究工作，同时去听苏联专家巴格耶夫良斯基的物化分析专题课，一边抽出时间来研读这本专业书籍。

在复旦大学进修期间，徐如人的确很用功，他把自己的学习计划安排得非常满，白天上课、做实验，晚上挑灯夜读。因为他知道，自己的专业基础还很薄弱，化学知识面还很窄，科研经验匮乏，一定要充分利用这次进修机会多学一些，回去后才能够更好地胜任系里的教学和科研工作。强烈的责任心和使命感促使他如饥似渴地学习，抢时间，争进度，多收益。不久，他就非常认真系统地看完了顾翼东教授介绍的这本书，取得了很大收获。紧接着，他又开始看另外一本很有名的书 *The Phase Rule and It's Applications*[②]。通过阅读这两本书，徐如人不但了解了相关科学知识，拓宽

[①] 《无机化学专论》（英译版），作者 H. Remy，1956 年。

[②] 《相律及其应用》，作者 A. Findlay，1951 年，第9版。

了知识面，而且学会了系统"读书"的概念。

上课、读书之余，徐如人就跟随顾翼东教授做实验，开展科研工作。顾翼东教授不仅学识渊博，也特别擅长将理论与实验结合起来。从20世纪40年代起他就开始从事我国丰产元素矿物资源的研究工作。前期开展对钨、铌、钽等稀

图6-1　1956—1958年，徐如人在复旦大学进修时与顾翼东等人合影［前排左二顾翼东，左三顾学民；后排左起：徐如人、王文才（四川大学）、刘翊纶（西北大学）。徐如人提供］

有元素化学的研究，后期开始对稀土矿物等资源中的高价值成分的提取、分离与应用的系统研究，并卓有建树。顾翼东教授所做的研究，许多是从解决国计民生的角度出发。他曾对徐如人谈起过这样一件事，在20世纪中期已探明中国是世界上钨储量最高的国家，然而直到几十年后，国内连灯泡中的钨丝都需要进口，这说明我们的科技水平与国外的差距有多大。这就是促使他当时开始研究钨、铌、钽等稀有元素化学的原因。此外，顾翼东教授很早就考虑到了我国丰产稀土资源的分离与应用问题，所以他从20世纪50年代中期就开始系统研究我国丰产的稀有元素的提取、分离与应用。在这方面，他发挥了知识面广、无机、有机与理论化学兼通的特长，全盘、系统地考虑了稀有元素的分离与提取问题。

1956年，与徐如人一起来复旦跟随顾翼东教授进修的还有厦门大学的顾学民、西北大学的刘翊纶和四川大学的王文才等人，他们都是来跟随顾翼东教授学习稀有元素化学的。当时，顾翼东教授指导他们从事以我国丰产的稀土元素为对象进行研究，并要求这些进修老师与研究生一起广泛地使用从最经典的分级沉淀、分级结晶方法来开展在独居石中稀土的提取、分离以及钍的分离提取实验，接着应用了液—液溶剂萃取方法，以及当时比较新的离子交换等方法进行高效分离实验，并且进行了系统的比较与总

结。这当时在国内是比较前沿的实验方法，也是非常难能可贵的。

在徐如人的印象中，当时国家已考虑到我国有不少丰产且具有广泛应用前景的稀有元素矿物资源，如何立足国情作出中国自己的特色工作，并将它们利用起来，就需要一批具有广博知识基础的骨干人才。由于顾翼东教授在此方面的独特专长，因而1958年教育部就委托顾翼东举办了以"稀有元素化学"为主要研究内容的全国性的学术讨论班。这是继吉林大学唐敖庆教授主持的"物质结构进修班"[①]后，第二个全国性的学术讨论班。通过这种培训和研讨形式，培养了众多高校的骨干教师，为国家稀有元素化学的发展、应用及人才培养作出了重要贡献。

感于钨钽　潜心钼钒

在顾翼东学术思想的影响下，徐如人的科学思维得到了很大的启发和拓展，使他认识到无论基础研究还是应用研究都应着眼于国家需要，立足国情，做到理论联系实际。他通过学习顾翼东教授在钨、铌、钽等稀有元素方面的研究经验，了解和掌握了不少与稀有元素化学有关的资料。在这种思想的指导下，他脑海中构思出一个设想，就是以我国丰产的钼（如位于辽宁杨家杖子的钼矿）和钒（如位于攀枝花的钒钛铁矿等钒的矿物资源）为研究对象，系统研究它们的提取与分离，也许会有一些新的发现。他把这个想法向顾翼东教授做了汇报，并得到了他的首肯。顾翼东教授对他说，你要研究钼和钒，首先要充分了解它们的性质及目前该领域的研究进展情况，才能更好地设计实验，找到正确的方法。顾翼东教授让他先系统查阅钼和钒多酸方向的文献，并要求他在从事实验研究前需要做一个文献报告。

通过查阅文献，徐如人发现法国科学家在这个领域开展的研究最多，

---

① 刘远，董汉良：春华秋实　放眼全国育英才，《一代宗师，风范永存》。长春，吉林大学出版社，2015年，第99-109页。

用法文发表在 *Compte Rendu* 或 *Bull.Soc.Chimique de la France* 等期刊上的文献较多。然而困难来了，徐如人对法文一窍不通，想开展此方面的研究就必须要跨越语言的障碍，但当时的情况是一无法语教师，二无法文教材，虽然他决心很大，热情很高，但面对诸多法语文献却不知道从何下手。正好当时还有两位复旦大学化学系的年轻老师也想学习法文，于是他们通过上海朋友的关系，从徐家汇花高价请来了一位擅长法文的传教士，辅导他们学习法语。

传教士教书，在近代中国是有一定历史渊源的。鸦片战争以后，西方列强从经济上开始对中国进行占领和掠夺。为了实现长期的统治，他们以传教的方式向中国输入西方文化和意识形态。在这个过程中，传教士便成了传播西方文化和意识形态的主要力量。他们开办教会学校，主要开设数学、法律、天文、地理、历史、化学等方面的课程。

当时，外国教会在中国办的学校数以百计，除中小学外，还开办高等专业学校，包括许多大学在内。民国时期，上海的圣约翰大学、沪江大学等都是教会大学。

徐如人他们请来的法国传教士每周来复旦大学给他们上 2—3 次课，为他们教授法文的文法与句法等内容。传教士讲得认真，徐如人他们学得努力，学习效率很高。通过半年多的学习，他凭借当时在上海新买的《法华字典》与 *France-English Science Dictionary* 的帮助下，基本上能看懂相关文献了，初步了解了国际上关于钼和钒等方面的研究水平和进展情况。这样他的研究工作才开始进入正常状态。看懂了文献，就有了参考，启迪了思路，开动了脑筋，他马上就开始设计实验。

爱因斯坦说过："兴趣是最好的老师。"徐如人来复旦大学进修，是带着学校的任务而来，为了完成任务，他虚心求教、勤于实验、攻坚克难；为了多学知识，他废寝忘食、埋头苦读、只争朝夕，体现了一个年轻知识分子的进取与担当。这些工作和学习虽苦虽累，但他却不以为然，这也许就是兴趣使然。

通过参考文献，徐如人设计好了实验路径，他选择黄钼酸和晶态很好的 1∶3 钒酸铵为合成对象开展研究。功夫不负苦心人，经过一年多的努力，做了无数次的实验，得到了一些较好的结果。他把这些结果进行了归纳总结，形成了研究论文，在 1958 年第 3 期的科学通报上发表了两篇通讯：《黄色钼酸的沉淀条件及其脱水温度》[①] 和《1：3 多钒酸铵的制备及应用》[②]。该研究成果被编入《盖墨林无机化学手册》（*Gmelin：Handbuch der Anorganischen Chemie*）一书。

实践证明，徐如人的实验设计是正确的，通过这项实验，他的科研能力和科研素质得到了进一步的锻炼和提升，为以后独立开展科研工作奠定了基础。

进修期间，徐如人所表现出来的勤奋与刻苦，以及他在化学科研工作中所表现出来的悟性与思想深得顾翼东的赏识。在顾翼东教授的眼里，徐如人绝对是一个有科研潜力、将来能够作出一番事业的青年才俊。因此，他对徐如人更是关爱有加，两人之间建立了深厚的师生情谊与合作关系。以至于在徐如人离开复旦大学后的三十多年里，他们之间一直保持着密切的工作与个人友情上的交往，徐如人有问题就向老师请教，老师也毫无保留地予以热心指导。他们的交往程度，从他们相互往来的几十封书信中就可寻到答案。

图 6-2　顾翼东写给徐如人的书信（徐如人提供）

---

① 顾翼东，徐如人：黄色钼酸的沉淀条件及其脱水温度。《科学通报》，1958 年第 3 期，第 214-215 页。

② 顾翼东，徐如人：1：3 多钒酸铵的制备及应用。《科学通报》，1958 年第 3 期，第 215 页。

1992 年 4 月，徐如人出席中国科学院第六次学部委员大会，并在化学学部会上做《微孔晶体孔道结构的分子设计》学术报告，反响热烈。顾翼东教授获悉后，即与徐如人书信一封，赞誉之余，又阐述了一番做学问之道，并将自己的科研体会和想法与学生分享。

摘要如下：

如人同学：

我近一时期来，记忆力衰退很快，发了信后，信中谈的什么，大部分记忆不起来了。我最近寄给嘉缵[①]的"有关科研选题12条"，已记不得曾否寄给您。还有我"六十年来的科研方向变换示意图"曾否寄给您及嘉缵？我也记不得了，望告我。

您在学部会议时做的报告，公认很好，我没有听到，非常可惜。想来，您报告时，条理很清楚。制备经过必定是讲的。但是，探索起因，碰到的困难，从困难中取得的教训，讲了没有？总的来说，成果是重要的，怎样取得成果也是重要的。此外，"变"也是重要，"为什么变"可能更是重要。至少，这些"困难"以及不断的"变"，更是重要。在一般的作报告时，都不讲，可以不必讲。但为了对学生及老朋友，则不妨谈谈。可能是"魁"，但这一点非常重要。对于"变更"的原因，一定要记下来！既要详细，也要出处及原因，要有专用的簿子！

我在 1924 年赴美时，老师 J.Steiglitz（也是庄长恭[②]的老师）即是强调"为什么变"的。他在那时，是公认的科学家，也是教育家，我很希望能够把他的教学方法以及指导研究生的方法，尽可能地同您们

---

① 倪嘉缵，1932 年 5 月 10 日出生于浙江嘉兴。中国科学院院士，无机化学家。1952 年毕业于上海大同大学化学系。1961 年获苏联科学院无机化学研究所副博士学位。中国科学院长春应用化学研究所研究员。曾担任该所副所长、所长。现兼任深圳大学生命科学院院长。

② 庄长恭（1894-1962），中国科学院院士，有机化学家。1921 年毕业于美国芝加哥大学，1924 年获该校博士学位。1948 年当选为中央研究院院士。1955 年被选聘为中国科学院学部委员（院士）。曾任中央大学理学院院长，中央研究院化学研究所所长，台湾大学校长，中国科学院有机化学研究所研究员、所长。

谈谈。能约约光宪[1]及嘉缵一起谈谈更好。不必在复旦。

我现在有好多学生在美国做科研，但我感到都在做"细微的"工作，他们的想法及经过都不谈的，与 Stilglitg 时，大不相同了。

拉杂书奉，以作参考，草此，即颂

俪祺

顾翼东书启

1992 年 6 月 18 日[2]

顾翼东教授做事严谨、认真程度是不打折扣的。他言既出、行必果，待人真诚，恪守诚信，实事求是，直言不讳，干事执着，目标坚定，是学生的良师益友。这些优良秉性也传递给了学生。如今，在徐如人的身上，亦能感受到顾翼东教授的风范，做什么事情，只要计划好了，就要克服一切困难做到底。

1990 年 3 月，已近 90 岁高龄的顾翼东教授将他在"丰产元素化学研究方向的转化过程"的研究思路以画图总结的方式寄给徐如人，[3]对他进行业务指导。图片中线条冗密，步骤繁多，但字迹工整，思路清晰，字里行间足见顾翼东教授严谨、认真、负责之态度，亦见他关爱后学、诲人不倦、热爱科学之匠心。顾翼东教授的品行及为师之道，给徐如人留下了深刻的印象，对他以后教书育人，埋头科研，兴业立事起到了良好的引领和示范作用。

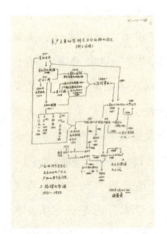

图 6-3　顾翼东指导徐如人画的图表（徐如人提供）

---

① 徐光宪（1920-2015），中国科学院院士，无机和物理化学家。1944 年毕业于上海交通大学化学系。1951 年获美国哥伦比亚大学博士学位。北京大学化学学院教授、稀土材料化学国家重点实验室学术委员会名誉主任。

② 顾翼东给徐如人的信，1992 年 6 月 18 日。资料存于采集工程数据库。

③ 顾翼东：丰产元素化学研究方向的转化经过，1990 年 3 月 10 日，未刊稿。资料存于采集工程数据库。

尊师重教　名师高徒

顾翼东与徐如人的关系及他对徐如人的影响，不仅是良好师生关系的楷模，这种关系所产生的人才效应，也是令人效法的典范。

古今中外，"名师出高徒"这一说法在文武行当里一直是屡试不爽的人才效应。被尊为"至圣先师"的孔夫子，曾有子贡、颜回、子我、子游、子骞、伯牛、有若、卜商、曾参、仲弓等高足，培养出七十二贤人及弟子；道号"鬼谷子"的王禅老祖，常年隐居云梦山，并在深山古洞教徒授艺。据说，张仪、苏秦、孙膑、庞涓、毛遂、徐福等都是他的弟子。

不仅中国如此，在国外这种"名师高徒"效应也具有普适性。

德国著名化学家李比希[①]在有机化学领域内的贡献多得惊人。他做过大量的有机化合物的准确分析，改进了有机分析的若干方法，定出大批化合物的化学式，发现了同分异构现象。

李比希的一个重要贡献是，在吉森大学创建了比传统的私人实验室规模大得多的，能容纳较多学生进行实验训练和科学研究的公共化学实验室。他在这个实验室里培养了许多著名的化学家，从而在化学界形成了著名的吉森学派。迄今为止，这个学派及其继承者所获得的诺贝尔奖奖金比任何一个学派都要多。李比希一生培养了许多优秀的化学家，以他为核心的吉森学派是近代化学史上公认的一大学派。李比希培养了凯库勒、霍夫曼、R.施密特、武慈等人，他们又培养出许多优秀的化学家。

在这些化学家中，有获得第一次诺贝尔化学奖的范霍夫，第二次诺贝尔化学奖的 E.费歇尔，第三次诺贝尔化学奖的阿累尼乌斯；而在 1901—1910 年，最早的十次诺贝尔化学奖获奖者中，李比希的学生竟然占据 70%多，如范霍夫、E.费歇尔、阿累尼乌斯、拜耳、布赫纳、奥斯特瓦尔德、瓦拉赫等人。

---

① 李比希（1803—1873），出生于德国达姆施塔特，化学家，创立了有机化学、现代面向实验室的教学方法。

　　这种"名师高徒"效应，中外一致，古今一理。在顾翼东和徐如人两人身上体现得特别突出。这种人才效应的前提，除了师生双方献身科学的精神，还要有良好的师生关系。这种师生关系，是良好的师德和生德的互动结果。顾翼东和徐如人当年建立的良好的师德与生德，不仅确定了终生不渝、情同父子的师生关系，而且也正确地引导徐如人处理好自己与学生和助手们的关系，从而建立了和谐、先进的学术团体。

第七章
"激情年代" 的教育改革

校办工厂　生产硼砂

1958 年 4 月，徐如人满载收获结束了在复旦大学的进修生活，返回了学校。两年的进修，他不仅出色地完成了系里交给的进修任务，系统学习掌握了稀有元素化学的基本知识，而且在科研能力和水平上得到了较大提升，掌握了法语，了解了国际科学的发展前沿，开阔了视野，增进了学术交流，在教学科研工作上更加成熟。

正当他想把进修所学用于教

图 7-1　东北人民大学更改校名大会
（1958 年，吉林大学提供）

学科研工作中时，"大跃进"运动的号角吹响了。受"大跃进"的影响，学校既定的教学计划发生了较大的改变，要按照"大跃进"的指导思想进行全面教学革命，发动群众力量，大搞产、学、研结合。当时的省、市机构与高等院校都开始有了行动。

1958 年 8 月，中央决定将东北人民大学划归吉林省管辖，更名为吉林大学。同年，中国科学院在吉林省成立了长春分院。

为顺应"大跃进"的潮流，吉林大学及化学系开始尝试开展一系列非常规性的活动，如开办校办工厂，创办与工业应用相结合的学科体系，积极提倡与科学院相结合等。以积极的产、学、研相结合的办学模式来适应超英赶美的"大跃进"形势。

第一，创建校办工厂。1958 年，化学系与吉林省第一化工厂合作建立了以吉林省丰产的硼镁矿为原料，生产硼酸、硼砂及电解镁等化工产品的第一个校办工厂。徐如人被选为厂长兼技术顾问，化学系的刘学铭、吴玉才担任副厂长，负责生产。对他们来说，创办工厂毫无经验可谈，但"大跃进"的思潮足以激起每个人的创业热情，他们一开始工作非常积极，先是工厂选址，然后设计建设图纸，再就是联系设备的采购等，整天忙得不亦乐乎。然而由于当时学校的经济困难，采购设备与厂房的建设资金一直没有得到落实，这使他们的积极性严重受挫，最后，无奈之下，筹建了半年多的化工厂只好宣布下马。好在他们的工夫并没有完全白费，他们根据筹建工厂所积累的经验，因陋就简，独辟新路，利用化学系所在的理化楼后面地下室的几间利用率不是很高的房间改造成了化学试剂厂，生产一些比较常用的化学试剂。很快，化学试剂厂就运行了起来，他们组织部分老师和同学开始了小规模的生产，产品很快有了市场，收到了一定的经济效益。这个厂一直开办到 20 世纪 60 年代初期。

图 7-2　创办工厂时的劳动场景（1958年，吉林大学档案馆提供）

第二，开办培训班。1959 年 8 月，化学系与吉林省化工局和长春市化工局联合创办了化工专修科，当时招收了近 60 名学生，学制三年，培养目标是为吉林省发展化工事业培养专业人才。由化学系制订教学计划和安排老师上课，徐如人承担了第一年的无机与分析化学课，第二年的有机化学与物理化学分别由化学系的教师汤心颐与江元生授课。学校非常重视联合培养工作，教学工作组织得井然有序，学员们的学习劲头也很足。可是，由于"大跃进"期间形势变化较快，培训班开办了一段时间后，省、市领导部门对化工生产的布局与人才需求发生了调整，这个专修班只办了一届就停办了。

第三，与科学院合作，联合开展科研工作。由于中国科学院地方院所的下放，1958 年，吉林大学化学系与中国科学院长春分院合作创建了"基本化学研究所"，由蔡镏生教授兼任所长，徐如人做蔡镏生教授的助手。研究所比较正规地设立了学术委员会、行政办公室与科研科室，主要目的是为地方化学工业服务，发展新型化工企业。

基本化学研究所的协作单位是吉林化学工业公司的有关厂矿，主要是针对他们在生产过程中遇到的一些技术问题进行立项，开展攻关。为做好这项工作，1958—1959 年，徐如人经常往返于吉林、长春两地，开展科研业务联系工作。他多次找到当时吉林化学工业公司的领导杨帆、杨运珊等人商量与请教，寻找和确定工厂中需待研究的课题。在徐如人的沟通联络下，基本化学研究所陆续接到并研究解决了一些来自工厂技术层面上的生产难题。以吉林化学工业公司 102 厂硫酸车间为例，他们在生产过程中大量使用一种钒触媒，用后不能很好地回收，造成了生产成本的提高和材料的浪费。徐如人了解情况后，把这一问题带回了研究所，通过科研人员的分析和实验，对钒触媒的回收与再生进行了比较系统的研究且取得了进展。

基本化学研究所的另一项任务是培养新来的研究人员。这些研究人员主要是 1958 年刚从吉林大学等院校毕业分配来的大学生，由化学系派出老师为他们讲课，以提高他们的基础理论水平。徐如人曾为这批研究人员讲过半年的络合物化学。

"大跃进"的几年中，基本化学研究所在产、学、研方面的确发挥了一定的作用，蔡镏生、唐敖庆、关实之等教授都曾亲自参与过其中的教学科研工作，与中国科学院长春分院建立了紧密的合作关系，这种关系直到今天仍然发挥着重要作用，而且更加广泛和务实。这个所直到"大跃进"运动结束后才由中国科学院长春分院机构调整后撤销。

"大跃进"年代，人们的热情被空前地激发了起来，这对于打破旧传统，树立新观念，开展创造性的工作似乎有所促进，但整体上看，脱离社会经济基础和基本国情的冒进终归不会走远。

那时，对于二十多岁的徐如人来说正值精力充沛，教学、科研工作都已开始入门，工作热情高涨的时期。他和其他青年教师一样，热烈响应国家号召，积极参加学校和系里组织的各项办学改革方面的活动，忙前忙后，冲锋陷阵。随着"大跃进"运动的进一步展开，校园内开始掀起了大鸣、大放、大字报的热潮，社会上也开始了全民大炼钢铁、除"四害"等活动。在"大跃进"思潮的影响下，化学系广大师生开始了大搞教学革命，鼓励学生编教材，批判当时全面向苏联学习的办学方针；大搞科学研究，把专门化老师与高年级学生结合起来，编成连队，共同研究一些当时认为是高、精、尖的科学命题。徐如人当时参与由三、四年级无机班的学生组成的连队，以碳、氮、硼、硅化合物为主的金属陶瓷为研究内容，目标是研制新的耐高温材料。就这样，围绕"大跃进"，化学系师生创建新型教学和科研模式活动开始轰轰烈烈地开展起来。

课程新体系　教改"一条龙"

在"大跃进"期间的一系列活动中，比较典型的就是教改"一条龙"。由于全面向苏联学习的教学模式遭到了批判，1960 年开始，关于教学改革应该如何做，全系围绕着办学方针、人员的组织、教学体系、课程设置与内容等进行了一段时间的大讨论，最后决定将原有的无机、有机、分析、物化与高分子五个教研室改组成以任务为主的七个教研室。如将主要以基础课程教学为主的设为第一教研室，以特殊科研任务为主的设为第七教研室等，并将所有教师按所承担的教学科研工作的不同分到有关的教研室。接着将原教学体制中以四大基础课为主的基础课教学体制改成以两个"一条龙"与高等理论化学为主的体制。所谓两个"一条龙"即将原来无机、分析与物化的部分基础内容（热力学与经典动力学）组成以无机化学为主的一条龙；另外以有机化学为主的有关课程再组成"一条龙"。徐如人当时被调整进入第一教研室，并担任"现代化学基础"（以无机为主的"一条龙"）课程的主讲与负责人。徐如人承担此任务后，进行了比较认真、细致且大胆的课程设计，并在充分考虑与听取大家意见的基础上，提出了以无机化学中的五类反应为纲，即沉淀与溶解反应、中和与水解反应、氧化与还原反应、配位络合反应与复分解反应，结合分析化学与物理化学的基础内容组成当时"现代化学基础"的主要内容。按当时课程计划，完成"一条龙"的讲课周期为三个学期。

为了保证这次教学改革中新课程开设的质量，徐如人请关实之与曹锡章来帮助编写讲义，杜尧国[①]担任课下辅导与实验组长，又从分析教研室和物化教研室请出教学功底好的教师来配课，可以说从讲义编写到课堂授课，从课堂授课到实验室操作这些环节中，承担教学任务的师资力量还是很强的。从决定试行"一

图 7-3 化学系 1960 届现代化学基础"一条龙"学生毕业 50 周年合影（第二排左四为徐如人，2015 年 7 月，徐如人提供）

① 杜尧国（1932- ），1953 年毕业于复旦大学化学系，同年分配到东北人民大学化学系任教，参与了化学系的组建工作，曾担任无机化学实验组组长。在 20 世纪 70 年代，基于对环境保护事业的洞察力，他开始投入环境化学专业的筹建工作中，并于 1978 年创建了吉林大学环境化学专业，该专业是由原国家教委批准设立的首批环境学类专业，后于 1987 年创建了环境科学系，并在 1987-1993 年担任吉林大学首任环境科学系主任。

条龙"教改模式开始，徐如人就开始全力以赴的思考、组织新课程内容，以及如何使几个专业的内容有机结合在一起，如何达到预期的教学效果等问题。虽然他对新课体系抱有很高的热情，但问题也接踵而至，由于他对无机化学、分析化学与物理化学的相当部分内容并不熟悉，为了弄懂这些内容，编写出合适的教案，上好"一条龙"课程，他日夜加班，经常与其他专业的老师进行探讨、请教，进行试讲等。再加上"大跃进"期间又遭遇三年困难时期，天灾人祸造成的双重困难，常常使他们连吃饱饭都困难，人们的健康状况普遍下降，工作强度大为缩减。可是，徐如人还一如既往地勤奋工作。有时，为了不中断工作，中午经常不回家，吃饭时就把早上从家里带来的玉米面饼子在石棉网上烘烤一下，就着一杯白开水，凑合一下就算一顿中午饭。徐如人经常这样上下午连轴转，由于过度劳累，再加上营养不良，他患上了严重的胃溃疡。但当时受课改任务所迫，他无暇修养，只好忍着病痛坚持。就在这种情况下，徐如人和参与课程的其他教师们硬是咬牙坚持了三个学期"一条龙"的教学工作，在大家团结一致的努力下完成了这次试验性的课程改革任务。

如今，"大跃进"时代早已成为历史，功过已自有定论。徐如人在谈及这段经历的时候，他客观地做了如下评价：

> 回想从 1958 年开始直到 1961 年结束的"大跃进"运动，我从头到底的抱着热情积极的态度，进行了当时所制定的有关办系方针、教学体制与内容的改革等方面的活动，且为此付出了很大的劳动与努力。现在想想，比较实事求是地总结一番，我认为有好的一面，也有问题与缺点的一面。应该用两分法看待当时的改革，从 1952 年建系开始直到 1956 年第一循环教学任务的结束，当时主要是全面向苏联学习。我的看法是，欧洲的化学科学当时是全球最好的，直到第二次世界大战结束以前，主要的化学大师均出自欧洲，俄国的化学也有很好的传统，因而作为欧洲重要部分的苏联，当时在化学科学的研究与教学上都具有优秀的传统与很高的水平。他们的大学化学教学也有很好的基础，因而当我来校后开始接触到苏联的化学教学体制、课程设置与教学计划后就觉得明

显比当时我们在大学所学（当时中国大学的教学主要是向美国学习的）的扎实与高深。有些课程，诸如胶体化学、结晶化学、结构化学等我简直从未接触过，有很多内容不懂。而四大基础课的内容按教学大纲来看也是水平很高，因而当时我们是全心全意的向苏联学习，且对自己的业务基础与水平的确有了相当大的提高。然而从另一方面看，当时对全面向苏联学习的方针，是否有问题或不妥之处连想都没有想过，特别是在"反右"运动以后，更不去想它了。因此，1958年开始的政治运动，大鸣大放，至少使人对所从事的一切包括当时认为理所当然的"全面向苏联学习"也敢且开始对于当时的一切仔细想一想了。这样以群众运动的形式带动人们冲一冲，想一想，使我们当时敢于发现缺点与不足且在这些基础上有所改善与提高是有好处的。"大跃进"思潮下的教育改革，对于上述问题的改善，我认为是有作用的。其次，通过多次群众的鸣放与讨论，发现以往教学中的问题，从与以往不同的教改思路角度来改进与调整教学体制与内容，对于化学系整个教学水平的提高也是有作用与好处的。直到"一条龙"教学的试行，都为以后的教学改革提供了经验、教训，且为传统无机化学基础课内容的扩展与教学模式的改进进行了一次很值得总结的尝试。遗憾的是，随着1962年开始的调整，对所有的改革尝试没有很认真且实事求是的总结，这是十分可惜的事。然而从另一方面来看，当时在党号召的广大群众运动中，特别是在广大年轻学生为主要群众的运动中，从我自己来讲，当时很热情高涨，然而也有头脑发热、思考不够的时候，在考虑教学改革时，对传统、经典的不尊重，以至轻率的看待某些经过多少年经验与教训沉积的体系与内容。另一个重要的问题是所有问题的决定与执行的确是太匆忙，特别在广大的群众运动中，根本听不到不同的意见，也不敢发表不同的意见，诸如教研室的调整与教学体制改革的轻率决定，且缺乏事后的总结，大起大落，造成对教学事业和对人思想上的创伤。①

---

① 徐如人回忆录，2016年，未刊稿。资料存于采集工程数据库。

教改回头看　试行小班课

轰轰烈烈的"大跃进"运动就像一场暴风骤雨，来也匆匆，去也匆匆。1962 年开始，各行各业都开始进行反思和调整。

1962—1965 年，在关实之和徐如人的组织下，化学系无机教研室开始对今后教学工作如何调整、课程如何设置等问题做了一些讨论和尝试。如组织全教研室对教学内容上"三基"（基本事实、基础规律与基础实验）的讨论及 1965 年试行了一年的无机化学基础课小班上课试验等。他们做这些尝试的目的是希望对"大跃进"思潮影响下的教学改革进行回头看，再进行总结与改进，使教学工作回到一个切合实际的轨道上来。通过他们的积极探索和尝试，小班课教学收到了较好的效果。

他们的做法是把一个年级分成 7 个小班，每班派一名教师上课。这样做的目的是：一来希望通过小班讲课促进课堂中师生的互动，有利于学生能主动地参与教学活动；二来可以让年轻教师在老教师的带动下有登台讲课实践锻炼的机会，激发与提高了年轻教师的讲课水平和师生间的教学互动意识。当时，这批人中有 1960 年刚从北京大学、吉林大学、山东大学等学校毕业的年轻教师刘学铭、屠昆岗、刘举正、李德会和韩淑云等人，他们在教学经验丰富的曹锡章和杜尧国二位老师的带领和指导下登台讲课。这一做法对培养教师的讲课与教学能力很有促进，在教师群体中形成了一个热爱教学、钻研教学内容、注重课堂教学效果的优良传统，这一传统一直延续至今。目前，无机化学基础课教学在吉林大学一直是一个很好的样板，也是教学名师和精品课程较多的学科专业之一。吉林大学化学系的毕业生长期以来以理论基础扎实、实验动手能力强、科研素质好而广受用人单位欢迎和好评。

小班课教学收效不错，年轻教师经历了 2—3 次循环的教学实践，教学经验逐渐丰富，基本上都可以独立承担一门讲课任务。

据当时参加小班课试点的刘学铭老师回忆说：

徐老师对我的栽培和影响是非常大的。如果把我登台讲课比作演员临场演戏的话，那么，徐老师就是我后台的编剧兼导演。

早在1965年，从当年入学的新生中选出一个班，徐老师和我共同搞一个名为"搞好一台样板课"的教学改革试验。

试验重点就是理论与实践相结合，把演示实验引进课堂，充分展示形象教学的魅力。徐老师亲自动手，为我编写授课教材和实验讲义。最令人感动的是，我每堂课徐老师都坐在台下听课，从始至终，一直临场指导，有事不能来时，像缺课学生似的，事前同我打招呼。

此外，他还亲自辅导试验班的实验课，这就说，徐老师作为老师，却屈尊给学生助课。他这种甘为人梯、培养后学的做法，是非常难能可贵的。所以，多年来，我对当年徐老师手把手辅导我教学这件事，至今还心存感激！

正是有了徐老师那时对我的训练，使我才敢登台、能登台，并且站住讲台，也为我后来能够主讲无机化学大课奠定了基础。[1]

1965年年末，经历了近一年的教学调整，系里的教学秩序逐渐恢复了正常，当教师们满怀信心地准备开始新的工作时，"文化大革命"即将开始，受此影响，徐如人他们这些教改尝试在"文化大革命"的初期阶段就只能不声不响地结束了。

相逢知己　甘苦与共

"大跃进"期间，化学系的教改"一条龙"虽有新意，但毕竟是那个年代人们主观热情下匆促上马的产物，无论在课程体系、内容选取及教学安排上的确还存在着不少尚需进一步探讨与总结修改的地方。

---

[1]　刘学铭访谈，2015年11月19日，长春。资料存于采集工程数据库。

但"大跃进"也让徐如人得到了充分的锻炼，从承担"一条龙"教学任务开始，他就全身心地投入新课的备课准备中，在无机化学的基础上，他还要去熟悉了解分析化学与物理化学的专业内容，并做到把它们有机地贯穿到一起，成为一门知识连贯、结构完整、步骤严谨的学生基础大课。为此，他精心准备，潜心钻研，夜以继日，废寝忘食，克服了重重困难，硬是坚持讲完了整个"一条龙"教学任务。

虽说这项工作在组织实施上得到了分析与物化的教师们的支持与配合，但是更离不开一位始终默默支持他、关心他、爱护他的女同事的支持与帮助，她就是徐如人的妻子、与他同期留在化学系工作的助教庞文琴。

徐如人与庞文琴都是在 1952 年分别由上海交通大学与东北师范大学三年提前毕业后分配到当时的东北人民大学，一起参加了化学系的创建工作的。从一开始，他们就被分配到无机化学教研室，承担各自的工作。他们两人当时都是 20 岁左右的年纪，都是志愿服从分配来到化学系创业的，可谓天南地北，为了一个共同的革命目标走到了一起。他们在工作中相识相知，互帮互助，志同道合。他们一起参加了艰苦的建系工作，从突击学习俄文到编撰苏联教学大纲，从建设无机化学基础实验室到为学生带实验、上课，一直在一起打拼。庞文琴当时是无机化学实验组的组长，徐如人在第一学期就带学生做无机化学实验，这为他们提供了近距离交流共事的机会。三年的工作后，他们俩已经很熟了，彼此产生了好感，但这种感情暂时还埋在心里。

1955 年，根据系里的安排，庞文琴去北京大学进修，跟随苏联专家学习物理化学分析，直到 1957 年返回学校。而徐如人于 1956 年去复旦大学进修，跟随顾翼东教授学习稀有元素化学，直到 1958 年春季返校。这期间，他们分开了三年，进修结束后又回到了同一个教研室工作。回来后，由于彼此内心的惦记与牵挂，使得他们的交往更加密切，

图 7-4　庞文琴（摄于 20 世纪 50 年代初，徐如人提供）

工作上更加努力，相互帮助与照顾也更加亲近。这样，又经过了近两年的工作与相处，他们俩已相互了解得很深。庞文琴对徐如人复杂的家庭背景、父母情况、社会关系不仅没抱有任何成见，反而对他多了一些同情与理解，体贴与关爱。为此，徐如人十分感激她，应该说他们的感情是非常真挚的。

庞文琴1932年1月28日出生在长春市的一个中医家庭，家中有一姊一妹和两个弟弟，她排行老二。由于父亲行医，家境还算较好，因此她从小受到了良好的教育。她为人善良刚强、正直真诚、举止端庄、聪颖贤惠。中华人民共和国成立前的长春尚处在日本人占领下的伪满洲国时期，东北的教育比较落后，那时普通人家的孩子能念起书的不多，受传统观念的影响，女孩子上学的就更少。庞文琴虽为女孩，但她生性有一种好强的精神，她不认为女孩子比男孩子差什么，男孩子能做的事情，女孩子也能做。她热爱读书，聪颖好学，在学校里成绩总是名列前茅，教书先生对这个勤奋好学、聪明伶俐的女孩子也颇为赞赏。对于她的好学上进，父母也不好打消她的积极性，便任由她去怎么学了。

长春解放后，1949年7月，当时的东北大学（今东北师范大学）由吉林市整体迁入长春市，当年恰逢庞文琴参加高考，她就报考了东北大学化学系，并被顺利录取，成为新中国第一代女大学生。

庞文琴所就读的东北大学，与当时的东北人民大学一样，都是在中国共产党的领导下建立的，是吉林省最著名的两所大学。学校始创于1946年，当时叫东北公学，校址在辽宁本溪，而后在战火中辗转于丹东、通化、梅河口、吉林、长春、哈尔滨等地，1946年6月定址于黑龙江佳木斯。1948年7月，南迁吉林市与吉林大学（当时设在吉林市的一所大学，非今日之吉林大学）合并，定名为东北大学，开始探索正规化办学。1948—1949年，原沈阳东北大学、长春大学、长白师范学院等校陆续并入东北大学，使东北大学发展成为当时东北地区规模最大的综合性大学。

1949年7月，学校由吉林市迁至长春。1950年4月，根据国家教育事业发展的需要，学校易名为东北师范大学，隶属教育部，成为我国具有影响和发展实力的师范大学之一。

庞文琴 1952 年大学毕业之后，便被分配到东北人民大学参与化学系的创建工作，因此，也就有了她与徐如人从同事到伉俪乃至相伴一生的真挚情缘。

几年的交往，徐如人对这位端庄清秀、聪明能干的青年女教师早已心仪已久；庞文琴也对徐如人吃苦耐劳、积极进取、勇挑重担的事业心感到敬佩。这样，在多年的志同道合的共事与交往中，彼此共生的信任与依赖、心仪与仰慕之情日益剧增，当两个人的爱情潮水打破了中间仅有的一道隔篱时，一种水到渠成的婚恋关系便顺理成章地交融到了一起。

1960 年 1 月 11 日，徐如人与庞文琴在长春举行了简单的婚礼。在接下来半个多世纪的岁月里，他们风雨同舟，患难与共，相互关照，相濡以沫，一直相守到人生的最后岁月。

1960 年 12 月，儿子徐鹰出生。

1963 年 10 月，女儿徐雁出生。

儿女双全，对徐如人夫妇来讲既感到欣喜，同时也感到生活担子的沉重。在婚后的三年多时间里，正赶上三年困难时期，他们生活清苦，工作繁重，整日忙于教学科研工作。而事业心和责任心极强的他们一边要干好自己的本职工作，一边还要照顾好自己的儿女，但二者不能兼顾的时候，为了不影响工作，有时就只好让儿女受委屈了。

从 20 世纪 60 年代到 70 年代的十几年，对于徐如人庞文琴夫妇来说，生活与工作的重负已让他们应接不暇，但随之而来的一系列政治运动更令他们如履薄冰，如坠深渊。

图 7-5　1960 年徐如人与庞文琴结婚照（徐如人提供）

1963—1966 年，由于"大跃进"和人民公社化运动中的严重"左"倾错误，使中国面临建国以来最严重的经济困难，中国共产党开始进行国民经济调整。中央提出在全国城乡开展社会主义教育运动。运动的内容，一开始在农村中是"清工分，清账目，清仓库和清财物"，后期在城乡中表现为"清思想，清政治，清组织和清经济"，即所谓的"四清"运动。运动期间中央领导亲自挂帅，数百万干部下乡下厂，开展革命。

吉林大学及化学系当时抽调了大批教职工下乡下厂去参加运动。按要求，徐如人家也得出一个人。由于那时徐如人患有比较严重的

图 7-6　1965 年徐如人夫妇与儿子徐鹰（右）、女儿徐雁（左）合影（徐如人提供）

胃溃疡，妻子十分体谅他，怕他下乡去吃粗粮受不了，因而她毅然决定自己去参加"四清"运动。那个年代，由于提倡知识分子要与工农群众相结合，城里工作的人尤其是知识分子每年都要下乡、下厂去劳动，插秧、割地、除草、施肥什么农活都干。每到这时，庞文琴都要抢着去，因为她担心徐如人的身体吃不消，执意不让他去。为此，徐如人十分感激妻子，内心也深怀愧疚。这次"四清"运动，时间长，任务重，需要吃住在农村，考虑到徐如人的身体状况，所以，还是庞文琴抢着去了。就这样，庞文琴于 1964 年七八月间去了离长春市 50 多千米远的榆树县弓棚子公社参加了近一年的"四清"运动。农村的风吹日晒雨淋，使她变得又黑又瘦，一年后回到家时，快两岁的女儿徐雁都不认识她了。

徐如人与庞文琴就是这样一对感情笃厚的夫妻，他们相识于建系之初，在共同的创业经历中相知相爱，在"大跃进"时期结为夫妻，养育子女，饱尝了创业、生活之苦。但他们风雨同舟，甘苦与共，经受住了生活的磨砺与考验。

然而，老天好像妒忌这对乐观向上的夫妻，总要给他们设置一些磨难来考验他们，正如《孟子·告子下》中所云："故天将降大任于是人也，必先苦其心志，劳其筋骨，饿其体肤，空乏其身，行拂乱其所为，所以动心忍性，曾益其所不能。"

于是，更大的磨难与考验正在向他们走来。

第八章
逆境中不断求索的十年

隔离审查　身陷囹圄

"大跃进"结束后的几年里，通过治理整顿，化学系各项工作经历了几个起伏，渐趋走向正常。1963 年，教研室主任关实之教授开始招收第一届研究生，虽然只有苟树增一个人，但这却是无机化学专业在高学历人才培养方面迈出的一大步，包括关实之教授在内大家都非常重视。教研室内的教学与科研工作也开始逐步推进，系里要求把大学生毕业论文更多地与科研工作结合起来，使学生有更多的机会接触科学研究，以培养良好的科研能力。同时，在教学工作上试行小班课讲课试验，培养锻炼年轻教师，收效明显。

然而，正当一切工作渐趋正常且将进一步向前推进的时候，1966 年 5 月，"文化大革命"开始了，学校及化学系刚刚步入正轨的教学科研工作又被彻底打乱了。

吉林大学在"文化大革命"的前两年开始停课，学生们都被卷入了"文化大革命"的洪流之中。虽然当时也有很多教师参加了运动，但与一般教师关系还不太大。徐如人一时间还相安无事，只是他一直忙惯了，一下停课反而不太习惯。短短几年内，"文化大革命"的浪潮就迅速席卷全国，徐如人也被卷入到运动中。但他也只是被动地参与一些活动，并没有想到灾难很快就会降临到他的头上。

1968年夏，阶级斗争形势突然剧变，学校开始"清理阶级队伍"，由于徐如人的家庭出身不好，社会关系复杂，他在当时绝对算得上"重点专政对象"。到了10月，他就被当时化学系的"群专"①组织以所谓"特嫌"②的罪名逮捕关押，进行"隔离审查"，度过了人生最为阴暗的一段岁月。

1969年11月，在徐如人被关押了一年之久后，学校革委会为了贯彻执行"五七"指示：让干部和知识分子接受贫下中农再教育，将一些党政机关干部、科技人员和大专院校教师等下放到农村，进行劳动改造。这样，徐如人就被放回了家。他回到家时两个孩子已经不大认识他，惊诧地瞪大眼睛凝望着眼前这位身形枯瘦、容貌憔悴的男人，不敢相信这是他们日思夜想的爸爸。

1969年冬，徐如人暂时脱离了"隔离审查"之苦，与家人进行了短暂的相聚后，随即又开始了他人生的另一段艰苦的岁月。

回家后不久，徐如人就接到革委会通知，要他们全家下放到吉林省扶余县三井子公社，并被要求与学校和长春市脱离关系，彻底下乡去当农民，接受劳动改造。

这对徐如人来说又是一个痛苦的打击，酷爱教学科研工作的他如今必须放下他心爱的事业，远离校园和城市，携家带口去往穷乡僻壤开始另外一种生活。徐如人不是不能吃苦的人，抗日战争时期，他在深山沟里颠沛流离了整整八年，受尽了战乱侵扰之苦；好不容易回城后，又遭遇了父逝母去的家庭变故，承受了亲人离散之苦；大学期间，为谋生计，勤工俭学，省吃俭用，饱尝了生活的清苦；毕业以后，援疆支教，参与化学系的

①　群众专政组织，"文化大革命"时成立的临时组织机构。

②　特务嫌疑人，是"文化大革命"期间对一个人的审查，虽然所谓历史上事出有因，但因某些原因，一时又无法调查，只能作为嫌疑暂时"挂"起来。这里说的无法调查，是指在当时的条件下无法去美国、日本和台湾地区等调查。这种不经核实就定罪的行为往往出于主观臆断，罪名也是莫须有的。

初创工作，栉风沐雨，筚路蓝缕，经历了艰辛的创业之苦；工作步入正轨后，走上三尺讲台，为担重任潜心进修，伏案课改，殚精竭虑，攻坚克难，忍饥挨饿，从未言苦。而如今，他必须放弃这一切，下乡去当农民。

此时，徐如人已无力抗争，他只能听从命运的安排。他与妻子庞文琴开始打点行装，清点家中物品，开始了繁杂的搬家下乡准备工作。

一切准备停当后，学校派了一辆大卡车送他们去乡下，预定好 12 月 20 号左右出发。可就在这个时候，又发生了一件不幸的事，他的儿子徐鹰突然得了乙型脑炎，很重。这在当时是很麻烦的一种疾病，如果治疗不及时很容易留下脑部后遗症。他们只好暂时放下搬家的事，把儿子送往儿童医院就诊。医生确诊后说必须留院治疗，否则会有生命危险。然而新的问题又来了，此时他家的户口、粮食关系都已撤销了，留下来的话去粮店领粮、到医院看病及办理一些事情等都会带来意想不到的麻烦，而上级部门又催促徐如人必须按期下乡报到。真可谓"屋漏偏逢连夜雨，船迟又遇打头风"，此时的徐如人心力憔悴，苦不堪言！

在这种情况下，他与妻子庞文琴商量后，决定暂时由她带着儿子及女儿留下来继续在医院治疗，治好病后再下乡。他带着全家的行李、包、箱等物品先行一步，到乡下先把家安置好。商量妥当后，徐如人便于 12 月 23 日离开长春去往扶余。

徐如人下乡以后，子女的生活都交给了妻子。这对庞文琴来说是一个非常艰苦的任务，在没有户口、粮食关系等艰难条件下，一个人带着两个孩子，连吃饭都很困难，特别是每天还要背着徐鹰去医院打针治疗。那时，徐鹰已是一个八九岁的男孩，病痛折磨得他体态虚弱，无力行走，而从家到医院又没有公交车。无奈之下，庞文琴每天只能背着儿子去打针，一趟下来需要歇几歇，累得她汗流浃背。但是，为了孩子和丈夫，她只能咬着牙挺下来。幸尔当时得到几位暂留长春的同志的帮助，庞文琴和子女们才得以在极其困难、思想负担极重的情况下度过了那段艰辛的日子。徐鹰直到来年的 2 月才康复，幸运的是没留下什么后遗症。庞文琴这才带着两个孩子离开长春赶往扶余。

据他们的长子徐鹰介绍：

大概是 1969 年的深秋或早冬的时候，我爸一个人和一个大车拉着我家所有的家具就走了。我和我的大妹妹（徐雁）、我妈就留在长春，待到了大概是 70 年的初春，我病好了也算活过来了。我妈、我妹和我坐火车到了三岔河，又坐了大概 80 里地的汽车，到的那个地方是扶余县的三井子公社卜家窝铺生产队，我爸和一个车老板弄了一辆大马车来接的我们娘儿三人。大概二三十里地的路程，到了那里，就开始了我的记忆比较深刻的 3 年的乡下生活。①

下放农村　劳动改造

　　1969 年 12 月 23 日，徐如人告别妻子、女儿与生病的儿子，一个人来到了离扶余县三井子公社所在地二十多里远的卜家窝铺大队。

　　扶余县地处松嫩平原东北部边缘，位于吉林省西北部，向北与黑龙江省双城县接壤，向东与榆树县比邻。徐如人所下放到的三井子公社地处扶余县中部，距离长春 100 多千米，辖区内多为风沙区和盐碱土区，干旱少雨，粮食产量低，在当时是比较贫瘠的一个地区。

　　徐如人来到后，在村民的帮助下，向一位老乡家借了一间房，摆放好所带行李物品，算是暂时有了一个落脚地儿。安顿下来后，他就在大队干部的带领下开始熟悉村里情况，跟社员们干一些力所能及的农活。当地民风朴实，人们对他比较友善。时值年底农闲季节，村民们陆续开始"猫冬"了，农活倒也不多。

　　"文化大革命"期间，被下放的干部、知识分子很多，在农民的意识中，虽然知道他们可能是犯了某种错误的人，但和那些偷摸抢盗的人不一样，因为他们有知识，言谈举止中都透露出文明和儒雅。农民们对他们虽怀有戒心，但却也不乏尊重。那时的东北乡村还很落后，生产方式基本还

---

① 徐鹰访谈，2015 年 12 月 10 日，长春。资料存于采集工程数据库。

是传统的弯勾犁、马拉车、春使镐锄秋用镰，人们过着日出而作、日落而息的生活。尤其是冬天，昼短夜长，黑夜早早地降临，好多村庄还没有通电，农民们为了节省蜡烛和煤油，甚至连灯都不点就上炕睡觉了；有事儿不睡的人，也多是摸黑儿唠嗑，抽着旱烟袋，你一句，我一句地唠着，几袋烟下去，也就都散了，各回各的家，雪地里只留下吱咯吱咯的脚步声，偶尔传来邻家的几声犬吠，然后，一切都归于寂静。

徐如人来自南方，本来就不适应东北的气候环境和人文特点，在学校时还好，毕竟大家都是知识分子，不存在沟通交流的障碍。但是到了农村就完全不一样了，生活条件更为艰苦，文化、教育落后，没有知己可以交流。村民虽朴实友善，但对他多敬而远之，也有个别所谓阶级立场鲜明的人把他视为异端，在人前人后交头接耳，品头论足，这让他感到极其苦闷。

徐如人在这样的环境中熬了两个多月，为了使自己不空虚、无聊，他在参加生产劳动之余就拼命地看书，以排解内心的孤寂与苦闷。

两个多月后，这时已是 1970 年的 2 月初，农历春节在即，天上开始飘起了大雪，冰天雪地，气候异常寒冷。但这却阻止不了办年货的人们的喜悦之情，春节是家家户户团圆的日子，即使是生活贫困也要把年货办置好，贴楹联、挂红灯、放鞭炮、祭灶神、吃年夜饭，祈求新的一年风调雨顺，全家祥和平安……

此情此景，让徐如人更加思念家中的亲人，与村民们的热闹喜庆相比，他显得更加孤独。好在，有几个与他一起下放来的"五七"战士来和他一起过年，这让他多少缓解了一些伤感，忘却了一些忧愁。他们一起包饺子，沽酒做菜，开始过年，气氛倒也热闹。天气寒冷，徐如人下乡时带了不少煤炭，他便使劲添火烧热炕，屋内逐渐暖和起来，一帮人都挤在热炕上吃饭取暖。由于土炕的炕面是泥坯铺成，本不结实，很多人坐上去竟然塌了。四十多年后，徐如人谈起此事时还记忆犹新。

转过年来，徐如人在信中得知儿子已经病愈，妻子和孩子们马上要过来，这令他兴奋不已。那天，他一大早就求生产队套了一辆马车去公社汽车站等候。当妻子牵着一双儿女，背着大包小裹出现在他面前时，徐如人发现妻子和孩子们都瘦了一圈，不觉心里又是一阵酸楚，是自己连累了他们，才让他们来和自己承受这份本不该他们来承受的苦难。当时正值数九寒天，妻子庞文琴与刚病愈的儿子徐鹰和七岁的女儿徐雁在寒风中冻得瑟瑟发抖，孩子们的小手都冻得不听使唤了，他们睁大眼睛环视着苍茫的田野，感到不知所措。他们在如此寒冷的条件下，来到了极其陌生的乡下，他们的心情亦如这苍茫的田野不知何所寄托。但不管怎么说，一家人总算团圆了，虽说这种乡土环境让他们还不适应，但生活还是要继续的。

　　一家人在一起生活了一个多月，妻儿的状态逐渐调整了过来。由于卜家窝铺离公社太远，交通很不方便，考虑到自己要经常向上级汇报思想及孩子们的上学问题，徐如人便向公社申请能否搬到离公社近一点的地方居住。经批准后搬到了离公社驻地约 2.5 千米的永久大队三大岗子屯落户。由于没有房子，他们先在一位姓宋的老乡家借住了几个月。这时，寒冬已过，春芽吐翠，荒凉的田野里开始呈现出一片生机，借住老乡家毕竟不是长久之计，徐如人开始筹划建自己的房子。他们在老乡的帮助下，在村的尽东头盖了两间"干打垒"土房。所谓"干打垒"是指全部用土经"干打后"筑成所有的墙体，然后再搭上椽子，屋顶用当地的黏土加稻草秆混合制成，然后用黄土抹平，夯实。这种房屋多为平房，在吉林省西部比较见，这种设计主要是为防风沙，房顶常常放置一架石头磙子[1]，下雨时可以用来轧实房顶土层，防止漏雨。平屋顶还能用来晾晒谷物，石头磙子又可以用于碾谷，可谓土房虽土，用途不小。这就是他们在乡下住了两年多的家。

　　无论是开始去的卜家窝铺，还是最后落户的永久大

图 8-1　1970 年庞文琴等人在农村平房前合影（后排抱孩子者为庞文琴，徐如人提供）

────────────

　　[1]　石头磙子在关内习惯叫碌碡，是一种农具，通常是中间粗两头略细的石头圆柱，装在轴架上，用以播种以后把覆土轧实。

队三大岗子屯，村民们一开始对他们还存有戒心。但后来发现徐如人和妻子庞文琴都是知识分子，为人善良，与人谦和有礼，再加上他们时常为村民们代写书信，读阅报刊文件等，更赢得了大家的尊重。开始春耕时，考虑到他们没有干农活的经验，大队只派徐如人干一些比较轻便的活。比如，让他专门看守田间的一条"小毛道"。据说那是村里人为抄近在田间踩出的一条小路，如不限制，就会越走越宽，稍不小心就会踩踏两侧的禾苗，影响庄稼产量。看守"小毛道"的另一个任务是，不让鸡、鸭、猪、羊等到地里啄食庄稼。据村民反映，徐如人对这项工作极其认真，风雨不误。他每天早早来到小路的一端，坐在小凳子上，一边看书，一边巡视，发现有家禽过来就吆喝着轰走；如果有人要走"小毛道"，他就老远跑过去，提醒行人绕道走。他这种认真负责的态度，至今村民们还有良好的印象。

对于徐如人的这段经历，吉林省扶余市档案馆至今还保存着他当年插队落户的考核登记表，表内评语如下：

一、能够结合实际学习毛主席著作，用毛泽东思想指导自己的行动。给生产队看纲要田①时，既起大早，又不能午休，雨天还得顶雨守在地头，比较艰苦。思想里有斗争，学习了毛主席有关完全彻底为人民服务的教导，就坚持看到底。而且发现纲要田缺苗就发动全家，自己拿种子补种纲要田……

二、组织上分配他干啥就干啥，工作认真负责，并带病坚持工作。今年生产队分配他看纲要田，他起大早、不午休、下雨天顶雨站在地头，使纲要田没遭牲畜侵害，发现缺苗他给补上，保了全苗。今年垧产达六千多斤，往年只收一千斤左右。

三、放下了大学生架子，生活在群众之中，群众间、干部间闹意见，他能通过谈心的办法帮助解决，对生产队的团结起了很大作用。

---

① "文化大革命"期间，在"以粮为纲""全国学大寨"的号召下，人们把"上纲要、过黄河、跨长江"确定为粮食增产的目标，纲要田即从此而来。

生活也很安心，住房条件虽然差，但他从无怨言。①

　　从这些评语中不难看出徐如人是一个做事极其认真的人，要做就得做好，不能糊弄，因此也赢得了大队干部及村民们的好评。

　　2016年8月，徐如人资料采集小组专程到扶余县三井子镇实地走访。永久村的陈书记热情地接待了他们，并找来了当年熟悉徐如人的村民们座谈。他们中有当年的邻居赵永德、刘淑琴夫妇，徐鹰的小学同学李丙军，当年教小学体育的李大和老师，生产队队长赵大海等人。他们对徐如人一家人的印象都很深，评价也很高。据他们讲，徐如人夫妇平时对孩子要求严格，别人给东西须征得父母同意才能接。他们一家与村民相处融洽，从来没有过争吵。乐于帮助邻居，给过邻居孩子棉袄布面，做好吃的也给邻居孩子送去一份。从未向生产队提过什么要求。庞文琴比较有文化，经常给他们念书信和报纸。徐家孩子比较懂事，听话，学习成绩比较好……②

　　邻居赵永德、刘淑琴夫妇至今还念念不忘徐如人一家。由于村民们从来没有和这么高文化的知识分子打过交道，徐如人一家的言行举止和文化水平潜移默化地感染着村民们，尤其是村里的孩子，让孩子们了解了城里的生活方式及大学里的一些事情，增长了见识，开化了思想，对他们的成长立志起到了一定的促进作用。因此，村民们都愿意和他们交往。徐如人一家返城后，还经常回来看望他们，没有一点儿架子。

不泯才智　造福乡里

　　"文化大革命"期间下放到农村进行劳动改造的多为党政机关干部、科技工作者和大专院校教师等。与徐如人一起被下放到三井子公社的家庭

---

　　①　57-6-115，扶余县三井子公社1969年插队落户干部考核登记表。存于吉林省扶余市档案馆。

　　②　三井子镇村民访谈，2016年8月3日，扶余市三井子镇。资料存于采集工程数据库。

差不多有二三十户，其中来自吉林大学的就有四户。对本身来自城里的知识分子而言，他们大多没有参加过农村的生产劳动，干农活更是外行。

公社党委的宋书记与社办加工厂党支部的谭书记对下放到该公社的"五七"战士——特别是对理工科、懂技术的人相当重视，希望能用他们的知识、技术帮助公社改进贫困落后的面貌。在徐如人的记忆中，当时他们居住的永久生产大队，一个社员每天的工分只有2分钱，农民的生活相当苦，一年到头只能是土里刨食，晴天一身汗，雨天一身泥，日出而作，日落而息，看天吃饭。赶上年头不好的时候，有些贫困家庭或贫困村屯甚至要吃返销粮①。宋书记组织他们参观了该公社一些村屯的自然环境，跟他们讲当地生活落后的一个主要原因是土地不肥沃，多是沙仓地及大块面积的沙丘与盐碱地。这种土质不适合种庄稼，有的地块即使种了庄稼产量也极低，赶上干旱或大风年头就有可能绝收。徐如人通过参观，细心的他发现该公社的沙土是不同寻常的黄沙，经辨认，他认为这种沙学名叫石英砂，是一种硅酸盐矿物质，坚硬、耐磨、化学性能稳定，其主要矿物成分是 SiO_2，广泛用于玻璃、铸造、陶瓷及耐火材料等工业生产中，且在当地储量相当大。

回来后，徐如人就开动脑筋地想：如何因地制宜，变废为宝，为地方的经济发展做点贡献？正当他有了想法但不知道如何实施时，一段时间后，在公社干部的组织下，"五七"战士间也渐渐熟悉起来。徐如人认识了两位来自吉林省地方工业研究所的工程师，一位是研究化工的吴德铭，另一位是研究机械的王福继。在仔细考虑后，他就与两位工程师商量，能否利用本地的石英砂与大量碱土地中的"纯碱"（Na_2CO_3）来生产点比较有经济价值的产品。

几经考虑，徐如人认为，最现实、最容易的办法是生产水玻璃。对此，吴德铭和王福继也很赞成。经过他们仔细研究，觉得如用上述原料生产，则必须用高温熔融法，一般得在1500℃的条件下，再用水浸才能得到产品。而当时公社没有这样的生产条件，为此他想到可否用水热法，即用

---

① 返销粮是指国家向因自然灾害带来粮食歉收或贫困落后地区没有能力达到粮食自给的农村缺粮地区当年返销给农业生产单位的口粮、种子和饲料粮。

火碱代替纯碱与石英砂反应来制取。当他把设计与制造水热反应器的想法（他以前也从未研究过水热合成）与两位化工、机械的工程师提出后，当即得到他们的赞同。就这样，徐如人出主意，两位工程师设计并绘制了水热反应器的图纸。

这些在当地人眼里最普通不过的黄沙，在徐如人的眼里却有可能变成黄金。就因为徐如人开始有了这种想法，从此开启了他以后数十年的水热合成化学研究之路，并建树颇多，使他成为中国无机合成化学学科的创建者与奠基人及分子筛化学与水热化学发展的重要推动者。

用水热法制水玻璃，当时面临的一个最大困难就是如何获得水热反应所必需的100℃以上的高温，具体地说，就是如何加热？吴德铭和王福继是这方面的行家，认为可用过热蒸汽夹套装置来实现，比如蒸汽锅炉，但是当地仅有的一个粮食加工厂，却连一台锅炉也没有，当务之急就是想办法做出这样一个装置来。他们将整个设想向加工厂的领导进行了汇报，很快得到该厂领导谭书记的支持，他马上派焊工与钣金工几经反复试验焊制成了一个180升的水热反应器（这可能是我国用土法制成的第一个加压水热反应釜），另外又派人砌锅炉。当时令徐如人印象特别深的是立锅炉的烟筒还是工人们想尽办法，在没有起重机械的情况下，把相当高的烟筒（下面为砖混，上面为钣金做成的十几米高的铁筒）完全用人工的方法立起来的。

基本条件已经具备，接下来徐如人花了几个月时间，培养了三位当地具有高中文化的工人，让他们来参加水玻璃生产的试验。就这样，三位"五七"战士与三位年轻工人一起，经过几个月的试验及试生产，便可以小批量地生产水玻璃了。这是他首次研究水热合成。

他们利用公社加工厂工人焊制的用夹套加热的180升加压釜，为避免发生危险，经过加压试验确定安全后，结合当地石英砂资源与外购少量火碱，在120—150℃的水热反应下，制成了模数较低的水玻璃；然后培训技术员，在生产中用酸－碱滴定法测

图8-2　徐如人下乡建厂时与"五七"战友的合影（前排左起：徐如人、王福继、吴德铭、李晓芳，徐如人提供）

图 8-3　徐如人下放期间公社写的鉴定（扶余档案馆提供）

模数，边摸索边小规模生产。为了不徒劳，有市场，他们找来另外一位"五七"战士去长春找到了销路，卖出去了十几吨产品，总算为当地创造了一点经济效益，这让他们感到非常欣慰。徐如人在农村的最后一年多时间里，就在当地公社的加工厂内全力指导生产水玻璃。

关于这件事，在扶余县徐如人的下放档案中的工人鉴定栏里记载着这样的评语：

……在工作中不怕苦、不怕累、不怕脏、不畏艰难，在生产过程中带病参加，坚守岗位，彻底完成任务。

认真执行毛主席"五七"指示，紧密与工农相结合，拜工人、贫下中农为师，虚心向工农学习，与工农群众建立了深厚的无产阶级革命感情，彻底改造了世界观。

发扬了大庆"有条件要上，没有条件创造条件也要上"的革命精神，为我厂成功试验了水玻璃产品，并且建立了土壤化验室，在化学工业上为我厂奠定了基础。

能够团结同志，耐心帮助同志，对同志谦逊、热忱，没有保守思想……

一心为农业所想，为国家多做贡献而思，为我厂培养了化工力量。[①]

1972 年 12 月，根据毛主席的"大学还要办"的方针，吉林大学开始重新招收学生，当时称为工农兵学员（三年制）。由于师资短缺，为了给学生上课，学校把徐如人全家及其他一些下放的教师召回了学校。

徐如人下乡期间在三井子公社加工厂生产水玻璃这件事，与他后来在无机合成领域内所取得的辉煌业绩相比，就学术成就来讲，自然不能同日

①　57-6-115，扶余县三井子公社 1969 年插队落户干部考核登记表。存于吉林省扶余市档案馆。

而语。但是，从其中所反映出的知识分子的道德和品质、科学态度和进取精神，两者并无二致，甚至就艰难困苦的程度而论，前者更难能可贵。

徐如人在饱经"文化大革命"的沧桑经历之后，又备受农村插队的艰辛，在他处于命运最低谷的时期，他不记恨、不抱怨、不消极、不低靡，他仍不忘记一个知识分子的本色、一个智慧学者的天职，像候鸟敏于发现栖息地那样，寻找知识用武之地，千方百计地

图 8-4　徐雁（左）、徐鸿（中）、徐鹰（右）三兄妹在农村土炕上合影
（徐如人提供）

把专业知识转化为造福乡里的生产技术，把当地盛产的石英砂转化为有用的工业品——水玻璃。这，就是知识分子的天性。

谈到知识分子的本色，徐如人的长子徐鹰在回忆乡下生活时说：

> 当年在乡下，尽管我父亲下放到农村，还是很重视教育的，每天晚上都会做两件事，一件事是抓虱子，另一件事是给我们读小说。他给我们读过《水浒传》《三国演义》，《四书》中的《大学》与《孟子》篇等古典名著，并向我们阐述其中的道理。当时我们家搬家拉了9大箱子的书到农村，那时生活条件不好，家里生活用品什么都缺，但是不缺书。在父母的带动下，我们从小养成了爱读书的习惯。[1]

乡下的生活虽然艰苦，但也不乏欢乐。徐如人夫妇在乡下的三年中有一件值得高兴的事，就是在 1970 年 11 月，她家的小女儿徐鸿在扶余县三井子公社永久大队的一座土房中出生了。为此，徐如人还赋诗一句：

　　　　下放三载住土房，家中添个小凤凰。

---

[1]　徐鹰访谈，2015 年 12 月 10 日，长春。资料存于采集工程数据库。

第八章　逆境中不断求索的十年　　**123**

可见其乐观的人生态度。

徐鹰对于母亲生小妹妹的事，印象还比较深。他说：

2010年，我和爸爸去三井子镇乡下寻找老家的住处，那里现在叫三道岗子。我们把车停在村口，找我们的房子，我们当时住的土房子还在。我小妹妹就是在这座土房子的炕上出生的。当时我母亲已经39岁了，属于高龄产妇了，听说我小妹妹胎位是反着的，很危险。因为这件事，产前有个晚上，我爸爸就带着我妈妈还有我和妹妹一起去了扶余县城医院一趟，医院检查说是胎位不正，让我妈妈每天用跪着的方式，能让胎位正过来。过去生孩子都是很危险的生死关，我想我妈妈那时候挺伟大的。去县城的那天晚上我们是从玉米田里穿过去的，当时就听说那田里面有狼，我爸爸推着自行车，我妈妈坐在后面，我大妹妹坐在前面。我拿了一根木棒子在前面开路。

图8-5 2011年暑假，徐如人与儿子徐鹰、女儿徐雁回当年下乡所在地合影留念（徐雁提供）

图8-6 小女儿徐鸿（中）回乡探望，在老宅前与乡亲们合影（徐鸿提供）

当时条件确实很简陋，妈妈生产那天只请了附近乡里的一个接生婆，我小姨也特地赶来照顾她。那天晚上我爸爸求了我家邻居，他赶着马车和我小姨去把接生婆接来了。好在母女平安。①

---

① 徐鹰访谈，2015年12月10日，长春。资料存于采集工程数据库。

2011 年，已在新加坡工作生活了二十年左右的徐如人的小女儿徐鸿回家探亲时，她带上了刚在小学念书的儿子去扶余市三井子镇出生地故地重游，特意去看他们曾经住过的土房子，可惜的是，当时她家居住过的两间小土房已经被拆掉了，改成了农家的牛栏。

返校进厂　亦有担当

1972 年 12 月，在经过三年的农村生活后，徐如人被召回学校，当时全家被安排住在灰楼一楼西侧的一间教室里。该临时居所类似于 20 世纪八九十年代的筒子楼，没有厨房，做饭时就在走廊里支起一个煤油炉，用一个半截柜做灶台，上面可放菜板做切菜之用，卫生间是公用的。条件虽简陋，但也算有个落脚地儿。回来后的第二年庞文琴就开始为 1973 级工农兵学员上物化分析课了。

徐如人被召回学校也不是一帆风顺的，因为他的出身关系，学校革委会原想把他留在农村继续接受贫下中农再教育，当时只想召回庞文琴。但由于庞文琴的坚持与争取，学校派去的人只好把他们夫妇同时召回。

对此，徐鹰回忆说：

> 大概是 1972 年年底到 1973 年年初的时候，中央下达了"五七"道路的调令，我们终于可以回城了。接我们的人是吉林大学化学学院现在还在的一个教授，他明确告诉我妈妈，只调她回去，不让我爸回吉林大学。我记得我妈妈当时就和他吵起来了，来人无奈，只好让我们全家都回来了。回来之后我爸被安排到位于吉林大学北区图书馆旁边的稀土加工厂上班，直至 1977 年他被彻底平反为止。[1]

---

[1] 徐鹰访谈，2015 年 12 月 10 日，长春。资料存于采集工程数据库。

返校以后，由于徐如人当时还未被平反，不能上讲台，也不能参与正常的教学科研工作，暂时被安排到校办稀土工厂里上班，编制为工人。对此，他内心虽然有一些不平衡，但毕竟回城了，先干好眼前的工作再说。他始终有一种以苦为乐的精神，他曾说："当工人也挺好，劳动简单，锻炼身体，发的粮票也多，每月全家人至少可以多领几斤粮呢。"计划经济时代，城里人的口粮都是定量的，家家都有粮本，按月领粮。庞文琴是教师，每月领30斤的粮食，家中未成年的孩子每人每月27斤，但徐如人的是每月45斤。因为徐如人回城后按工人编制对待，工人干体力活，劳动强度大，所以分配的口粮就多。徐如人以此来自我解嘲，平衡心态，也安慰家人。

徐鹰谈起父亲这段经历时，心中对父亲充满肯定：

> 我爸在工厂又交了一堆朋友，所以我觉得我爸这人，他有他的强项，也有他的弱点。但是我爸这个人什么时候都不抱怨，我印象中他只因为身体不太好会抱怨一下，担心是不是哪里又不好了，其他方面从来不抱怨，感觉他这个人特别有正能量。从来没有听过他抱怨上班累，抱怨从教师编制变为工人地位低，抱怨自己的境遇差等。[1]

校办稀土工厂坐落在图书馆东侧的小白楼（放化楼）后面的一排平房里，主要任务是利用离子交换法生产高纯单一稀土。当时在稀土工厂一直从事生产的教师还有放射化学的王泽民、无机化学的杨开海、徐翊华和常文翠等人。徐如人虽为工人编制，整天除了干一些体力活，他不忘钻研技术，与其他返城参加工作的老师和工人们一起研究和生产离子交换法分离提取高纯稀土。他干一行，爱一行，做教师有教师的风度，做工人亦有做工人的干劲。一干起活来，他仿佛忘却了之前的种种不公给他带来的伤害，仍热情饱满地投入生产劳动中。为研究从废硫酸触媒回收稀有金属钒的生产问题，他与杨开海等人先后到江苏南京、山东安丘等地硫酸厂进行科研调查。一路上他谈笑风生，没有丝毫落寞和低迷。让人感到当年积极

---

[1] 徐鹰访谈，2015年12月10日，长春。资料存于采集工程数据库。

乐观的徐如人又回来了。他对待工作总是热情饱满，认真负责，一丝不苟。他这种潜心工作、乐观向上的忘我精神也深深影响了身边的教师和工人。

除了离子交换法分离提取高纯稀土工作，他又利用劳动的空闲时间，协助当时刚兴建的德惠化工厂用本省长白山丰产的矿物资源江浮石来生产当时国家急需应用的 A 型与 13X 型分子筛。江浮石是火山喷发后岩浆冷却形成的一种矿物质，主要成分是硅铝酸盐，质地软，孔隙多，比重小，能浮于水面，因而得名。当地人习惯叫江沫石，在松花江上游比较常见。徐如人对此很感兴趣，劳动之余还查阅并翻译了不少有关分子筛方面的文献，以供厂方技术人员学习。但由于工厂条件的限制，无法进行深入的研究，只能根据国家的需要建了生产线进行简单的生产。也正是因为有了这段实践经历，潜意识里开启了他对分子筛研究的机缘，最终使他在这个学科领域取得了巨大的成就。

就这样，徐如人在稀土工厂干了三年多时间，直到 1976 年"四人帮"倒台后，1977 年他才被彻底平反。

在"文化大革命"期间，他历经坎坷，甚至连累全家，特别是在"清理阶级队伍"时的那段生活中，成了深深地印刻在他心中的创伤，很难磨灭。那段经历让他损失了一生中最宝贵的十年。"文化大革命"之前，他通过到复旦大学进修，回来后承担讲课任务，并开始接触科研工作，在学术与思想等诸多方面正趋向成熟，且精力充沛，满腔热忱地期盼为学校、为国家做更多的服务与贡献时，无情的政治运动将他卷入了人生的谷底。这十年的损失督促他在后面的几十年里加倍努力地去补救和追赶，然而他毕竟已是年近五十岁的人了。

父行子效　言传身教

从 1960 年结婚开始，到 1970 年下放农村的 10 年间，徐如人夫妇共育有三个子女。由于他们平时忙于工作，照顾孩子的时间并不多，更没有时间陪孩子们一起玩耍。但孩子们并没有因此疏于管教，行为放纵。而是继承了父母的优秀品行，踏实做人，低调做事，成人后皆有所作为。现代基础教育认为：父母是孩子最好的老师，家庭教育是一切教育的基础，家长对孩子的影响是孩子成长中不可忽视的因素之一，这种影响是潜移默化的，也是天长地久的。

对于这一点，徐如人的长子徐鹰感触是最深的。

1975 年，徐鹰已经 15 岁，开始上高中了。为了培养儿子的动手能力，每到放假，徐如人便把徐鹰送到在北京的弟弟家中。因为弟弟徐如镜是从事技术的，对一些仪器设备的研究和维修非常在行。徐如人想让儿子多和叔叔学习一些这方面的知识，将来有一技之长。

徐鹰当然乐此不疲，一到放假就往叔叔那儿跑。在叔叔的培养下，动手能力大有提高，与叔叔的关系也更加密切。以前，由于生活的不稳定，爸爸很少有时间和他在一起谈心、聊天或辅导他学习。由于沟通少，徐鹰对爸爸的身世甚至都不是很了解。和叔叔熟悉以后，在和叔叔的交往中他才了解了叔叔和父亲的身世等一些具体情况。对此，徐鹰如是说：

> 从他们从小的经历中我觉得我父亲还有我叔叔都特别的努力，他们很像孤儿，没有人照顾，也没有关系，还被社会上一些人疏远。所以真正帮我父亲的人特别的少，他和我叔叔，包括我妈妈都是完全靠着自己努力成长起来的。另外一点就是我也提到我爸爸总是怕他身体出事，其他事我都觉得他都很乐观，他就该做什么做什么。所以我就特别听不得别人在我耳边说"这事怎么办呀？那事怎么办呀"，因为在我的成长环境里我就没听我父母说过这种话。我父母永远都是很正面的去看问题，都是说"我们应该这样解决这件事"。我父亲由于出身关系，一直到改革开放，多多少少的在这些年受到了一些不公正的待遇，而且后来我也听说他在六几年的时候尽管没有被抓起来，但是还是被定为"内控对象"，但是我就从来没有听他说过党、政府什么的不好，只会说"这个人不容易呀、那个人也不容易呀"。所以我感到我爸妈心胸比较大，很少会为一些鸡毛蒜皮的小事去争论，人际关系方面也没

有听过我爸抱怨谁说他什么，我们家的气氛就是一直很正能量。[①]

由于徐如人出身的关系，导致他在"文化大革命"时被批斗，这对孩子和家庭都带来了很大的影响。在阶级斗争的年代，像他这样的出身和社会关系理所当然地被列为无产阶级专政的对象，有的甚至被要求与家属及亲戚朋友划清界限。但徐如人的妻子儿女没有这么做，他们选择了默默地承受。那时，孩子们在学校入"红小兵""红卫兵""入团"都是不允许的，甚至遭到同学们的歧视、议论和指责。在他们的幼小心灵里留下了难以抹去的阴影。但是在徐如人乐观、平淡的生活态度影响下，子女们也学会了低调、平淡地面对生活的逆境。

对此，徐鹰深有感触：

　　这一点也挺好，让我们"脚一直离不开地"，在当时来说我们出身不好还是挺苦的，总是有一些精神上的压力，家里面的事也挺不顺心的，所以从小自己就要很低调地生活。这一点尽管在当时是一件坏事，但是现在看来呢是一种磨练，做人也变得很平和，对于名利、琐事都看得很淡薄。这一点我觉得我和我爸很像，把很多事都看得很淡。[②]

徐如人是一个做事特别认真的人，不管工作还是生活，都要做的有模有样，绝不可以敷衍了事，在日常行为上对孩子起到了很大的影响。徐鹰从小是一个特别粗心的人，因此挨过父亲的多次责骂。徐鹰虽从小经受磨难，但并不逆反，他诚心接受父训，积极改正，后来就把自己变成一个特别仔细的人，仔细到连刷厕所都比别人认真。这一行为影响了他一辈子做人做事的态度。但由于从小经常受到父亲批评，所以那个时候他对父亲常常敬而远之，彼此交流很少。直到 1977 年他准备考大学的时候，父亲对他进行了比较专业的设计和指导，让他突然觉得父亲非常了不起。他说：

---

① 徐鹰访谈，2015 年 12 月 10 日，长春。资料存于采集工程数据库。

② 同①。

图 8-7　1991 年徐鹰在美国科罗拉多大学取得
博士学位时留影（徐鹰提供）

我记得当时改革开放了，邓小平主政恢复了高考。我可以高考了，我爸就给了我那两本书，一本叫"大学大全"，又找了一本代数，然后还把我介绍到一个物理教师那里，那个老师"文化大革命"时被划为"右"派，境遇也比较惨，就在中学里面教书，他其实学问特别高，爸爸就让我和他学。我在长春市第十七中学念了三年初中，由于"文化大革命"，我认为我在那里什么也没学到，我们的三年初中，学工就占了一年，经常参加劳动。现在吉林大学一院后面朝阳公园那个养鱼池就是当年我们十七中和十五中的学生挖的。1977 年的时候我正好是初中毕业，然后我就开始看我爸给我的书，1978 年我就考上了大学。那段时间里我就发现我爸爸真的很有学问，那个时候我妈就说我们两个孩子和父亲的关系越来越近了，因为之前都一直觉得我爸不怎么说话，很安静，突然我们觉得我爸化学、物理、数学都知道。我就觉得上大学之后就慢慢和父亲变成好朋友了，所以我和我爸关系特别亲密的时候是我上大学之后。1978 年的时候我考上了大学，我在初中的时候尽管不学东西，但是我自己觉得我当时在补习的时候我最喜欢的是物理。所以我爸就希望我学物理，而且当时有个美国老师叫李政道，他回国宣传物理的重要性，所以很多人都想去学物理。至于我叔叔呢，在当兵的时候是做雷达电子的，我考大学的时候他已经转行搞电子计算机了。当时他就建议我爸让我去学计算机，我当时连听都没听过计算机，那年我就只报了吉林大学一个学校，只填了物理和计算机两个专业。非常有意思的是那年我化学竟然考了 100 分满分。当时我叔叔说计算机比物理还要实际，所以我就学计算机了。我在吉林大学念了四年计算机毕业后，1982 年考上了吉林大学的研究生，1985 年毕业以后我就去美国了。据说 1978 年高考的时候，人数非常多，"文化大革命"滞留了很多考生，我们班当时最小的有14岁的，最大的有32岁的，全国报名参加考试最后考上大学的人比例是5%左右，包括中专，真的是千军万马过独木桥。①

那段时间里，徐鹰深深感受到父母的艰辛与奉献。在他的印象中，那个时候父母就是特别用功的人，工作积极，勤学不辍，致力科教，不分昼夜。他感触颇深的是改革开放以后，他每天早上6点钟起床就发现父母已经在写字台上写东西，开始工作了，这种情景持续了很多年。对他的影响就是：在大学期间基本没有周末的概念，就算是现在，如果不出差、不生病，他基本每周末都在办公室或实验室。

考上大学以后，徐鹰和父亲的关系越来越亲密。通过高考父亲对他的指导，让他深深感受到父亲的学识渊博，也感到父亲从心底是爱着他们的，尤其是在人生的关键时期，父亲绝不含糊，精心帮助他设计今后的发展方向。从这个时候开始，父子俩几乎成了忘年交。

徐鹰读硕士的时候，徐如人正开始系统研究分子筛的工作，分子筛是一种微孔晶体，在研究工作中需要做大量的计算工作。由于徐鹰是学计算机的，徐如人就和儿子商量，让徐鹰帮他做一些计算的问题。但是那时通过学科交叉开展科研工作并不多，尤其是通过计算机来解决化学问题从未尝试过，所以，徐鹰和父亲讨论两次之后觉得什么也做不了。但后来徐鹰发现父亲的想法是比较前瞻的，开展交叉学科研究正是未来科研的一个主要手段。

后来徐鹰去美国留学，主攻计算机专业，走向了科学研究的道路。他经常

图8-8　徐鹰与父母在美国合影（徐鹰提供）

---

① 　徐鹰访谈，2015年12月10日，长春。资料存于采集工程数据库。

和父亲进行交流，请示和探讨学术问题，使得他们的父子关系越来越密切。他常说："我小的时候和妈妈比较亲，长大了上大学之后我就和我父亲的关系越来越密切，对我父亲的敬佩就变得越来越深了，觉得这个老头儿心胸很大，对什么事都很乐观，很有正能量，什么都看得开。"

随着徐鹰学术思想的不断成熟，他与父亲的沟通就更多了，后来成了真正的科研合作伙伴。徐如人对儿子在学术方面的影响也越来越大，他的研究工作和儿子的研究方向联系得也越来越紧密。1991年，徐鹰在美国科罗拉多大学取得博士学位后，先后在美国橡树岭国家实验室与佐治亚大学工作。他起初学习计算机在生物方面的应用，慢慢地就开始侧重做生物方面的研究了。他每年都回国做学术交流，尤其是每次回来都先到吉林大学和父亲一起在化学系做一个报告，讲一些他在美国做蛋白、大分子方面的研究工作，研究内容也逐渐和化学越来越靠近。从1995年开始，他和父亲就开始有了一些正式的合作。他用数据挖掘的方法做一些分子筛定向合成方面的试探性研究。他每年回来都到父亲的研究小组里讲如何用他们研究生物大分子的方法来研究无机分子和分子筛。

通过与父亲的科研合作，徐鹰越来越感受到父亲对他的影响非同一般。他认为，在科学研究方面，父亲是个视野很大的人，作为学者，他站位很高。有一些很先进的科研方向他很早就预测到了，比如说通过计算机的手段来解决一些化学方面的问题。1997年，徐鹰开始在美国的一些生化部门做工作，2003年开始在佐治亚大学的生化系做老师。徐如人对儿子说，你最后研究的一些问题都会是化学的一些基本问题。当时徐鹰还很不理解，他想：我做的是DNA，一些很大的分子，和传统的化学没有什么关系。在过去的七八年时间里，他一直在做肿瘤方面的研究，感觉和化学的联系并不是太大。

随着研究工作的不断进展，徐鹰在肿瘤的研究上取得了一些长足的进步，这让他惊奇地发现，肿瘤的研究到后来最根本的问题就是一些最基本的化学问题，甚至都是无机化学的问题。这一点，令他对父亲钦佩不已，父亲确实有远大的科学眼光。这种眼光绝不是来自主观的预测，而是来自多年来的科学实践的规律总结。

钦佩父亲之余，徐鹰又开始做了自我反思。他感到非常有意思的是，30年前父亲就劝过他让他和自己一起搞化学，那个时候由于他对化学兴趣不大，便选择了计算机专业，中间改作生物、肿瘤。然而他这30年就像是走了一个很曲折的路，最后才发现肿瘤里面最根本的问题都是化学的基础问题。

对于徐鹰来说，父亲对自己的影响是一生一世的，不仅是读书立业，还包括为人处世，都令他受益终身。

对此，他的评价是：

我就觉得我父亲为人处事大气、正能量、不小心眼。在做学问方面让我们视野更开阔，包括对我们的工作习惯都有影响，从小看着他们天天这么用功，我们这么多年也不停地用功努力。我觉得我父亲、母亲他们功名心都很淡，尽管我父亲和母亲也得到了许多荣誉，但是我觉得他们在那个艰苦的环境下长大，经历曲折，也不提倡对功名利禄的索取，那种条件下只要你脚踏实地干活就行了，吃苦在前，享乐在后。所以父母的这一点就融进了我们的血液里面，我觉得就是要好好工作，做一个一辈子对社会有用的人。包括我对我儿子说话，我都说你自己一辈子能给这个社会做点什么有用的事，你这一辈子就没有白活。我们兄妹三人关系都很好，年轻的时候都在世界的不同地方努力奋斗，现在生活都安定了，衣食无忧，经常一起约好了见面。但大家谈的最多的是工作、事业，没有人去攀比谁挣得多、谁家的房子大、车子好等问题，世俗观念在我们这个家庭里面比较淡。

记得我们小的时候，父母经常不在身边，许多家务事需要我们自我打理。所以，我们从小就养成了自理、自立的能力。记得1972年年底，我母亲带学生到上海出差10个月，家里没人做饭，我就开始和一些阿姨学会做饭、做馒头、做饼等饭食。我上大学的时候住家里，基本家里的饭都由我来做。因为我父亲比较忙，他也不太愿意做饭，我就负责做饭。我记得我考研究生那天的中午，我上午考试下午也考试，我们家没有粮食了，我就去买，碰到当时的刘老师，他就问我你怎么不好好考试，出来干吗？我就说我家没粮食吃了，买米回家做饭。

所以，我觉得在我们家该干什么干什么，没有把什么看的那么重，我就觉得这对后来我们的成人都特别有好处，就是把许多事情看得很顺其自然。比如现在我去吉林大学作报告，我就习惯坐公交车去，我就觉得这就是小时候培养的习惯。我记得上大学的时候我会做挂面，那时候我给我小妹妹做面，她就不愿意吃，说我天天就是酱油拌面。这些事儿听起来就像笑话，但是现在觉得要感谢当时那些艰辛经历，让我们更加成才了，不管你是什么人，人的正常的生活能力都应该是会的。①

儿女的健康成长、自强自立、品行端正、成就事业，并最终能成为对社会有用之人，证明了徐如人夫妇对孩子教育的成功，也是他们留给孩子的宝贵财富。

---

① 徐鹰访谈，2015 年 12 月 10 日，长春。资料存于采集工程数据库。

第九章
重新开启事业

年近半百　重启事业

历经了"文化大革命"之后，一切开始趋于理性和冷静，各行各业也开始重返本真，实践作为检验真理的唯一标准得到人们的普遍认同。

学校还是要办的，传播科学知识、向社会培养人才的根本任务是不能改变的。1976年，"四人帮"倒台后，学校给徐如人平了反，恢复了教师身份。此时，对于已年逾不惑的徐如人来说，可谓百感交集。站在人生一个新的转折点上，他不得不重新思考，人生最年富力强的十年已经逝去了，如何调整好自己的状态，把时间投入自己所钟爱的教学科研事业中，让自己的人生有所建树。

恢复工作后，系里分配给徐如人的第一个教学任务是带74级的工农兵学员（闫刚林等三人）的毕业论文。由于"文化大革命"期间，他的教学科研工作基本停滞，如何指导学生的毕业论文让徐如人煞费苦心。好在当年在稀土工厂当工人时，他曾协助当时德惠县化工厂以吉林省长白山丰产的江浮石为原料生产 A 型与 13X 型分子筛的工作时看过一些有关分子筛方面的文献，了解过一些当时国内生产 Y 型分子筛的情况，并做过一些实验。有了这方面的一些积累，他尝试以"'江浮石'为原料合成 Y 型分子筛"为题，指导三名学生做大学毕业论文。也正是因为这次指导学生的论文工作，使他开始正式接触分子筛的研究，并循序渐进，成为他以后科研工作中的一个主攻方向。历经 30 多年的探索，他和他的研究团队在国际上率先合成出磷酸镓、砷酸铝、砷酸镓、硼铝酸盐、钛酸盐、氧化锗与锗酸盐 7 个系列全新微孔晶体 60 余种，这项工作使他将中国分子筛的研究推向了一个新的高度，并走向了世界，建树颇多。

这正应了庄子的一句名言："其作始也简，其将毕也钜"。

徐如人能够成就一番科学事业，离不开他埋头坚持的韧劲，只要他肯做的事情，他就咬定青山不放松，迎难而上，直至取得一个令人满意的结果。在以后的工作中，他一直坚持这一秉性，使他在多个研究领域一步步走向成功，创造非凡。

徐如人的这种钻研与探索精神也影响了身边的学生。在他的指导下，学生的毕业论文质量和水平都有所提高。学生们在科研实践中学会科研方法，摸索研究规律，总结科研理论，得出研究结论，形成研究报告。通过这一系列的训练，为他们毕业后走向工作岗位打下了良好的理论基础，提高了动手能力。

1977 年 9 月，教育部在北京召开全国高等学校招生工作会议，决定恢复已经停止了 10 年的全国高等院校招生考试，以统一考试、择优录取的方式选拔人才上大学。全国各大高校积极响应，吉林大学顺势而动，在唐敖庆教授的领导下，秉持教研相长的办学理念，全面推进了吉林大学教学、科研与人才培养工作。

为适应建设研究型大学的要求，1978 年，化学系开始恢复招收研究生，徐如人被选为化学系首批有资格招收研究生的中青年教师之一。10 月 15 日，化学系首批"文化大革命"后的 29 名研究生入学。同年 12 月，徐如人晋升为副教授。此时，作为一名研究生指导教师，徐如人既感到使命的光荣，同时也感到肩上担子的沉重。作为他这个仅有三年大学学历且提前毕业的大学生，从教后又刚经过"文化大革命"的教师来讲，仿佛一切都需要从头做起。为做好这项工作，1977 年一年中，他花了全部精力来了解研究生的教学，特别是为了了解研究生论文的开题，如何选定论文题目，设定实验条件等环节，他开始查阅包括美国《化学文摘》(简称 *C. A*)[①]及当时化学系资料室现存的所有英、美等国的期刊，还从别人那里借到了一本在伦敦召开的第一届国际分子筛会议的论文集（*Molecular Sieves*，*Soc. Chem. Indust.*，*London*，1968）。

为了看懂这本英文书籍，徐如人着实花费了不小的精力。由于他从 1952 年留校后开始学习俄文，那时化学系的整个教学模式都是向苏联学习，教学材料也大都是俄文的，很少看过英文书籍，又加上十年"文化大革命"的荒废，他的英文水平很差。但这难不倒徐如人，因为他有过自学俄文和法文的经历，对待英文，他仍如法应对。为了看懂这本国际分子筛会议的论文集，他开始整天抱着英文词典边看边译，几个月下来，他硬是以蚂蚁啃骨头的精神一个单词一个单词地翻译，直至最后将所有文章全部翻译出来，一共用了五本厚厚的笔记本。

从查阅翻译的文献中，徐如人发现了当时国际上有几个研究组在分子筛的合成与晶化领域很活跃，并且作出了一些比较前沿的工作。诸如德国汉堡大学物理化学研究所的汉斯·莱歇特、英国阿伯丁大学化学系的 Dent Glasser 和英国剑桥大学物化系的 J. M. Thomas（F. R. S）等的研究组。让他印象最为深刻的是德国汉堡大学物理化学研究所的汉斯·莱歇特教授[②]。1975—1976 年，汉斯·莱歇特（Hans Lechert）教授发表在 *J. Phy. Chem.* 上的两篇有关分子筛形成机理方面的文章，在当时具有比较超前的思想。文章中所叙述的一些理论和研究方法很新颖，都是徐如人以前未曾听闻的，这激起了他的研究兴趣。

有了这一发现，从 1978 年起，徐如人与汉斯·莱歇特教授建立了通信

---

① 《化学文摘》，创刊于 1907 年，由美国化学学会化学文摘社（Chemical Abstracts Service，CAS）编辑出版，是世界上最大的化学文摘库，也是目前世界上应用最广泛，最为重要的化学、化工及相关学科的检索工具。

② 汉斯·莱歇特（Hans Lechert），1979–2005 年任西德汉堡大学教授，1977–1983 年任国际分子筛协会副主席。

联系，从中得到了不少好的启示。为了更好地向他学习与相互交流，徐如人做了一个大胆的决定，通过化学系领导向学校外事部门申请，提出了邀请汉斯·莱歇特教授来校访问交流的建议。这一在中国改革开放之初勇于率先开展同国外发达资本主义国家建立科研联系的举动实为少见，确实需要魄力和勇气。何况，徐如人在"文化大革命"时期"特嫌"的帽子刚刚摘掉，这一想法足以彰显他在科学研究的道路上不畏艰险、敢为人先的精神和毅力。功夫不负有心人，他的建议得到了学校和系里的大力支持，通过学校向教育部申请，经过了较烦琐的手续后，终于批准了邀请汉斯·莱歇特教授来校访问讲学的请求。

20世纪70年代末，对于地处祖国北疆的吉林大学来说，与国外大学的交流合作还是比较少的。化学系初创时办学模式都是照搬苏联的做法，50年代中期，曾有苏联专家来吉林大学化学系讲学。当时有位来自莫斯科大学化学系的副教授 U. V. 费立波夫应邀来化学系讲授《多相催化》课程，一年后，又邀请了一位列宁格勒大学（今圣彼得堡国立大学）化学系副教授 M. X. 扎哈利耶夫斯基来讲授《多相催化动力学》课程。"文化大革命"期间，对外交流合作就此中断。

邀请欧洲的大学教授来校访问讲学，对于年轻的化学系来说还是第一次，这件事在全校引起了不小的轰动。

1979年7月，汉斯·莱歇特教授应邀来到了吉林大学讲学。学生们对这位个子高大，黄头发蓝眼睛的外国教授感到非常好奇，甚至不敢接近。但汉斯·莱歇特教授举止优雅，待人和蔼可亲，很快就拉近了与大家的距离。尤其是汉斯·莱歇特教授讲课幽默，肢体语言丰富，广学博识，更增进了大家的好感。看来，"洋鬼子"并不像想象中那样可怕。

汉斯·莱歇特教授在吉林大学开展了一个月左右的有关分子筛的合成、晶化与结构方面的讲座。经徐如人的广泛邀请，国内有关高校、研究院所，特别是石油化工研究院等产、学、研多个单位派研究人员前来参加学习和交流。

通过与汉斯·莱歇特教授的接触，徐如人发现他不但是一位优秀的科学家，学识渊博，远见卓识，而且他对中国非常友好，特别愿意与吉林大学开展进一步的教学与科研合作。

汉斯·莱歇特教授的讲学迅速拉近了东西方学者间的距离。他的这次讲学之旅，伴随着中国改革开放的步伐，全面开启了吉林大学对外交流合作的新篇章。这次讲座不仅带动了徐如人研究组的教师、研究生及当时的 77 届、78 届的本科学生对分子筛有关领域研究的国际前沿与发展动态的了解，还对中国有关单位的研究人员在以后开展分子筛研究工作，了解基础问题，探寻研究方向起到了有力的引导和推动作用。

在一个月的讲学中，徐如人与汉斯·莱歇特教授之

图 9-1　1979 年，德国汉堡大学汉斯·莱歇特教授应徐如人之邀到吉林大学讲学（吉林大学提供）

图 9-2　1981 年，汉斯·莱歇特教授与徐如人等人探讨学术问题（左起：赵敬平、陈中才、刘新生、汉斯·莱歇特、徐如人，徐如人提供）

间的关系加深了，他们之间开展了很多学术思想交流。通过交流，他不仅向汉斯·莱歇特教授请教了有关研究生培养与教学方面的经验，还就有关分子筛合成与晶化方面的前沿与研究方法等科学问题做了深入的探讨，对徐如人课题组以后系统地研究分子筛晶化问题及研究生的教学与培养启发很大。

自此以后，徐如人又在 1981 年与 1983 年间共连续三次邀请汉斯·莱歇特教授来校访问讲学。1984 年，汉斯·莱歇特教授又推荐汉堡大学无机化学研究所的应届毕业博士 Metzer D 来徐如人处做合成方面的博士后研究。这在当时的中国高校实属极其稀有的学术交流活动。他们之间的友谊

图 9-3　1984 年，徐如人与来自德国汉堡大学无机化学研究所的 Metzer D 讨论问题（徐如人提供）

与学术交流一直保持了几十年。也因此开启了吉林大学化学学科与国外大学及研究机构全面合作交流的新渠道。

同时，由于徐如人在组织国际著名专家讲学时总是邀请国内分子筛产、学、研界的研发人员来吉林大学参加讲座，因而结识了不少石油工业界的同人，诸如北京、抚顺、上海、金陵、长岭等地的厂矿与研究院所，以及高校的研发同行，这为以后开展的产、学、研界的协作及提高我国分子筛催化工业的发展开创了一个良好的开端。

如今，吉林大学化学学科在国际交流合作方面基础深厚，合作面广，优势明显。2010 年 4 月，成立了 JLU-UPV 多孔材料分子工程学国际联合实验室；2014 年 6 月，经教育部批准，在吉林大学立项建设"纳微构筑化学国际合作联合实验室"，使吉林大学成为国内首批建立教育部国际合作联合实验室的高校之一。这些成就的取得，与当时徐如人开展的国际交流工作密不可分。

1978 年 10 月，徐如人招收了五位研究生，主要是当时的工农兵学员（三年毕业），分别是李守贵、刘新生、赵敬平、张健民和曹惠。学生们的年龄相差很大，且专业基础较差。其中年龄最大的是李守贵，入学时已经 36 岁，后留校跟随徐如人工作直至退休。虽然他们的基础比较差，但都很努力。

对于研究生的培养工作，徐如人格外用心，这毕竟是化学系创建以来首次招收研究生，这个头开的好坏，将直接影响到今后的人才培养质量。给研究生开设什么课程，如何选题，确定什么样的培养思路，在这些问题上徐如人没少花心思。正是由于他的严谨认真，深思熟虑，以及后来在实际工作中的言传身教，使他在人才培养方面取得了巨大的成功，后来他的学生当中产生了中国科学院院士、长江学者特聘教授、国家教学名师、国家杰出青年基金获得者等一批学术领军人物。为做好研究生的培养工作，他制订了细致的教学计划和安排。第一年，为学生讲授了有关"分子筛化学"与"无机合成化学"方面的课程，给学生打好专业研究的基础。第二年，聘请汉斯·莱歇特教授来校讲学，并就研究生的培养模式与汉斯·莱歇特教授进行了深入交流和探讨。在汉斯·莱歇特教授的建议下，经过认真思考后他决定将学生的研究方向直接推向国际前沿，为学生制订了"以特定结构的分子筛为对象的生成机理研究"的毕业论文，其中两人用不同方法研究 Y 型分子筛，两人研究 L 型分子筛，另一位研究 Ω 型分子筛。

　　研究方向和选题都定下来了，接下来就是按照既定的思路开展研究工作。改革开放之初，中国的经济还很落后，在高校的经费投入上严重不足，科研设备十分短缺。由于研究工作条件极其简陋，徐如人课题组就连测定晶化样品的粉末 XRD 这样最基本的表征也得跑到 5 千米远的长春西安桥外的地方工业研究所去测定。特别是在冬天，天寒地冻，交通不便，学生们每次送样往返都要走 10 千米以上，然而这些学生从不抱怨，都做得特别努力。

　　1981 年，在徐如人的精心指导下，学生们完成了各自的毕业论文，开始准备答辩。因为是第一批研究生的论文答辩，徐如人格外重视，要求也非常严格，他要求学生们的毕业论文都要用中、英文来撰写，并准备中、英文各一份论文以备评委评审。这对学生们是一种压力，但更是一次锻炼和提高。对学生的要求严了，徐如人的工作量就更大了。为使学生更好地完成毕业论文，徐如人一遍又一遍地帮学生修改论文，在他的精心指导下，五位研究生如期完成了论文的撰写任务。

　　接下来是论文答辩。答辩的规格安排得也很高，之前徐如

图 9-4　1981 年，答辩委员会委员在首届研究生毕业答辩会场（右一为徐如人，右三为汉斯·莱歇特，吉林大学提供）

图9-5　1981年，首批五位研究生答辩后与导师合影（前排左起：赵敬平、庞文琴、马淑杰、曹惠、李守贵，后排左起：刘新生、张建民、徐如人、汉斯·莱歇特、俞国祯、吴玉瑶，徐如人提供）

人做了充分的准备，特意聘请来校讲学的汉斯·莱歇特教授做答辩委员会主席，成员由化学系的关实之教授、北京石油化工研究院的朱惟庸主任工程师、东北师范大学的郑汝骊教授及徐如人和庞文琴等人组成。由于准备充分，学生们的答辩都很精彩，论文得到了评委们的高度赞许，并一致获得通过。当时作为答辩委员会主席的汉斯·莱歇特教授对中国学生的表现感到很惊讶，事后还问徐如人这是否是博士论文答辩。足见这批学生论文的质量与答辩的水平不一般。

五位研究生的顺利毕业，为徐如人在人才培养道路上打下了一个良好的开端，这是他在"文化大革命"后重返教师岗位上取得的一项重要成就。虽然当时条件艰苦，却圆满完成了首批研究生的培养任务，这促使徐如人在人才培养道路上越走越远、成就非凡。

科学春天　开创领域

1978年，在中国的历史上注定是不平凡的一年。

3月18日，中共中央在北京人民大会堂召开全国科学大会。会上，中共中央副主席、国务院副总理邓小平发表重要讲话。邓小平指出，四个现代化的关键是科学技术的现代化，并提出"科学技术是生产力"的著名论断。这次大会是中国共产党在粉碎"四人帮"之后，国家百废待兴的形势下召开的一次重要会议，也是中国科技发展史上一次具有里程碑意义的盛会。澄清了长期束缚科学技术发展的重大理论是非问题，打破了"文化大革命"以来长期禁锢知识分子思想的桎梏,迎来了科学的春天。

春天已经来了,就要抓紧播种耕耘,秋天才会有收获。此时的徐如人给自己立下了一个信条:少说多做,埋头苦干,重新创业,只争朝夕。

恢复工作以后,徐如人在研究生培养与国际学术交流方面虽然取得了一些成绩,但由于条件的束缚,科研工作还没有实质性的进展,许多研究还停留在纸上谈兵的状态。他当时还没有承担正式的科研项目,也没有科研经费的来源,这是束缚他开展科研工作的一个现实问题。为突破这一屏障,徐如人经过反复调研了解,他认为既然分子筛的研究在石油化工方面运用广泛,那么,何不在这方面做些文章,寻求一些应用项目呢?为此,他曾几次与北京石化研究院联系,尝试做些彼此都感兴趣的工作。

经过一段时间的了解,他发现根据他们当时的研究能力与专业基础,对炼油中裂解催化剂的主要组分 ReY 分子筛的制备研究有帮助。当时在 ReY 分子筛的制备路线上主要是通过在比较温和的条件下用 Re^{3+} 将 NaY 分子筛中的 Na^+ 通过下列反应交换出去,变成 ReY 分子筛,反应如下:

$$Re^{3+}+NaY \rightarrow Re^{3+}Y+Na^+$$

这一反应过程在制备工艺上是通过所谓的"二交二焙"路线,也就是说为了用 Re^{3+} 将 NaY 中的 Na^+ 交换得比较彻底,需用两个阶段的离子交换反应过程,即第一阶段 Re^{3+} 将 NaY 中大部分 Na^+ 交换到相当程度(因为催化剂中的 Na^+ 存在会影响炼油中的裂解催化效率并有副产品的生成),经过一次焙烧后,第二阶段再进行一次交换一次高温焙烧生成 ReY。但"二交二焙"工艺复杂、成本高,需要改进。发现这一问题,徐如人就与石油化工研究院的有关人员讨论,提议能否用一次比较彻底的离子交换方法直接制备出符合催化性能要求的 ReY 分子筛,他的提议得到了石油化工研究院同行的肯定。

得到肯定后,他说做就做,首先他详细研究了 NaY 型分子筛结构,特别是其中 Na^+ 在 Y 型分子筛结构中的位置后,开始大胆设计新的实验路径,考虑能否借水热反应一次将在 NaY 型分子筛中五个结构位置上的 Na^+(即

S_I，S_{II}，S_{III}，S_{IV}，S_V）通过一次交换全部交换出来。通过实验，他发现其主要困难是水合 $Re(H_2O)_n^{3+}$ 离子中的 H_2O 分子在温和条件下无法全部脱去，使体积过大的 $Re(H_2O)_n^{3+}$ 无法进入 NaY 结构中双六环的窗口，而进行 S_I 位置上的 Na^+ 离子交换。针对这一问题，徐如人提出了一条应用较高温度下的水热离子交换反应来进行一次交换以完成 ReY 制备的路线。他把这一想法与石化部门的有关研究人员探讨后，就开始与组内的几位同事以及有关研究生开始了这方面的实验研究，并且得到了石油化工研究院少量的经费资助。通过多次在大于 100℃ 的水热条件下进行离子交换等温线与 $La(H_2O)_n$ 水合焓规律的研究实验，他们发现在 180℃ 的水热条件下甚至可将交换度提高到 1 左右。这一系列的基础性研究实现了在较高温度下通过水热离子交换，一步就完成下列反应：

$$Re^{3+}_{(水合)} + NaY \rightarrow ReY + Na^+$$

这是一项技术上的创新，也是徐如人及其课题组初始承担科研项目的一个不小的突破。这项应用基础研究成果得到了石油化工研究院同行们的认可，且在教育部主办的《高等学校化学学报》（创刊号）上发表了这项研究成果。[1]

这项研究的成功进行，不仅为徐如人今后立足于国家的生产实际开展基础研究这一科研路线打下了良好开端，而且激发了他们的研究热情，正是在这一研究的基础上，徐如人及其课题小组在实验室开始了长期深入而广泛的水热化学方面的基础研究，并建树颇多，为以后吉林大学无机水热合成教育部重点开放实验室的建立及无机合成与制备化学国家重点实验室的建立奠定了基础。

研究工作需要趁热打铁，坚持不懈，顺藤摸瓜，这样就可能有更多更大的发现。在这项研究工作的基础上，徐如人结合 1973—1975 年在校办稀土工厂的工作经验，根据当时研究的是小型用离子交换法分离高纯单一

---

① 徐如人：La^{3+}-NaY 型沸石的水热交换反应。《高等学校化学学报》，1980 年第 1 期，第 1-9 页。

稀土的生产方法，设想如何系统开展对十多种单一稀土元素的离子交换反应的基础性研究，观察掌握稀土离子的水合焓、离子交换速率常数等随稀土离子的不同与温度的变化的细致规律。功夫不负有心人，经过反复实验探索，徐如人及其课题组得出了一些对指导此交换反应具

图 9-6　20 世纪 80 年代，徐如人在指导青年教师研究工作（左起：孟宪平、徐翔华、马淑杰、徐如人、吴玉瑶，吉林大学提供）

有指导性的规律，这些研究成果为他们以后进一步的研究工作奠定了基础，同时也为他们的研究工作走向国际前沿打开了新的通道。

　　由于科研工作的突出表现，1979 年年底，徐如人被学校破格评为教授，同时被评为教授的还有有机专业的黄化民，他们二人成了当时化学系为数不多的年轻教授。

走出校门　弄潮国际

　　1979 年秋，当时正在吉林大学访问的汉斯·莱歇特教授了解到徐如人的这项研究工作，他向徐如人建议可否将此项研究结果投稿到 1980 年 6 月在意大利举行的第五届国际分子筛大会（5th IZC）上。汉斯·莱歇特教授时任国际分子筛协会副主席，对徐如人的研究工作很感兴趣，且认为他的研究工作具备一定的国际水准。徐如人高兴地接受了汉斯·莱歇特教授的意见。为此，他做了精心的准备，认真将自己的研究所得撰写成文章投递了过去。这毕竟是第一次将自己的研究工作推向国际科研舞台上去展示，让世界科技同行了解中国科研工作者的研究水平，所以，他准备得尤其认真。

图 9-7 1980 年 5 月，徐如人出席在意大利那不勒斯召开的第五届国际分子筛大会上与美国著名的分子筛专家 D W Breck 教授合影（前排左起：须沁华、秦观林、D W Breck 教授、徐如人、J.D.Sherman，徐如人提供）

图 9-8 1983 年 7 月，徐如人率团出席在美国 Reno 召开的第六届国际分子筛大会（左起：李全芝、于勒、徐如人、闵恩泽等，徐如人提供）

不久，徐如人就接到了大会通知，他们撰写的题为 *The Mechanism of La³⁺-NaY Ion Exchange Reaction at Elevated Temperature* 的文章被大会正式接收，同时邀请他前来参加第五届国际分子筛大会。

接到通知后，徐如人兴奋不已，同时也感触颇多，毕竟，自己的研究成果为国际科技界所接受，虽然说科学是没有国界的，但是科研成果能被国际社会所接受，需要的是能力和水平。同时，徐如人也深深感受到，让中国科技能够走向世界，中国科研工作者需要做的工作任重而道远。为了开好这次国际会议，徐如人做了充分的准备工作，积极办理了各项申请手续。经教育部批准，1980 年 5 月，徐如人与南京大学的须沁华[①]一起出席了在意大利 Naples 召开的第五届国际分子筛大会。会上，徐如人宣读了题为 *The Mechanism of The*

---

① 须沁华，女，江苏无锡人。1951 年毕业于金陵女子文理学院化学系。历任南京大学副教授、教授、化学系副主任。1956 年加入中国共产党。专于物理化学，从事沸石分子筛及磷酸铝系列分子筛的研究。完成了 13X 型分子筛的研制。1965 年荣获全国新产品奖二等奖。

La³⁺-Nay Ion Exchange Reaction at Elevated Temperature 的论文。这是中国人第一次参加国际分子筛大会（IZC），并在大会上做的第一篇论文报告，此报告刊登在 *Proceedings of the Fifth International Conference on Zeolites*，*L. V. Rees（Ed.），Heyden*（1980）上。

据徐如人回忆，出席这次大会的中国人还有当时在英国进修的高滋（复旦大学教师）、秦观林（南京大学教师）等人，他们受到了外国朋友的热情关注与礼遇。

这次会议开启了徐如人及其课题组科研工作走向国际化的大门，对推动中国分子筛化学与水热化学的研究跻身国际前沿起到了开拓性的作用。自此以后，徐如人及其科研团队参加了历届（每隔三年一次）的国际分子筛大会，逐渐成为国际分子筛研究领域的一支生力军。2003年，在法国蒙彼利埃举行的第十三届国际分子筛大会上，在以徐如人为代表的中国科研工作者的不懈努力下，通过全体与会者的投票，为中国争取到了第十五届国际分子筛大会的举办权。2007年8月，第十五届国际分子筛大会在北京成功召开。来自全球56个国家的1000余

图 9-9 2007 年 8 月，第十五届国际分子筛大会现场（吉林大学提供）

图 9-10 2007 年 8 月，第十五届国际分子筛大会在北京召开（徐如人任主席，闵恩泽院士、何鸣元院士共同担任大会主席，裘式纶为秘书长，徐如人在大会上致辞。徐如人提供）

位科学工作者出席了大会。在本次大会上，中国有超过 100 个研究集体的 286 篇论文在会上作了报告，彰显了中国分子筛科技研究的快速进步，并在徐如人为代表的中国科技工作者的积极努力下进一步将中国的分子筛研究全面推向了国际。

第五届国际分子筛大会后，徐如人应汉斯·莱歇特教授的邀请，由德国学术研究中心（DAAD）出资到德国汉堡大学物理化学研究所做了近半年的访问学者。

图 9-11　汉斯·莱歇特教授（右一）举行宴会接待徐如人（左一）（徐如人提供）

图 9-12　徐如人在德国汉堡大学与 W.Basler 博士做实验（徐如人提供）

德国汉堡大学是汉堡联邦州的第一所重点大学，堪称德国大学中规模最大的一所综合大学。该校始建于 1919 年，德国高等学府中较具有规模的德国标准教育体制高等院校之一。汉堡大学历史久远，人才辈出，有 6 位诺贝尔奖得主，著名数学家、美籍华裔陈省身[①]教授 1936 年在该校获得博士学位。

在汉堡大学访问期间，徐如人切身感受到了东西方经济、科技、教育等方面发展的差距，深深地激起了他的民族危机感与使命感。他充分利用在德国的每一天时间，如饥似渴地了解与学习国外的先进科学技术及教书育人理念，努力

① 陈省身（1911-2004），浙江嘉兴人，美籍华裔数学大师。1926 年进入南开大学数学系学习。1934 年毕业于清华大学获硕士学位，随后赴汉堡大学数学系留学，并于 1936 年获博士学位。1949 年起在美国芝加哥大学、加州大学伯克利分校等校任教。1963—1964 年担任美国数学会副主席。1995 年当选为首批中国科学院外籍院士。

寻求将来可以提升中国科技、教育的先进经验和做法。他每天都钻在汉斯·莱歇特教授的实验室里，利用国内不具备的先进的实验设备条件，抓紧开展研究工作。在实验室里，在 W. Basler 博士的热情帮助与指导下，他利用实验室特有的固体脉冲 Na^{23}–NMR 技术研究了在导向剂（Directing Agent）存在下 NaY 型分子筛的晶化机理，并取得了重要进展。这不仅解决了当时存在的一个科学问题，他还与 W. Basler 博士和汉斯·莱歇特教授一起发表了论文。更重要的是，他回国后率先在国内应用固体 NMR 技术继续进行了分子筛生成机理的系统研究，并取得了一系列研究成果。

在汉堡大学访问的间歇，徐如人还抽空访问了德国慕尼黑科技大学、不来梅大学和基尔大学，通过设身处地的交流与感受，进一步增加了对德国高校化学领域的教学与研究工作的了解，这对他回国后开展科研与教学工作提供了有力的借鉴和指导作用。

"业精于勤，荒于嬉；行成于思，毁于随。"这句出自韩愈《进学解》中的名句，意在告诫人们，学业由于勤奋而专精，德行由于独立思考而有所成就，沉迷于享乐就要荒废，因循随俗就要失败。这句话体现在徐如人身上是比较贴切的。为了专业的"精"，徐如人埋头苦干，任劳任怨。从1952 年只身从上海赴东北长春支教，亲自参与创建了东北人民大学化学系，担当起一名普通老师的责任，到"文化大革命"期间受迫害，下放到偏僻农村劳动改造，他从未动摇过教书育人的信念；从 1972 年返城，被分配到校办工厂做工人，仍然不辍专业研究工作，到重新站在教师岗位，把自己的科研与人才培养工作做到直接与国际接轨，创造出不菲的成就。这足以说明，徐如人骨子里的这种韧性与坚持是他非常可贵的品质，也是非常值得年轻人学习的。至于沉迷于享乐和因循随俗在徐如人身上是见不到踪影的，这正是老一辈科学家给我们立下的德行标杆。

正是由于这种坚持和信念，使徐如人在平反后的重新创业阶段，能够全身心地投入他所钟爱的教学科研工作中，在条件极其简陋且无经验可循的情况下，克服重重困难，通过不懈的努力，在研究生培养、科学研究及参与国际学术交流等方面均取得了显著的成就，为今后几十年的工作打下了坚实的基础。

第十章
奋斗与耕耘——改革开放后在吉大工作的 40 年

培育专业方向　开创无机合成

徐如人在回忆录中写道：

"文化大革命"后，中国开始了改革开放，1977 年大学重新正规招生，1978 年我开始招收了研究生。在四年（1977—1981 年）的重新恢复阶段，以第一批研究生的培养为中心，及早抓住国际学术上的合作交流这个关键环节，使得我们在研究生和 1977、1978 届大学生的教学工作、立足于国家需要的基础性科学研究，以及当时中青年教师的提高培养工作等方面均有了一个良好的开端。特别在思想上经过一段时间的恢复，基本上放下了"文化大革命"产生的影响，恢复了信心，且开始积极的投入工作中去。从 1982 年开始，当时已年过半百的我又开始了积极的奋斗与耕耘。[①]

---

① 徐如人回忆录，2016 年，未刊稿。内部资料。

老牛自知夕阳晚，不待扬鞭自奋蹄。

对于年过半百的徐如人来说，人生年富力强的时期已经过去。在一般单位，当一个人年逾50岁的时候就要考虑退休了，而徐如人却把它当作干事业的新起点，可谓老骥伏枥，志在千里。正是由于他骨子里有这种拼劲，有这种干事立业的坚持，促使他久砺弥坚，成就了一番不平凡的事业。

从20世纪80年代开始，中国改革开放的步伐不断加快，经济、文化、科技、教育等开始逐步向国际接轨，科学技术是第一生产力的论断成为人们的普遍共识。随着高考制度的正式恢复，中国的高等教育得到了不断加强和提高，"文化大革命"中受到耽搁的一大批年轻人开始踊跃报考大学。由于适龄人数多，大学的招生规模有限，80年代的高考录取人数可谓是千军万马过独木桥，能跨进大学校园的都是佼佼者，大学生成了真正的天之骄子，大学，是精英荟萃的地方。

中国高等教育如火如荼地发展起来，使徐如人看到了教育的希望，看到了科技与人才将是推动中国社会向前发展的巨大动力。但是与西方发达国家的大学相比，我们的高等教育水平与之差距甚遥，我们的原创性科研成果可谓凤毛麟角，我们的教学科研条件还很简陋，我们的拔尖科技人才严重短缺。每每想到这些，徐如人的内心就难以平静。作为一名教师，一名科技工作者，他越发感到肩上担子的沉重。到了开始大干一场的时候了，必须利用自己的有生之年，作出一番青史留痕的成就来。

徐如人的事业，就是在他的天命之年开始逐步走向了辉煌。从20世纪70年代末开始到现在，近40年时间里，徐如人用心血在吉林大学化学学科的发展史册上书写了浓墨重彩的一笔，尤其是对无机合成化学学科的发展起到了奠基、推动和领军的作用。

40年的艰苦奋斗，成就了一个学科的辉煌，40年的沧桑岁月也让徐如人从天命之年变成了耄耋老人。40年与时间赛跑的过程中，徐如人可谓是老当益壮，伏枥仍奋蹄，只争朝夕。他这几十年不仅作为无机化学学科专业方向的培育者和无机合成化学的奠基人功不可没，还在实验室建设、人才的培养与引进以及科研主攻方向的确立等方面也取得了骄人的成就。

随着改革开放与国际学术交流的不断深入，徐如人越来越感到合成化学在创造新物质，开拓新材料，以及为研究与揭示结构—性能（功能）—合成间的关系和规律与原理提供了最重要的基础，是促进化学学科发展与推动新学科及新学科生长点的发展从而推动社会与经济发展的主要动力。尤其对当时中国的无机化学界来说，无机合成与制备化学更处于相当落后的状态，这个问题对中国无机化学的发展是一个必须跨越的瓶颈。

2001 年诺贝尔化学奖得主 R. Noyori 在 2009 年撰写了一篇题为 *Synthesizing our future*[①] 的著名文章中曾提出 "Synthesis has a central role in chemistry..."，即合成化学是化学的核心，无机合成是无机化学的核心。

由此可见，作为一名科研工作者，徐如人具有敏锐的学术思想和洞察力及前瞻的科学视野，他对无机化学研究领域今后的发展及未来走向有着准确的分析和预测能力，他紧紧抓住了无机合成化学对整个无机化学领域未来发展将产生重要影响这一课题，努力寻求如何跨越这一发展瓶颈的研究之路。

然而，说起来容易，做起来难。改革开放之初，在中国的大学里，不要说谁在研究无机合成化学，好多人甚至连听说都没有听过。对大多数中国的科研工作者来说，这是一个全新的概念。在中国开展无机合成化学研究工作，徐如人是第一个敢于吃螃蟹的人。

不过，开展这方面的研究，徐如人并不是闭门造车，有几段经历催发了他对该专业研究思想的萌芽。一是下放期间，在三年艰苦的农村生活中，他发现当地蕴藏有丰富的石英砂资源。经他策划并与其他两位研究化工的"五七"战友商议后，在当地公社及工人师傅的帮助下创建了一套土法水热制取水玻璃的小型生产装置，用自己焊制的夹套180升水热反应釜，采用水热法制取水玻璃，并取得了成功。就是这项工作，开启了徐如人后来的水热合成研究之路。二是从农村返校以后，在校办稀土工厂三年多的劳动期间，他通过帮助德惠县化工厂利用长白山丰产的江浮石合成 A 型

---

① Synthesizing our future, R. Noyori, Nature Chem., 2009, 1: 5–6.

与 X 型分子筛的生产时，查阅和了解了有关分子筛的制备资料。三是以分子筛合成为课题，指导研究生学业论文，并由此建立了与德国汉堡大学汉斯·莱歇特教授的合作关系，使他了解和掌握了关于分子筛合成化学的一些国际前沿方面的知识，开阔了科研视野。四是为了支撑我国早期炼油催化材料的开发，曾在"一交一焙"制备路线的开发与长效高温 NaY 导向剂的开拓上与石化系统有关部门（如北京石油化工研究院）做过一段合作。这些经历为他在今后合成制备化学方面的创新研究提供了条件，开创了道路。

基于以上这些研究工作方面的尝试，徐如人进行了系统地总结。经过一番深思熟虑后，开创无机合成化学的专业设想在他的脑海里日臻成熟起来。

1981 年，徐如人在吉林大学首次创建开设了"无机合成化学"课程，把无机合成化学的全新概念引入课堂，让更多的学子们开始熟悉和了解这门新的知识领域。"无机合成化学"课程的开设在中国化学学科领域尚属首次，徐如人开启了中国无机合成化学教学、科研及人才培养的先河。这门课程的开设，为吉林大学无机化学学科增添了鲜明的学科特色和别具一格的科研方向，培育了一批以合成化学为主攻方向的无机化学专业人才。

徐如人的专业设想，开创了无机化学的一个新的门派，在中国科学界影响强烈，他的努力很快便得到了见证和认可。1984 年，经国务院学位委员会批准，在吉林大学成立无机化学博士点，徐如人被聘为博士生导师。当年，吉林大学化学学科中同批被评为博士点的学科还有高分子化学学科，唐敖庆、沈

图 10-1　20 世纪 80 年代，徐如人在指导研究生做实验

（吉林大学提供）

家骢、汤心颐三人被聘为博士生导师。20世纪80年代，博士生导师在大学里可谓凤毛麟角，是学术顶尖人物的代名词。对于博士生导师的评聘，当时大学是没有自主权利的，都是由国务院学位委员会统一评聘，大家习惯叫"国评博士导师"。

博士生导师是一个职称，在一些人看来也是一项荣誉。但徐如人从不在乎个人的名利，如果在乎的话，那就是名利只能激励他不断前行，争取更大的超越，以做到名副其实。

徐如人前瞻的科学思想，踏实的进取精神，忘我的工作态度，使他的学术水平不断提高，威信不断加强，影响不断扩大。1985年7月，他被推选为化学系主任。同年9月，基于合成化学的发展需要，学校决定成立合成与催化研究所，任命徐如人为所长。他的能力得以进一步施展，在他的带领下，化学学科的整体实力得到进一步加强。10月，经全国博士后科研流动站管理协调委员会第二次会议批准，在吉林大学建立化学、物理学、计算机科学与技术三个博士后流动站。其中化学流动站所含专业有物理化学、无机化学、高分子化学与物理三个专业。此后的几年里，经过不断的努力，捷报再次传来：1987年，经严格评审后，教育部确定在吉林大学成立以无机合成化学为主要学术方向的无机化学国家重点学科，同时被评为首批国家重点学科的还有物理化学学科，这两个学科也是全国首批建设的国家重点学科，这是吉林大学学科建设中的一项重要成就。

图10-2　徐如人、庞文琴与关实之（中）教授合影（徐如人提供）

需要说明的是，吉林大学化学系创建之初，从师资力量到教学科研条件等方面，无机化学学科是相对薄弱的一个学科。学科的主要缔造者关实之教授是著名的物理化学家。1956年他曾任化学系主任，对无机化学学科的发展起到了重要的领导和奠基作用。"文化大革命"以后，关实之教授基本不再承担教学科研任务，无机化学学科的发展重任便落到了徐如人、庞文琴等人的肩上。

说到这里，我们有必要再介绍一下庞文琴教授的情况。

1972年，徐如人全家返城后，由于他还未被平反，不能参加正常的教学科研工作，被派到校办稀土工厂当工人。庞文琴则重返教师岗位，开始了正常的教学科研工作。庞文琴是一位上进心极强的女性，工作中可谓巾帼不让须眉。"文化大革命"期间，因为丈夫的"特嫌"罪名，使她受到牵连，倍受打击。但她对徐如人不离不弃，患难与共，随同他一起下放。待徐如人恢复教师身份后，夫妻俩在工作上的合作与互助更加紧密。庞文琴当时是系里为数不多的女教师骨干，在工作上细致认真，积极进取，成绩出类拔萃。1978年晋升为副教授，1984—1985年赴日本大阪大学做访问学者，1985年晋升为教授，1986年被聘为博士生导师。她和徐如人在事业上可谓齐头并进，相得益彰。

在徐如人、庞文琴等人的共同努力下，"文化大革命"后短短的十年时间里，无机化学学科由原来一个比较薄弱的学科跻身到优势学科的行列，不仅建立了博士点，而且成为首批国家重点学科。

这些成就的取得离不开徐如人、庞文琴及其研究团队长期以来辛勤开拓和进取的结果。面对所取得的成就，徐如人从未自鸣得意，前进的脚步丝毫没有停歇。他深知，学无止境，探索科学之路是没有终点的。他常常在思考，一个学科的长远发展，必须要有与之相匹配的教学、科研理论来指导，要放眼长远，寻求学科的可持续发展之路。

此后，徐如人和同事们精心研究制定了无机化学重点学科的人才培养目标、研究方向及课程的设置等。尤其在"无机合成化学"

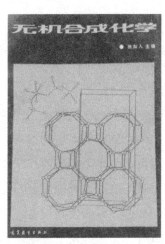

图10-3 徐如人主编的《无机合成化学》（徐如人提供）

的教学与理论形成方面取得了重要进步。他从 1981 年起首次创建开设"无机合成化学"课程开始，到 1991 年出版了由他主编的《无机合成化学》（高等教育出版社）专著，用了整整十年的时间。这是国内第一本《无机合成化学》专著，该书的出版标志着他的无机合成化学理论走向成熟。此后，又经过近十年的实践，徐如人和庞文琴于 2001 年重新主编修订了此书，将"无机固体与材料的制备化学"作为重要内容补充进了该书，并冠以新名《无机合成与制备化学》（高等教育出版社）。2004 年台湾五南图书出版公司将该书以繁体字在台湾地区印刷出版（2015 年再版）。2009 年该书经大幅更新后出版了第二版（上、下两册），补充了"无机物与材料的组装化学"内容。据出版社统计，该书至今已印刷 11 次（第一版 6 次，第二版 5 次）。这些著作的出版为中国无机合成与制备化学学科的建设和提高起到了重要的推广和奠基作用。2011 年国际著名出版社 Elsevier 出版了由徐如人等撰写的 *Modern Inorganic Synthetic Chemistry*，将中国无机合成化学的教学与研究推向了国际。2016 年，徐如人又应 Elsevier 出版社力邀出版了该书的第二版，在新版的《绪论》中首次在国际上提出了"现代无机合成化学学科"的科学体系。这些都体现了徐如人在无机合成化学方面杰出的理论成就。

改善实验条件　建国重实验室

在重点学科建设的同时，徐如人发现，研究工作不能单纯停留在理论上的总结和课本上的编写与讲授上，面对一个日益国际化的科研环境，如果没有一个适应当前科学研究发展需要的现代化的研究条件支撑，科研人员就不能够很好地施展自己的才华，也不能研究出高水平的科研成果。因此，购置科研仪器设备、建立一个高水平的研究基地是当务之急。想到了就要干，实践是最好的老师。在徐如人和庞文琴的带领下，他们的团队又开始投入到科研支撑条件的建设工作中。

工欲善其事，必先利其器。

他们的这一想法来自于研究工作所受到的制约。20 世纪 80 年代初，徐如人及其研究小组以发展极端条件下的合成方法为导向，从水热与溶剂热条件下的无机合成研究开始，积极开展科技攻关。在科研实践中，徐如人发现，传统的实验方法无法实现对实验结果的表征和测定，必须借助专业的仪器设备，否则，下一步的实验就无法开展。但当时，一无设备，二无经费，怎么办？为解决这一问题，他们就积极向上级科技主管部门申请，在1984 年终于争取到了吉林省科委的支持，购买了实验室第一台粉末 XRD 衍射仪。1985 年，他们因地制宜，与高分子教研室交换，又引进了实验室第一台 IR 光谱仪，在科研设备的辅助下，他们的研究工作不断走向深入。

随着科研工作的不断进展，他们所遇到的科研问题也越来越多，挑战性越来越强。为解决重大科研问题，徐如人把目光瞄向了更高的标准，想把研究工作做强做大，就要得到国家的支持，到国家层面去立项。在他的努力争取下，国家科学技术委员会为实验室提供了 15 万美元的经费支持。他们用这笔钱购买了三件比较正规且先进的水热合成装置，这在当时国内是很少见的。

设备有了，但实验室空间却严重不足，原有的实验室已经满足不了现代大型仪器设备的运行要求，改善实验室条件，扩充实验室面积

图 10-4　实验室第一台 X 光衍射仪
（吉林大学提供）

图 10-5　教育部水热合成开放研究实验室
（吉林大学提供）

成了燃眉之急。于是，他们又积极向学校和系里领导申请，希望提供实验空间。经校系领导批准，在实验室极其紧张的条件下同意将他们所在的理化实验楼北侧的两间收发室暂时借给他们用来安装放置三件仪器，面积虽然显得局促一些，但总算有了可以施展的空间。就是在这样简陋的条件下，通过徐如人小组的艰苦努力，终于建成了国内第一个高温高压水热合成与测试实验室，并于 1991 年向国内外开放。该实验室的建立开创了国内第一个水热化学的研究基地，有力地推动了水热合成化学在国内的全面快速推广。

徐如人在他的天命之年，事业做得风生水起。他在十几年内，在无机化学领域不仅开辟了一个全新的学科，还拿到了好几个第一：第一批国家重点学科，第一个水热合成化学实验室，第一本《无机合成化学》专著等，并多次获得国家级奖项，可谓成果丰硕。

鉴于徐如人所取得的成就，1991 年，徐如人当选为中国科学院学部委员，同批当选的还有化学系的孙家钟、江元生和沈家骢。这一结果震惊学界，一个单位同时评上四名院士在中国可谓空前，它标志着新兴的吉林大学化学学科开始崛起并走向强盛，其教学科研水平及学术地位和影响令学界同行刮目相看。吉林大学化学开始成为全国高校化学学科的排头兵，其发展优势明显，活力旺盛，人才辈出，成果卓著。从那时起所形成的吉林大学化学现象迄今经久不衰，这是一个非常值得学界总结的课题。

归结徐如人的成功，首先是源于他骨子里的那种韧性与坚持，他是一个做事不达目的决不罢休的人，即使遇到再大的困难，也从不退缩。这也许就是他在成长过程中所经受的艰辛与磨砺所养成的一种可贵的品质吧。但绝不是所有肯于付出辛苦的人都能取得成功，成功的另一

图 10-6　1991 年 1 月，孙家钟、江元生、徐如人、沈家骢当选为中国科学院学部委员（吉林大学档案馆提供）

个重要因素是要有创新思想，体现在徐如人身上就是"不落恒蹊"，那就是不走人们常走的路，善于独辟蹊径。一个循规蹈矩的人，总是跟在别人身后，按照既定俗成的路线走下去，是很难有创新的。吉林大学化学系是在一穷二白的基础上建立起来的，作为创建者之一，徐如人做了许多别人没有做过的事情。当时没有成型的经验可以直接借鉴，即使是苏联模式也需要学习和掌握并与中国的实际情况相结合，几乎所有工作都需要创造性地开展，这就锻炼了徐如人的创新能力。再有就是悟性加机遇，做科学研究是要有悟性的，善于观察和发现问题，然后再去想方设法解决和求证问题的所以然。悟性高的人容易在纷繁复杂的自然现象中发现问题，并找到研究和解决它的规律和方法，悟性低的人对问题可能会视而不见。每个人在成长过程中可能都会遇到多次发展机会，但你要有及时抓住机会的能力，一次抓不住，两次抓不住，机遇就会离你远去。

徐如人的身上凝聚了这些成功的因素，加之他长期不懈的坚持与奋斗，他也就理所当然地成为一名成功者了。

水热合成实验室的成功运行，进一步扩大了学科在国内的影响力，有效拉动了无机化学学科整体科研水平的提升，为学科下一步的发展奠定了坚实的基础，提供了有力的条件支撑。

为进一步加强实验室的建设，使之不断满足现代科学研究的要求，徐如人、庞文琴和冯守华（徐如人首个博士生，1992年从美国归国回学校任教）等人又开始了艰苦卓绝的努力。为支持他们的工作，系里又为他们腾出了一些实验室面积，但实验室的重新设计和装修及经费来源都需要他们自己来解决。当时的实验室设在理化实验楼内，该楼建于20世纪50年代，几十年的风雨过后，已年久失修，设施陈旧，好多条件已达不到现代科研的使用要求。徐如人和同事们一起多渠道申请经费，装修改造实验室并购买安装大型合成设备，几乎每天都工作到深夜才离开实验室。他们就这样忘我地工作了一年多的时间，克服了许多难以想象的困难，终于使实验室建设有了较大的改观。

据冯守华介绍：

  一年多的时间里，我和徐老师等人顶严寒、冒酷暑地开展实验室的建设工作。那时，由于经费少，为省钱，好多体力活都要由我们亲自动手完成。新建实验室冬季没通暖气，寒冷难耐，我们就买来军用皮鞋和棉大衣，每天都要工作到深夜才离开实验室，有时甚至吃住在实验室。就这样摸爬滚打地工作了近一年的时间，克服了许多难以想象的困难，终于使实验室建设初具规模。由于饮食和休息的不规律，我得了胃出血住进医院，1993年整个春节都是在医院中度过的。①

图10-7 1993年5月，"无机水热合成教育部重点开放实验室"在吉林大学成立，学术委员会成员合影［第一排左起：苏锵、郭景坤、苏勉曾、陈家镛（主任）、倪嘉缵（副主任）、丁肇中；第二排左四为徐如人。徐如人提供］

图10-8 吉林大学"无机水热合成教育部重点开放实验室"首届学术委员会会议现场（徐如人提供）

  经过了艰苦的建设期，实验室硬件条件有了较大的改观，1993年，该实验室晋升为"无机水热合成教育部重点开放实验室"，徐如人任实验室主任，冯守华任实验室副主任。他们的辛勤工作为实验室后来晋升为国家重点实验室奠定了坚实的基础。

  在徐如人等人的努力下，无机合成化学的教学科研工作在国内如火如荼地开展起来，吸引了许多兄弟院校的同行前来

---

  ① 宁德宽：冯守华传记。《20世纪中国知名科学家学术成就概览》化学卷。北京：科学出版社，2012年，第522-530页。

学习参观或者进修。作为一个新兴的学科，无机合成化学的发展体现出了强劲的生命力和远大的发展前景。

1994 年，徐如人联合中国科学院倪嘉缵、陆熙炎、戴立信三位院士与有机所吴毓林研究员向科技部和教育部递交了“现代合成化学的前沿研究”——国家“九五”重大基础项目建议书，详细阐明了现代合成化学前沿研究的重要意义，国外合成化学的发展动向，我国合成化学的现状及差距，合成化学若干前沿课题等。他们在建议书中阐述到：

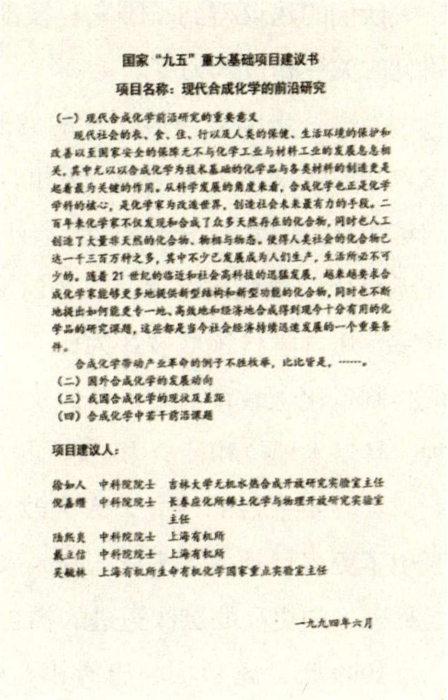

国家“九五”重大基础项目建议书

项目名称：现代合成化学的前沿研究

（一）现代合成化学前沿研究的重要意义

现代社会的衣、食、住、行以及人类的保健、生活环境的保护和改善以至国家安全的保障无不与化学工业与材料工业的发展息息相关，其中尤以以合成化学为技术基础的化学品与各类材料的制造更是起着最为关键的作用。从科学发展的角度来看，合成化学也正是化学学科的核心，是化学家为改造世界，创造社会未来最有力的手段。二百年来化学家不仅发现和合成了众多天然存在的化合物，同时也人工创造了大量非天然的化合物、物相与物态。使得人类社会的化合物已达一千三百万种之多，其中不少已发展成为人们生产，生活所必不可少的。随着 21 世纪的临近和社会高科技的迅猛发展，越来越要求合成化学家能够更多地提供新型结构和新型功能的化合物，同时也不断地提出如何能更专一地、高效地和经济地合成得到现今十分有用的化学品的研究课题，这些都是当今社会经济持续迅速发展的一个重要条件。

合成化学带动产业革命的例子不胜枚举，比比皆是，……。

（二）国外合成化学的发展动向

（三）我国合成化学的现状及差距

（四）合成化学中若干前沿课题

项目建议人：

徐如人　中科院院士　吉林大学无机水热合成开放研究实验室主任
倪嘉缵　中科院院士　长春应化所稀土化学与物理开放研究实验室主任
陆熙炎　中科院院士　上海有机所
戴立信　中科院院士　上海有机所
吴毓林　上海有机所生命有机化学国家重点实验室主任

一九九四年六月

图 10-9 “现代合成化学的前沿研究”——国家“九五”重大基础项目建议书（徐如人提供）

现代社会的衣、食、住、行及人类的保健、生活环境的保护和改善以至国家安全的保障无不与化学工业与材料工业的发展息息相关，其中尤以以合成化学为技术基础的化学品与各类材料的制造更是起着最为关键的作用。从科学发展的角度来看，合成化学也正是化学的核心，是化学家为改造世界，创造未来最有力的手段。二百年来化学家不仅发现和合成了众多天然存在的化合物，同时也人工创造了大量的非天然化合物、物相与物态。使得人类社会的化合物已达一千三百万种之多，其中不少已发展成为人们生产生活所必不可少的。随着 21 世纪的临近和社会高科技的迅猛发展，越来越要求合成化学能够更多地提供新型结构和新型功能的化合物，同时也不断地提出如何能更专一地、高效地和经济地合成得到现今十分有用的化学品的研究课题，这些都是当今社会经济持续迅速发展的一个重要条件。①

① 徐如人，倪嘉缵，陆熙炎，戴立信等：现代合成化学的前沿研究。1994 年 6 月，未刊稿。资料存于采集工程数据库。

他们的建议得到了国家科技部门的高度重视，继而加大了对合成化学研究的关注和投入力度。

为进一步顺应合成化学的发展方向，1999 年，"无机水热合成教育部重点开放实验室"改名为"无机合成与制备化学教育部重点开放实验室"。同年 7 月，在第二届全国实验室评估中，该实验室被评为全国优秀实验室，在无机化学领域排名第一。当时参评的共有 29 个国家重点和部门开放实验室，化学学科领域被评为优秀的仅有 5 家。这些成就的取得使"无机合成与制备化学教育部重点开放实验室"的发展得到了越来越多的关注和重视，其学术地位和社会影响在国内也开始声名鹊起，人气攀升。

实验室平台的建立，大大改善了实验条件，提升了科研能力和水平，吸引了更多优秀人才来此工作，实验室规模日益壮大，教学和科研成就日益显著，向更高的层次迈进的构想日趋成熟。

1999 年，唐敖庆、唐有祺、严东生、徐光宪、张存浩、徐僖、蒋民华、郭景坤八位院士联名向科技部、教育部和国家基金委上书：关于组建无机合成与制备化学国家重点实验室的建议。①

图 10-10 八位院士建议书（徐如人提供）

2001 年 5 月 30 日，经过专家组严格评审，科技部正式批准在吉林大学成立"无机合成与制备化学国家重点实验室"。在徐如人的推荐下，冯守华任实验室主任，聘请倪嘉缵院士任学术委员会主任，他本人任学术委员会副主任。

从 1991 年年初建高温高压水热合成与测试实验室开始，到 2001 年，徐如人及其科研团队用了十年的时间，把一个名不见经传的化学实验室建设成为国家重点实验室。这是一项很了不起的成就，在这里，他们洒下了艰苦创业的汗水，彰显了他们在科研的道路上不畏艰难、努力求索、远见卓识、甘于奉献的品质。

---

① 唐敖庆，唐有祺等：关于组建无机合成与制备化学国家重点实验室的建议，1999 年，未刊稿。资料存于采集工程数据库。

为实现科学目标，能够苦心积虑，十年磨剑；为探索未知领域，能够不懈探索，敢为人先。这就是徐如人这一代科研工作者所具有的创业精神。

图 10-11　2001 年 5 月，无机合成与制备化学国家重点实验室揭牌（吉林大学提供）

2000 年 6 月，是吉林大学发展史上一个不平凡的时期，在教育部的领导下，由吉林大学、吉林工业大学、白求恩医科大学、长春科技大学、长春邮电学院五所高校合并组建成新的吉林大学。2001 年 5 月，合并后的吉林大学进行院系整合，由原来五校的化学及相关学科组成了新的化学学科，化学系更名为化学学院。

合校以后，化学学科规模空前壮大。为适应学科和实验室未来发展要求，徐如人、沈家骢和冯守华等人开始筹划、设计建设新的实验大楼方案。经过与学校的多轮申请和论证，他们的方案得到批准。2004 年，建筑面积 2 万多平方米的无机合成与超分子实验大楼在吉林大学新校区正式落成，大楼为无机合成与制备化学国家重点实验室和超分子结构与材料教育部重点实验室共同使用，成为当时国内设计新颖、设施先进、功能齐全的现代化实验楼宇。该实验楼的落成，实现了无机合成与制备化学国家重点实验室硬件条件的全面更新升级，标志着实验室的发展进入了一个新的阶段，同时也为超分子结构与材料教育部重点实

图 10-12　2004 年落成的无机合成与制备化学国家重点实验室大楼（吉林大学化学学院提供）

验室三年后晋升为国家重点实验室创造了条件。

2007 年 5 月 20 日，科技日报的记者对无机合成与制备化学国家重点实验室进行了一次专访，并在 5 月 30 日的科技日报"发现·探索"栏目进行了整版报道。记者张兆军在报道中写道：

> 在吉林大学南校区东北角，坐落着新建成不久的"无机超分子楼"。这栋六层高的建筑靠近西侧的一半，即是无机合成与制备化学国家重点实验室，使用面积近一万平方米。
>
> 当走进无机合成与制备化学国家重点实验室，宽敞明亮的大厅和上下通透的阳光天井，更有科学合理的布局，浓厚高雅的文化氛围；大厅内陈列着一块块介绍实验室的展板及近期发表的论文；走廊的墙壁上张贴着实验室的规章制度；雅致的文化茶座，周围悬挂着历届诺贝尔化学奖获得者的生平事迹……这些，足以让人感受到实验室的管理规范、和谐有序。
>
> 这是一个在国内外享有盛誉的实验室，其前身是"无机水热合成教育部重点开放实验室"，在老一辈化学家徐如人院士和庞文琴教授的辛勤工作下，实验室从无到有，从弱到强。1996 年实验室更名为"无机合成与制备化学教育部开放实验室"，1999 年在科技部组织的全国化学化工类重点与开放实验室评估中，实验室被评为优秀，参加评估的有 29 家相关单位，仅 5 家单位获得优秀。2001 年，国家科技部批准在原教育部重点实验室的基础上组建国家重点实验室……

在这篇报道中，记者就实验室的环境、研究方向、实验室研究队伍、所取得的成果、在国内外的地位影响等方面进行了比较全面的报道。有力地宣传了该实验室，字里行间中也彰显了徐如人作为实验室的创建者所作出的卓越贡献。[①]

---

① 张兆军：在无机世界里深入浅出。《科技日报》，2007 年 5 月 30 日，第八版。

培养优秀团队　引进高端人才

　　2004 年 9 月，吉林大学特聘教授，2000 年诺贝尔化学奖得主艾伦·G·麦克德尔米德[①]教授来吉林大学做学术报告时曾发表过 "Science is person——科学是人" 的论断，一语道破了在现代的科学研究工作中人的主体地位。毋庸置疑，人才队伍建设是科学研究的第一资本，事实证明，任何一个教学科研单位，如果没有学术领军人，没有一支精湛的教师队伍，就不可能取得一流的成绩。

　　作为一名成熟的科学家，徐如人深谙其中道理。长期以来，他精心致力于人才培养工作，滋兰树蕙，甘当人梯，为此倾注了大量的心血。他的人才培养思想始于 1952 年成为一名教师时，到走上讲台，为学生传授专业知识时建立雏形；到 1978 年他被评为副教授，并开始招收首届研究生时得到提高；再到 1984 年，他被评为博士生导师时趋于成熟。他的人才培养思想受顾翼东、关实之、唐敖庆等人的影响较大。因此，他的育人风格中有顾翼东教授的严谨，关实之教授的多能，唐敖庆教授的魄力。

　　但是，不能忽视的一点是，徐如人在人才培养方面的成就，离不开他的勤奋探索与开拓精神。拿 1978 年他被评为副教授、开始招收首届研究生来说，那时，对于研究生的培养工作，他没有任何经验可言，全凭自己在学习中努力摸索。为做好这项工作，他从 1977 年开始，用了近一年的时间全力了解研究生培养方面的工作。为了研究生论文的选题，他几乎查阅了化学系资料室里所有的国内外期刊，最后，借到了一本在伦敦召开的第一届国际分子筛会议的论文集[②]，这让他如获至宝。由于之前对分子筛研究

---

　　① 艾伦·G. 麦克德尔米德（1927-2007），出生于新西兰，1950 年从新西兰大学毕业并获硕士学位，分别于 1953 年在威斯康星大学和 1955 年在剑桥大学获博士学位。1955 年就职于宾夕法尼亚大学，曾任宾夕法尼亚大学化学系的头衔教授。长期致力于导电聚合物的研究。2000 年获得诺贝尔化学奖，2002 年当选为美国科学院院士。1999 年被聘为吉林大学名誉教授，2004 年被聘为吉林大学教授。

　　② 《Molecular Sieves》，Soc. Chem. Indust.，London，1968.

有一些接触和了解，他就想以分子筛为题来指导研究生工作。由于这本论文集是英文版的，当时英语基础比较差的他硬是以蚂蚁啃骨头的精神抱着英文词典将所有文章全部翻译了出来。天道酬勤，徐如人的努力得到了回报，他通过翻译资料，了解到了很多国际上关于分子筛研究的进展情况，并由此建立了与德国汉堡大学汉斯·莱歇特教授的合作关系，促使他在科学研究及人才培养方面率先进入国际化的行列，奠定了较高的起点，也为他以后在科教领域成就一番辉煌的事业创造了条件。

1991年，徐如人当选为中国科学院院士，这使他在人才培养工作的层次和水平上有了更大的提高。接下来的二十多年里，在他和庞文琴等人的共同努力下，为无机化学学科成功培育出了一支思想活跃、视野开阔、学术精湛、能打硬仗、年富力强的研究队伍，成为学科后继发展强有力的生力军。

下面仅介绍其中的几位便可见一斑：

冯守华，现任吉林大学化学学院教授，博士生导师，2005年当选中国科学院院士。1975年考入吉林大学化学系，1980年师从徐如人开始攻读研究生，1986年获得理学博士学位，他是徐如人院士的第一位博士研究生。曾任吉林大学化学学院院长，无机合成与制备化学国家重点实验室主任，是首届国家杰出青年科学基金获得者、首批教育部长江学者奖励计划特聘教授，兼任教育部科技委委员，中国化学会常务理事、副秘书长，*Mater Res Bull* 副主编，*Journal of Nanoscience and Nanotechnology* 编委，《中国科学》编委和《无机化学学报》副主编。

图10-13　冯守华教授（吉林大学党委宣传部提供）

陈接胜，现任上海交通大学化学化工学院教授，博士生导师。1979—1986年在广州中山大学学习，先后获理学学士和硕士学位；1986—1989年在吉林大学学习，师从徐如人院士，获理学博士学位。1990—1994年在英国大不列颠皇家研究院从事博士后研究；

1994—2007 年在吉林大学任教授；2008 年调入上海交通大学工作，任化学化工学院院长。1997 年获国家杰出青年基金资助，1999 年被教育部聘为第二批长江学者特聘教授。

图 10-14　陈接胜教授（吉林大学党委宣传部提供）

于吉红，现任吉林大学化学学院教授，博士生导师。1985—1995 年在吉林大学化学系分获学士、硕士、博士学位，师从徐如人院士。1995 年博士毕业后留校任教。1996—1998 年先后在香港科技大学化学系和日本东北大学物理系做博士后研究。1999 年晋升为教授，2001 年被聘为博士生导师，同年获得国家杰出青年基金，2004 年受邀为瑞典斯德哥尔

图 10-15　于吉红教授（刘飒摄）

摩大学客座教授，2007 年受聘为教育部长江学者特聘教授，2011 年担任国家 973 计划首席科学家。2014 年入选国家百千万人才工程入选人员名单，同时获得"有突出贡献中青年专家"荣誉称号。2015 年当选中国科学院院士，2016 年当选为发展中国家科学院院士。现任吉林大学中外高层次人才引进基地—国际合作联合实验室主任。

他们都是徐如人亲手培养起来的年轻科学家，在同行中称得上是佼佼者，在各自的研究领域承担着国家级重要研究课题，取得了许多令人瞩目的成绩。在教学科研实践中，他们同样传承了徐如人的人才培养理念，培养了更多的年轻有为的专业人才，并形成了队伍梯队，储蓄了学科后续发展力量。

在培养好自身的人才、巩固现有研究工作的基础上，为进一步完善和拓展实验室的研究功能，徐如人开始着眼于从国外引进人才，开设新的研

究方向。在他的感召下，2000 年以后，实验室引进的年轻人才逐年增加，研究队伍不断充实和更新，研究方向不断丰富和拓展。目前在岗的研究人员中，几乎一半是"海归"，80% 以上具有博士学位。

仅从 2004 年到 2010 年期间，就引进国内外优秀人才近 10 余人，新开设研究方向四个。其中比较有代表性的有：

刘晓旸，加拿大安大略大学研究员，外籍全职专家。1993—2004 年先后于日本大阪大学、德国雷根斯堡大学、美国加利福尼亚大学洛杉矶分校分别从事访问学者和博士后研究工作，后来任职于加拿大西安大略大学。2004 年被聘为吉林大学教授，博士生导师。他长期从事高温高压极端条件下的化学与物理的研究工作，创建了国内首个高压合成化学实验室，可谓中国高压合成化学的领头羊。

霍启升，美国太平洋西北国家实验室研究员，外籍全职专家。1992 年在吉林大学获理学博士学位，师从徐如人院士。同年出国到国际著名的研究小组（G. D. Stucky，UCSB）中从事博士后研究工作，是介孔材料的合作开拓先驱者之一，在 *Nature* 和 *Science* 等著名刊物上发表过有很大影响的 6 篇论文，引文高达 2 万次。1997 年进入 Praxair 公司，2004 年进入美国桑地亚国家实验室及太平洋西北国家实验室工作。2006 年被聘为吉林大学教授，博士生导师，并担任无机合成与制备化学国家重点实验室主任，创建了自组装合成化学实验室。

徐雁，英国皇家研究院与帝国理工大学联合培养博士，师从国际著名化学家 J.M.Thomas。新加坡环境技术公司高级科学家兼董事经理，新加坡国立大学研究员，外籍全职专家。2010 年被聘为吉林大学教授，博士生导师，唐敖庆特聘教授。主要研究方向为多尺度自发构筑与功能导向的仿生构筑，创建了仿生构筑化学实验室。

随着实验室功能的不断完善，人才队伍的不断壮大，该实验室逐渐发展成为中国无机合成与制备化学科研与人才培养的重要基地，发挥的作用日益显著。与此同时，国家加强了对全国高校和研究院所的无机合成研究的扶持力度，加大了经费与装备的投入，这一举措大力推动了现代无机合成化学的快速发展与进步，催生了许多丰硕的科研成果。

对此，北京大学徐光宪院士在《高速发展的中国化学 1982—2012》[①]一书中的"无机化学篇"的引言中阐述说：

> 总体上看，我国在无机多孔材料、无机纳米材料、配位聚合物和稀土分离化学及应用等领域和方向占有优势，在原子团簇科学研究方面在国际上具有重要的学术影响。此外，我国无机化学工作者发挥了无机合成化学方面的优势，在无机功能材料的设计、合成、组装、制备及性能等方面取得了很有特色的研究成果，在某些领域已处于国际先进甚至领先水平。

据统计，近 20 年来我国科研工作者在无机合成化学领域的研究成果已有数十余项发表在 *Nature* 和 *Science* 等高水平学术期刊上，我国无机合成化学研究者应邀在 *Accounts of Chemical Research* 上发表综述 30 余篇。这些成果的取得，与徐如人科研团队几十年来艰苦卓绝的努力是分不开的。

吉林大学无机合成与制备化学国家重点实验室创建十几年来所取得的突出成就，进一步印证了当年（1994 年）倪嘉缵、陆熙炎、戴立信、吴毓林及徐如人五位专家向科技部和教育部递交的"现代合成化学的前沿研究"——国家"九五"重大基础项目建议书中所阐述的大力发展合成化学的正确性。

总结徐如人的人才培养与团队建设经验，可圈可点之处甚多，对于一个学科能够长期可持续发展进步弥足珍贵。

当今社会，是一个竞争

图 10-16 徐如人课题组在国际高水平学术期刊上发表的论文（徐如人提供）

---

① 徐光宪：《高速发展的中国化学 1982-2012》无机化学篇。北京：科学出版社，2012 年，第 3-6 页。

日趋激烈的社会，就高等教育领域而言，可谓群雄并起、逐鹿正酣、挑战加剧的时期。面对教育资源争夺战、人才资源争夺战、科技制高点争夺战、开展原始创新和协同创新研究的激烈竞争等的较量，各大高校和科研院所都在绞尽脑汁准备打好这一战。能否抓住新的发展机遇，在激烈竞争当中立于不败之地，对这些单位都是一个艰巨的考验。而人才的争夺战起着决定性因素。

在如此激烈竞争的形势下，建设一支完整、优秀的科研团队绝非易事。当前研究队伍留不住人，是困扰一些高校和科研部门的一大问题。吉林大学地处祖国东北，经济条件和地理环境都不是很吸引人，徐如人能够建成并稳住这样一支出色的研究团队，其经验是非常值得研究和总结的，归纳起来，主要有如下几点：

（1）良好的文化传承。老一辈化学人勤俭立业、踏实进取、讲求奉献、甘当人梯的优良传统是化学学科的精神所在，这种精神深深影响和感染着实验室每一位青年人。在徐如人和庞文琴等老一辈化学人的辛勤耕耘下，为实验室创造了宝贵的科学财富与深厚的文化积淀，形成了良好的学术氛围和人文气息，这种环境特别有利于青年人的成长。

（2）亲贤爱才，奖掖后学。实验室每引进一位人才，都离不开老教授们识才的慧眼和精心的运作，以及对人才无私的关爱。尽力为他们的成长创造条件，铺设道路。对于高端人才引进，他们不惜三顾茅庐，求贤若渴，以诚感人；对于有发展潜力的青年学子，他们礼贤下士，大力扶持，使其成为种子人选。正是在他们的关怀和扶植下，才使得实验室后继人才层出不穷。

（3）树立榜样，引领示范。把最优秀的人才留下来或引进来，让他们发挥示范作用，为年轻人树立榜样。在徐如人培养的学生中，冯守华院士是一位典型代表，他1989年赴美国留学，在徐如人的感召下，于1992年回国创业，取得了一系列杰出的成就。这些都深深地感动和吸引着实验室其他青年学者们，他们中的很多人自愿放弃到高工资、环境好的单位或发达城市工作的机会，留下来共同创业。

（4）搭建平台，筑巢引凤。无机合成与制备化学国家重点实验室实力雄厚，发展势头强劲，为青年人施展才华提供了广阔的舞台。目前，实验室设施先进，诸多研究方向在国内都居领先地位，有的在国际上享有重要影响，青年人在这里工作，可以直接接触到国际前沿性的研究课题，起点高，视野开阔，发展空间巨大，是能够大有作为的。

在徐如人的带领下，实验室形成了宽松的工作环境，和谐的人文气氛，严谨的科学作风，务实的研究态度和浓郁的学术氛围。开创了严谨而不拘束、继承而不守旧、开放而不效仿的工作局面，从而使吉林大学无机化学学科人才辈出，在国际学术界发挥着越来越重要的作用和影响。

对于徐如人在人才培养方面的杰出成就，他的学生冯守华感触非常深。冯守华是徐如人的第一个博士研究生。1989赴美国新泽西州立大学（Rutgers, The State University of New Jersey）从事博士后研究。在美国工作期间，他将水热化学与固体化学结合起来，成功地开发出特种混合四—六配位结构微孔快离子导体与化学传感材料，发现已知微孔材料中具有最高离子导电性能的固体电解质，开发的复合传感材料具有理想的化学传感性能，在高温下对水蒸气和氧气的敏感性能符合理论能斯特方程。他的研究成果获得两项美国发明专利，在美国材料化学杂志上连续发表了5篇高水平学术论文。国际著名固体化学家、美国新泽西州立大学化学系主任玛莎·格林布莱特[①]教授给予他高度评价，认为他不但能在理论工作上有所突破，而且能将理论成果推向应用和商品化的程度，是一位成熟的科学家。

1992年春天，冯守华举家回国，回到母校吉林大学化学系从事教学科研工作。在徐如人的带领下一起建设无机水热合成教育部重点开放实验室，在他们的努力下，2001年，实验室晋升为国家重点实验室，冯守华任实验室主任。

在谈及老师时，冯守华充满敬佩地说：

> 1992年我从国外回到了吉林大学，这是徐老师的号召与建议，因为徐老师一直都很希望他的学生出国深造，然后可以回国为国家的科

---

① 玛莎·格林布莱特，出生于1941年，美国新泽西州立大学罗格斯分校化学和化学生物学系教授。曾任美国贝尔实验室化学系主任，*Materials Research Bulletin* 主编。2003年获得美国化学学会 Garvan-Olin 奖章。研究方向包括固体无机化学、巨磁阻钙钛矿材料、高温超导体等。

研事业做贡献，那个时候我国科研力量不太强，科研人员也很少，所以如果是在国外受过训练，那么回国做科研就可以得心应手，没有考虑工资的问题，在国内一个月是200元人民币，国外是2000美元，差了很多，但是没有考虑这些问题。我们当时没有金钱的观念，主要是工作好不好，那个时候向往的是有个理想工作，所以当时回国也是从工作角度考虑。同时，我也不想辜负徐老师对我的栽培和信任。

我是徐老师第二批硕士中的唯一一个。当时也有其他人报的，但是徐老师都没有选，因为名额都是有限的。到徐老师招博士的时候，他也是非常慎重的，因为是第一届就要带好，开个好头，徐老师也专门跟我谈过，说招的话只招我一个，带我是比较有把握的。徐老师选人也是非常有标准的。硕士毕业以后我们的干劲都非常足，做了大量的工作，虽然当时没有念博士，但是已经具备做博士论文的基础了，所以当时徐老师也是看到这一点，第一个博士慎重，就招我一个。徐老师选人方面对我也是有影响的。首先，徐老师不会招那些八面玲珑的人，看重的还是非常执着的，要看你对科研有没有兴趣，现在看徐老师的学生没有一个搞行政的。所以从这一点出发，徐老师是选择热爱科学的人。我们也发现，如果你对科学是非常感兴趣，热爱的时候，你是不会对其他的东西感兴趣的，官你也不会当，你要把你最重要的事情做完。凡是对科学执着的人，不会去承担另外的责任，这不是害怕承担责任的问题，而是如果你没有全身心地对某个责任付出，那么对于两个责任来说都是不对的。到目前为止，我所承担的责任都跟行政没有关系，现在的科协主席都完全是学术的，跟其他没有关系。你对科学的执着热爱，就会使得你全身心地投入。当然我也赞同完全地去搞行政，不搞科研，那就全身心地投入行政。这是一个理念，就是你专心地只做一件事，你当然可以既做这个也做那个，但是你不会做得最好。徐老师要求很严格，他不要求把他的成果发表在杂志上。徐老师也是潜移默化地影响我们，他的学风很正，他的学生大部分都是不错的。有的在学术规范上有问题，经过他的教育也会矫正。①

---

① 冯守华访谈，2016年4月20日，长春。资料存于采集工程数据库。

从 1983 年徐如人招收第一个博士生冯守华开始，到 2016 年，无机化学专业已培养出 513 位博士研究生，仅在徐如人名下的就有 48 人之多。他们目前大多从事与本专业相关的工作，许多人成为教学、科研岗位的带头人或学术骨干。他们中有中国科学院院士、长江学者特聘教授和国家杰出青年基金获得者、国家教学名师及默默耕耘在教学科研第一线的广大教育工作者。他们传承了以徐如人为代表的吉林大学化学人勤勉务实，砥砺进取的优良传统，成为科教战线上一支敢打硬仗的人才队伍。

科研重大突破　引领走向国际

1932 年，德国化学家 McBain 提出了"分子筛"的概念。分子筛是指具有均匀的微孔，其孔径与一般分子大小相当的一类物质的统称。分子筛的应用非常广泛，是目前国际上应用最广泛的催化材料、吸附分离与离子交换材料。常用分子筛为结晶态的硅铝酸盐和磷酸盐，是由硅氧四面体、铝氧四面体或磷氧四面体通过氧桥键相连而形成的矩正分子尺寸大小（通常为 0.3—2nm）的孔道和空腔体系，因吸附分子大小和形状不同而具有筛分大小不同的流体分子的能力。

多孔材料在许多领域有着广泛的应用，如微孔分子筛作为主要的催化材料、吸附分离材料和离子交换材料，在石油加工、石油化工、精细化工以及日用化工中起着越来越重要的作用。目前，分子筛工业年市值已超过百亿美元。

以分子筛为代表的微孔晶体具有规整的孔道，特定的孔道结构特征与性质，如孔道的尺寸（3—20 埃）、形状、维数、走向、孔壁的组成以及孔道中腔、笼和缺陷等，这些都会影响孔道中分子的扩散、吸附、脱附、分子间反应的选择性、中间态的生成等。因而微孔晶体是最具特色的，并且从目前发展水平来看又是应用特别广泛的一大类催化材料与吸附材料。近年来，又在大量与高技术有关的新型材料开发中显示出了重大的应用前景。

中国的分子筛研究工作起步较晚，徐如人开始从事分子筛的研究是从20世纪70年代中后期开始的。

1980年，在汉斯·莱歇特教授的推荐下，徐如人首次出国到意大利参加第五次国际分子筛大会，会后应邀在德国汉堡大学做了半年的访问学者。通过这次在国外的学习交流，开阔了徐如人的科研视野，启发了他的科研灵感。回国后，经过认真的思考与酝酿，他开始以"微孔晶体的晶化机理"为突破口，带领研究生以Y型、L型、Ω型与ZSM-5型等微孔化合物的晶化相区与晶化和晶体生长动力学等宏观规律的研究为主要研究方向，开始了大胆的科研探索实践。他利用在国外所了解到的先进经验和方法，与学生一起认真开展实验研究，精心设计实验途径，用心摸索反应规律，严谨论证实验结果，客观总结实验过程。在他们的努力钻研下，取得了一系列的研究成果，在《高等学校化学学报》与《化学学报》上发表了13篇文章。这在当时的条件下是一个不小的成就。

但是，由于受设备等研究条件的限制，以及原位表征等研究方法上的局限，他们在实验中难以开展进一步的微观机理的详细研究。工作遇到了难点，怎么办？徐如人和研究组陷入了沉思当中。科学是没有捷径可走的，但实现目标的路径并不是单一的，经过一番深思熟虑后，他们决定以"新型微孔晶体与新合成路线的开拓"作为突破口，另辟蹊径进一步系统地研究分子筛与微孔化合物合成化学。在实验中，他们大胆假设，严谨论证，反复实验，研究工作终于取得了突破性的进展。

叶剑英元帅曾说："攻城不怕坚，攻书莫畏难。科学有险阻，苦战能过关。"在徐如人眼里，攻坚克难应该是每位科研工作

图10-17　2004年10月，中国化学会分子筛专业委员会成立时与会代表合影（吉林大学提供）

者具有的基本素质。在这种工作作风的驱使下，徐如人研究团队历经三十多年的系统深入研究和探索，使得分子筛与微（多）孔材料合成化学的研究在国内以至国际上取得了若干重要且有前瞻规律性的成果，推动该领域的学术研究走向了国际前列。

归纳起来，他们在分子筛与微孔材料研究领域代表性的研究成果体现在以下几个方面。

1. 系列新型微孔晶体的合成

20 世纪 80 年代中期，在近十年的分子筛与微孔晶体合成与生成机理研究的基础上，徐如人指导课题小组开始系统地开展新型微孔化合物的开拓研究，在国际上率先合成 4 种新类型微孔晶体：M（Ⅲ）X（Ⅴ）O₄型[①]（M=Al，Ga，In，X=P，As）、微孔硼铝型（阴离子骨架[②]与阳离子骨架[③]）、氧化物型（氧化锗）[④][⑤]与阴离子开放骨架磷酸铝型，涵盖 7 个系列（$GaPO_4$–Cn、$AlAsO_4$–n、$GaAsO_4$–n、$InPO_4$–n、$BePO_4$–CJn、B–Cn、BAC–n）和阴离子开放骨架磷酸铝家族，以及某些含过渡元素（如 Zn，Co，Ti 等）的微孔化合物，将微孔化合物晶体骨架组成元素扩展到了包括 B、Ga、In、Ge、As、Be、Zn、Co、Ti 在内的众多主族与过渡金属元素；骨架的基本结构单元也由单纯的 TO_4 四面体扩展到包括 TO_3、TO_5、TO_6 等多面体。这些研究成果对微孔化合物成孔组分元素的扩展及化合物类型的扩充，结构基本单元的多样化都作出了重要贡献，并对其后 20 年内其他开放骨架金属磷酸盐及众多新微（多）孔化合物的开拓研究提供了指导与基础性支撑。

2. 非水溶剂热条件下阴离子开放骨架磷酸铝的开拓

自 20 世纪 80 年中期，D. M. Bibby 首次应用乙二醇合成硅铝方钠石后，

① R.R. Xu, J.S. Chen, S.H. Feng, Chemistry of Microporous Crystals（Kodansha, 1990, T. Inui, S. Nannba, T. Tatsumi（Eds）），63–72.

② H. Kessler, "Recent advances and Perspectives in Moleculor Sieves"（9th IZC 大会特邀报告）in R. Von Ballmoos, J. B. Higgins, M. M. J. Tracy "Proceedings from ninth international Zeolite Conference"（Butternorth–Heinemann），1993：73–92.

③ J.H. Yu, R.R. Xu, J. Mater. Chem., 1996, 6：465–468.

④ J. Cheng, R.R. Xu, G.D. Yang, Chem. Soc., Dalton Trans., 1991, 6：1537–1540.

⑤ J. Cheng, R.R. Xu, J. Chem. Soc., Chem. Commun., 1991, 7：483–485.

徐如人研究团队是当时最为系统开展这一新合成领域的团队，在非水溶剂热晶化条件下，合成了微孔硅铝酸盐、AlPOs 及 GaPOs 三个体系的微孔化合物百余种。R. E. Morris[1] 等曾在 Chem. Soc. Rev. 上撰文专门系统介绍了徐如人团队对开拓非水溶剂热合成路线的贡献。除上述贡献外，他们用醇热法合成路线开发微孔磷酸盐，特别在几十种阴离子开放骨架磷酸铝新物种的开拓上成就尤其显著[2][3][4]。更值得提出的是，在1990年，他们在醇热体系中成功合成了具有 20 元环孔结构的磷酸铝 JDF-20[5]（几乎在同一时期国际上又成功合成了具有 18 元环与 20 元环孔道的磷酸铝 VPI-5 与磷酸镓 Clovevite，而导致一类"超大微孔"晶体族的出现，这在分子筛发展史上被公认为是一个里程碑），因此 JDF-20 的成功合成在超大微孔晶体领域被视为一项经典性的成果[5][6]。2000 年，他们在醇热合成体系中又成功合成了首例具有 Brönsted 酸的磷酸铝分子筛 AlPO-CJB1，打破了纯磷酸铝分子筛骨架均为电中性的限制[7]。上述阴离子开放骨架磷酸铝化合物表现出了丰富的结构化学特征，即阴离子骨架、超大微孔、不同维数（一维链状、二维网孔与三维微孔骨架结构磷酸铝）、不同计量比、混合价键及结构单元多元化等。20 世纪 90 年代初他们又成功合成微孔开放骨架 $ZnPO_4$ 等并进行了结构测定。这些研究结果拓宽了多孔化合物的结构类型，对当时已快速发展的多孔材料的开拓提供了研究基础，并起到了指导作用[8][9]，比如他们在 21 世纪初开发了大量特殊开放骨架结构，诸如手性、双螺旋与 24 元环、30 元环超大微孔的微孔过渡金属磷酸盐等。上述新型微孔化合物与新合成

① R.E. Morris, S.J. Weigel, Chem. Soc. Rev., 1997, 26: 309-317.

② J.H. Yu, R.R. Xu, Acc. Chem. Res., 2003, 36: 481-490.

③ J.H. Yu, R.R. Xu, Chem. Soc. Rev., 2006, 35: 593-604.

④ R.R. Xu, Q.S. Huo, W.Q. Pang, Proceedings of 9th International Zeolites Conference, ed. R. Ballmoos, J.B. VonHiggins, and M.M.J. Treacy, Butterworth-heinemann, Toronto, （1992）271-278.

⑤ M.E. Davis, Acc. Chem. Res., 1993, 26: 111-115.

⑥ G.A. Ozin, Adv. Mater., 1992, 4: 612-649.

⑦ W.F. Yan, J.H. Yu, R.R. Xu, G.S. Zhu, F.S. Xiao, Y. Han, K. Sugiyama, O. Terasaki, Chem. Mater., 2000, 12: 2517-2519.

⑧ J.H. Yu, R.R. Xu, Acc. Chem. Res., 2010, 43: 1195-1204.

⑨ Z.P. Wang, J.H. Yu, Chemistry Society Reviews, 2012, 41: 1729-1741.

路线的开发研究，1999年被评为教育部十大科技成果之一。这些足以说明他们在该项研究领域的创造性的工作和成就。

3. 微孔化合物合成晶化机理的系统研究

合成反应机理的研究，特别是对无机合成反应是一个既复杂又具有非常重要意义的科学命题。以徐如人所研究的分子筛与微孔化合物为例，无论是硅铝酸盐（沸石）或微孔磷酸铝，起始反应物简单，合成条件温和（100—250℃）。与通常的无机合成反应相比，比较特殊的只是在晶化反应中需要有不同种类有机胺类为模板。如此简单的合成，却能晶化出成百上千种具有特定规整孔道结构的微孔晶体。对反应机理进行系统研究的目的是为了认识与掌握水热合成晶化反应的进行规律及反应条件和晶化产物微孔结构之间的关系，从而指导特定结构微孔化合物的设计与定向合成。

知其然，更要知其所以然，微孔化合物合成晶化机理的系统研究引起了徐如人研究团队的极大兴趣，以至于20多年来，他们花了大量精力来开展这项研究。研究主要分为两个阶段：第一阶段是20世纪70年代后期至80年代中期，以研究合成反应条件与产物的晶化及产物结构特征的关系规律为主。主要是以在组成和结构方面有特点的微孔物为例，进行了合成晶化条件与晶化相区同晶体生长与晶化动力学（非自发成核与自发成核）间关系的规律以及转晶机理等，得到了一系列宏观规律研究成果。在此基础上，他们开始从微观角度研究与认识"晶核"的形成与条件，这是晶化机理研究中的核心问题之一。在80年代初期，他们就在国际上首次应用高能电子衍射[1]与激光光散射等方法研究成核前期阶段的液相结构[2][3][4]，发现了在液相与导向剂溶胶相中有单晶衍射花纹的存在，从而提出了"核"的概念与"核结构"的认识，在此基础上对液相晶化机理提出了比较全面的

① 徐如人，张健民：沸石分子筛的生成机理和晶体生长（Ⅱ）。《高等学校化学学报》，1981年第2期，第520-521页。

② 徐如人等：沸石分子筛的生成机理和晶体生长（Ⅳ）、（Ⅵ）。《高等学校化学学报专刊》，1982年第3期，第1-6页。

③ 徐如人，赵敬平：沸石分子筛的生成机理与晶体生长（Ⅵ）——NaY型沸石生成的液相机理与其组成Si/Al比的非均一性。《高等学校化学学报》，1983年第4卷第2期，第167-172页。

④ 徐如人等：沸石分子筛的生成机理和晶体生长（Ⅶ）。《高等学校化学学报》，1983年第4期，第289-292页。

见解。第二阶段的研究主要集中在晶化机理研究中的另一个核心问题——模板效应，即模板剂的结构导向作用。到了 80 年代中期，徐如人团队曾在国内率先应用固体核磁共振，诸如 $^{23}Na-$、$^{13}C-$、$^{29}Si-$、$^{27}Al-MAS$ NMR 及多种光谱技术系统研究，并总结了沸石与微孔磷酸铝晶化时的模板作用，并曾以 ZSM-5 为例提出过模板效应的模型。21 世纪以后的十年来，徐如人又与闫文付（徐如人的博士生、助手）等合作系统研究了模板作用对晶化产物形成（模板剂的结构导向）的影响及其相关规律，诸如模板剂结构及众多晶化反应条件对模板剂的结构导向作用产生影响的规律[①]。对国际分子筛界的传统提法 "One template-one structure" 提出了不同意见，且比较全面地提出了自己有关"模板结构导向与组装晶化"的观点。由于对认识液相与凝胶结构及水热晶化过程中生成的小物种的原位表征技术及理论上化学模拟方法和技术上的局限，徐如人及其团队提出了全新的研究策略和方法，继续尝试从微观上详细认识晶化机理，从而走向指导定向晶化合成的目的，且为其他无机合成反应机理认识的研究提供了一些技术与方法上的参考和基础。

4. 设计定向合成的探索与攀登

随着对分子筛与微孔晶体研究的不断深入，徐如人研究团队强烈地感觉到：对具有特定结构分子筛的分子设计与定向合成应是今后开拓具有特定结构与功能分子筛和微孔晶体的必由之路。然而由于原位实验表征技术和化学模拟方法与技术条件上的欠缺与限制，对微孔化合物晶化机理的研究认识还不足以指导设计定向合成。在这种情况下，徐如人开始与计算机科学人工智能领域的专家们讨论酝酿，并在 20 世纪 80 年代后期开始在国际上首次探索通过以开放骨架磷酸铝家族为对象，建立了合成反应与产物结构数据库。通过数据挖掘和总结规律，从宏观上指导特定结构的设计和定向合成路线与条件，再结合高通量组合合成与表征技术来指导与完善设计定向合成。以这套思路为基础，徐如人在 1992 年中国科学院第六次学

---

① 徐如人，庞文琴，霍启升等：《分子筛与多孔材料化学（第二版）》。北京：科学出版社，2015 年。

部大会化学学部上做了题为"微孔晶体孔道结构的分子设计"报告①，并开始了积极探索。他们进行了大量的文献搜集与整理工作，且以自己实验研究中所得到的合成与结构分析数据为基础，建立了合成反应与结构数据库 ZeoBank。

数据库建立起来后，徐如人和于吉红教授及其团队运用独特的计算方法，对合成反应数据库及结构数据库进行了数据挖掘，提出了开放骨架磷酸铝的数据挖掘定向合成路线，再结合组合合成技术，独辟蹊径地开辟了一条无机微孔晶体材料定向合成的新途径。这个独创性的科学成果得到了国际同行的高度关注与评价。直至现在，他们仍然在执着地探索与研究，以分子筛结构的设计方法为例，他们在前人的基础上进一步发展了设计方法从第一阶段的"基于已知结构单元的模型构筑"到第二阶段的"基于原子或拓扑节点的计算机组装"以至近期发表在 *Nature Commun.*（2015 年）第 6 期上的"基于'基因编码'的高能量计算机枚举"，功能体系的多层次结构以及它对功能的关系、理想结构与定向合成的关系、合成反应机理，以及运用数据挖掘方法确定定向合成的水热反应条件等诸多理论与方法的科学问题，期望能有更大的突破。他们的不懈努力为开拓新型无机材料，以"功能与结构为导向进行设计定向合成"闯出了一条全新的道路，为其他无机材料的定向设计合成提供了经验与参考模式。

20 世纪 70 年代后期，随着微孔化合物的开拓和分子筛晶化机理研究不断取得进展，徐如人开始与当时国际上在该研究领域领先的汉堡大学汉斯·莱歇特教授研究集体以及剑桥大学 J. M. Thomas②研究集体进行交流合作，特别是同英国皇家研究院院长 J. M. Thomas（FRS）爵士开展了长达二十多年的合作。到目前为止，他们已合作发表学术论文 20 余篇［包括发表在 *Nature* 上的首例具有五配位 Ti 的人工合成钛硅酸盐 JDF-L1（Jilin-

① 徐如人：微孔晶体孔道结构的分子设计。中国科学院第六次学部委员大会学术报告汇编程序，北京，1992 年 4 月，第 168-170 页。

② J. M. Thomas 爵士，原英国皇家研究院院长，英国皇家科学院院士（FRS），研究领域：多相催化，固体化学，表面和材料科学，已发表上千篇论文，撰写多部专著，获得多项国际和英国学术奖励，曾任英国皇家研究院院长，戴维－法拉第实验室主任，1991 年受封为爵士。

Davy-Faraday-L1）]^①及具有 20 元环孔道结构的磷酸铝 JDF-20。他们之间的长期有效合作在国内^②和国外都广为称颂^③。

1980 年，徐如人代表中国同行参加了在意大利举行的第五届国际分子筛大会，并做了大会报告，这是中国科学工作者首次进入国际分子筛界并宣读的第一篇论文。其后，徐如人与其他科学家开始多次组织国内产、学、研界的研究人员参加历届国际分子筛大会，进一步将中国分子筛与多孔材料化学的研究进展推向国际。

图 10-18　1995 年 10 月，徐如人出席在南京举办的国际分子筛会议并致辞（徐如人提供）

1995 年，徐如人和闵恩泽^④院士作为大会主席，在金陵石化公司的大力支持下首次组织召开了南京国际分子筛学术会议，包括国际著名分子筛学家 E. Flanigen，J. A. Rabo，L. V. C. Rees，G. D. Stucky 等 200 余位国内外学者参加了在中国第一次

图 10-19　徐如人与闵恩泽院士在分子筛大会上合影（徐如人提供）

---

① M.A. Roberts, G. Sankar, J.M. Thomas, R.H. Jones, H. Du, J. Chen, W. Pang, R. Xu. Synthesis and structure of a layered titanosilicate catalyst with five-coordinate titanium. Nature, 1996, 381：401-404.

② 周益明，姚天杨，朱仕：《中国化学史概论》，南京：南京大学出版社，2004 年。

③ M. Freemantle.Layered titanosilicate catalyst has five-coordinate titanium atoms. Chemical & Engineering News（C&EN），1996, 74：47-49.

④ 闵恩泽（1924-2016），四川成都人，石油化工催化剂专家，中国科学院院士、中国工程院院士、第三世界科学院院士。2007 年度国家最高科学技术奖获得者，是中国炼油催化应用科学的奠基者，石油化工技术自主创新的先行者，绿色化学的开拓者，被誉为"中国催化剂之父"。

召开的国际分子筛会议。

1993 年，徐如人又和高滋、徐雁合作撰写出版了专著 *Progress in Zeolite Science，A China Perspective*，系统介绍中国科技工作者在分子筛产、学、研领域的研究进展。该书由 World Scientific 出版社出版。这本书的出版，让国际同行进一步了解了中国分子筛的研究情况及中国科技工作者所付出的努力和取得的成就。

在徐如人团队及国内同行的不懈努力下，中国分子筛的研究在国际科研领域占有了一席之地，他们的研究工作逐渐为国际同行所瞩目。值得一提的是，2001 年，在法国蒙彼埃尔召开的第十三届国际分子筛大会上，在以徐如人为主席的组委会积极推动与精心筹备下，经国内外广大从事分子筛研究的同人们的团结协作，且由复旦大学高滋教授为陈述人的介绍后，经全体与会人员的投票决定第十五届国际分子筛大会于 2007 年在北京召开。为组织全国力量开好这次大会，经中国科协批准，中国化学会分子筛专业委员会（CZA）于 2004 年 10 月在长春成立，徐如人任首届主任，并组织成立了第十五届国际分子筛大会筹备委员会，经筹备委员会多次开会研究，决定推选徐如人任本次大会主席。闵恩泽、何鸣元二位院士为共同主席，吉林大学裘式纶教授为秘书长，且经详细研究决定邀请五位国际著名分子筛学家 John M. Thomas、S. T. Wilson、T. Bein、T. F. Degnan Jr.

图 10-20　徐如人等人主编的两卷论文集（Stud. Surf. Sci. and Catalysis，vol.170A 与 170B。徐如人提供）

图 10-21　徐如人与学界同行何鸣元院士一同参加分子
筛大会（吉林大学提供）

和 G. Férey 为大会特邀报告人。大会除按传统设"R. M. Barrer Symposium"外，还分十二个分会系统进行论文报告，介绍该研究领域的最新进展。

2007 年 8 月，第十五届国际分子筛大会在北京如期召开，来自 56 个国家和地区的 1000 多位科学家出席了这次学术大会。有超过 100 个国内的研究小组参会，共提交了 286 篇论文。由徐如人等人主编的论文集 *From Zeolites to Porous MOF Materials*（Elseveier，2007）两卷（Stud. Surf. Sci. and Catalysis，vol. 170A 与 170B）同时出版。这次大会的成功举办为我国分子筛与多孔材料科学全面走向国际前沿开辟了广阔的道路。

对于徐如人在分子筛等领域的杰出成就，学术同行何鸣元院士[①] 给予了高度评价：

> 我和徐教授的关系是开始于我在石油化工科学院工作的时候，那时闵恩泽先生和徐教授关系就非常好，他们大概是六几年或者是七几年最早参加国际分子筛会议，那个时候中国仅有两三个代表。其中就有他们两位，所以他们是国内最早期投入分子筛领域研究的科学家。我 20 世纪 80 年代初在国外工作了几年，对分子筛有所了解，后来回国以后就和闵先生、徐教授一起参加国内的一些会议，在国内主持一些分子筛会议。徐教授对于推动国内的分子筛研究是非常积极的，他

---

① 何鸣元（1940- ），中国科学院院士，石油化工专家。1940 年生于上海，籍贯江苏苏州。1961 年毕业于华东纺织工学院应用化学专业。中国石油化工集团公司石油化工科学研究院总工程师，华东师范大学化学系教授。曾任 ELSEVIER 出版社 *Applied Catalysis A：General* 编委绿色化学课题的国家重大基础研究项目首席科学家。

选择分子筛这个领域我觉得非常正确。因为分子筛在催化、分离方面是非常重要的一个材料，尤其是催化方面，在石油化工炼油领域的催化剂可以说绝大部分都是运用分子筛作为主要材料的。所以也可以说是国家经济发展非常迫切需要的一个东西，而且我们国家在这方面比较落后，所以我觉得徐教授是基于他对分子筛领域的一个认识，也是基于国家的需求，因此徐教授在七八十年代立志投入许多力量包括他的学生对这方面进行研究，并坚持下来。我们国内分子筛领域过去是少量的人做有限的研究，也参加一些国际会议，这都是很少的人，后来越来越多。前前后后徐教授投入了许多力量，2007年我们在国内办了国际分子筛会议，会议的准备工作起码是提前八年到十年，就开始酝酿、策划怎么样在国际上取得认可和取得主办的权利。那个时候竞争都很激烈，每次竞争都需要有几个人到会议上去作报告，然后投票竞争。针对这种情况，徐教授努力策划把国内的整个力量整合起来，在几次的国际分子筛会议上投标，后来招标取得成功，这个结果也是经过了几次大会才实现的。从2000年开始，我们之间每年都有一次到两次会议，这个会议就是讨论怎么样策划取得分子筛会议的主办权，然后取得主办权以后怎么样把大会办成功。这里面包括一系列工作，包括我们自己的研究工作，哪几个领域能够取胜，在国际前沿上有一定的地位。所以我觉得为了我们2007年能够成功举办这样一次会议，徐教授是倾注了全力，非常不容易。我跟徐教授的合作最重要的就是这一次会议，他是大会主席，我是副主席，那时候裘式纶是当秘书长。所以整个分子筛学术界对我们几个都是非常支持的，也包括产业界在这个期间发展的非常快，取得了很多应用型成果。名义上是举行会议，实际上是把产学研的结合、发展及分子筛领域的研究达到国际的前沿，徐教授为此倾注了全部精力。所以整个学术界、产业界都是在徐教授的号召下非常的努力地、尽自己的全部力量把大家共同的事情做好。所以我觉得徐教授的精神号召力是非常强的，同时他在国外学术界也交了很多朋友，包括学术交往、交流方面做了许多工作。所以吉林大学在这段时间是非常活跃的，这样的话我们整个分子筛研究在国际上的声望也就起来了，也得到了国际的认可。徐教授的研究工作也做得越来越好。国际的分子筛种类目前是 120 多种，我们国内在分子筛领域的研究能够得到国际分子筛学界的认可最先的是吉林大学，这都离不开徐教授的贡献与努力。所以我觉得我们整个分子筛学术领域走到今天这个局面，徐教授的贡献是非常巨大的，没有人可以代替，这是大家所公认的。[①]

为表彰徐如人的卓越贡献，国际分子筛协会在他 75 岁生日之际，在国际著名学术期刊 *Microporous and Mesoporous Materials* 上出专辑［Special Issue：Dedicated to Professor Ruren Xu on The Occasion of His 75th Birthday，105（2007）1-210］[②] 献给徐如人教授 75 岁生日，以示庆祝。

国际分子筛协会主席 Jens Weitkamp 在序言中提出 "Professor Ruren Xu is a leading personality in the Chinese,Asian and Worldwide materials science and zeolite communities（徐如人教授不但是中国、亚洲，而且是国际分子筛界及材料科学界的引领者）"。

① 何鸣元访谈，2015 年 10 月 26 日，上海。资料存于采集工程数据库。
② MICROPOROUS AND MESOPOROUS MATERIALS，2007.09.15，Volume 105，issue 1-2.

第十一章
杏坛悟语　科教人生

　　1952 年，徐如人从上海交通大学化学系三年级提前毕业，抱着满腔热忱来到东北人民大学化学系，亲身参与了化学系的初建工作。截至 2017 年，在那里奋斗、耕耘了 65 个年头，把一生都献给了他所挚爱的教学科研事业，并在教学、科研、学科建设、人才培养与学术著述等方面建树颇多，成果丰硕，为国家的科教事业作出了重要贡献。

　　在长期的教学科研实践中，他治学严谨，潜心钻研，脚踏实地，埋头苦干，开拓创新，锐意进取，为后人树立了高尚的师德典范，形成了具有鲜明专业特色的学术思想和人才培养理念。梳理徐如人的成长脉络，总结他的学术思想及人才培养经验，挖掘他工作、生活中的点滴，把老一辈科学家对事业的执着追求、艰苦创业、教书育人、致力科教、甘于奉献的精神品质凝练在笔端，跃然于纸上，广为世人知晓，对今后的教育发展、学科建设、科研创新、晚生后学们兴业立事、修身做人等方面都将会大有帮助和指导意义。

热爱教学　传道授业

1952 年 11 月，在徐如人等人亲手建成的简易的无机化学基础实验室内，徐如人开始为新入学的化学一年级学生带无机化学实验课。以此为起点，60 多年来，徐如人在吉林大学为本科学生与研究生开过 12 门课程（含实验课），具体科目如下：

1. 无机化学实验课（化学系一年级，1952 年）

2. 普通化学（物理系一年级，1953—1956 年，共三届）

3. 络合物化学（中国科学院长春分院，1958 年）

4. 无机与分析化学（吉林大学化学系化工专修科，1959 年）

5. 现代化学基础（教改"一条龙"课程，化学系一年级和二年级，三个学期，1960—1961 年）

6. 稀有元素化学实验（化学四年级专门化课程，1962—1964 年）

7. 化学（哲学系，1964 年）

8. 稀有元素化学（化学系四年级专门化课程，1964 年）

9. 无机化学基础（化学系小班课，1965 年）

10. 化学英语（1976 级学生，1978 年）

11. 无机合成化学（化学系四年级，1981 年）

12. 分子筛化学（化学系四年级，1982 年）

从最初带本科生实验课到给小班、大班讲课，从给外系学生讲课到为本系学生讲课，从基础课到专业课，从为本科生讲课到为研究生讲课，再加上带本科生、硕士生、博士生及博士后的论文，徐如人的教学工作接触面相当广，受业学生人数众多，他几乎接触到了所有的教学环节，可谓纵横深广，全面细致。这是他从事教学工作中的一个特点。

徐如人认为，作为一名教师，首要任务是教书育人，做好每一项教学工作是教师的天职。教师必须认真对待每一堂课，上课前要做好充分的备课准备，以丰富的知识量向学生传授。想给学生一杯水，自己首先要具备一桶水。如果自己对授课内容准备不够充分，掌握的知识不够全面，就不能应付上阵，以其昏昏使人昭昭绝非合格教师所为。因此，徐如人在给学生上每一堂课时，都认真做好备课准备，绝不含糊。至今，还能找到他成摞的备课笔记手稿，字里行间可见其认真程度。即使是在"大跃进"及遭受三年自然灾害生活最困难时期，徐如人也不敢懈怠。他当时正承担教改"一条龙"任务——"现代化学基础"课程的讲授工作，面对的是时间紧、任务重、工作量大、涉及专业面广、不熟悉等诸多困难，即使这样，他仍义无反顾，以致忍饥挨饿、咬牙坚持也要把这门课讲好，这就是他作为一名师者的可贵品质。

徐如人的这种品质，潜移默化地传递给了学生。在他的影响与带动下，他的学生和同事如刘学铭、屠昆岗等都是很优秀的无机化学主讲教师，其中比较突出的一位叫宋天佑[①]，是首届国家级教学名师奖获得者。在他的影响下，宋天佑继承并发展了无机化学教学之风。他组织编写了《无机化学》教材，成为吉林大学化学及相关专业本科学生入学所上的第一门化学基础课。课程不仅有其自身的丰富的知识内容，也是学生以后学习其他化学课程如分析化学、有机化学、结构化学、物理化学的基础，讲授时要注重与中学化学教学内容的衔接，帮助大一学生完成从中学向大学学习的过渡，因此，这门课程的重要性可见一斑。宋天佑自从讲授这门课程开始，便把自己的绝大部分精

图 11-1　宋天佑教授（吉林大学提供）

---

　　① 宋天佑，1948 年 1 月出生，辽宁省沈阳市人，1982 年 1 月毕业于吉林大学化学系，1989 年获理学博士学位。吉林大学化学学院教授，博士生导师。1994 年，获宝钢教育基金首届"优秀教师奖"。2003 年获首届国家级教学名师奖。2004 年，教育部和人事部授予全国模范教师称号。

力都倾注到化学教学实践中来。他认为，无机化学的教学任务，不仅是按照教学大纲完成教学内容的讲授，更重要的是要通过主讲教师高超的讲课艺术，抓住学生的思路，引起学生对化学的兴趣，使学生从对化学感兴趣到热爱化学，最后投身于化学事业中来。这应该成为每位教师授课的一个出发点。

同时，宋天佑还认为，能否做到脱稿讲课，设计好课堂教学的节奏感，抓住学生的注意力，是主讲教师必须具备的基本素质。为上好无机化学大课，他从苦练基本功开始，每次课前都要认真准备一番，从设计讲课提纲、查阅教学参考书、编写教案、试讲、修改教案，直至把讲课内容全部熟练地默记下来为止，否则，他从不草率走上课堂。宋天佑教授对无机化学教学的把握已达到炉火纯青的地步，从上第一节大课到现在，全部脱稿讲课，从未翻过教案，并无一失误。

关于宋天佑的教学事迹，吉林大学化学学院资料室里有这样的记述：

> 有时一次课有近十道计算性质的例题，从题目给出到解题过程和答案，涉及数十个数据；有时一次课有百余个原子的半径、元素的电离能和电子亲合能等数据的对比。宋天佑对这些数据掌握的熟练程度和准确性令同学们都感到惊奇，有的同学也曾怀疑教师板书中的大量数据未必全部准确无误，课后与教材进行核对，发现确实全部准确无误之后无不赞叹不已；也有同学曾经在课间打开他的提兜悄悄"检查"老师的备课笔记，看到专为本次课编写并标明讲课日期的教案，不得不佩服老师的敬业精神和教学功底。虽然现在无机化学课大多已采用多媒体方式讲课，但宋老师从未间断过大工作量的备课，每次课都认真准备，修改教学课件。他从执教到现在，所准备的备课教案摞起来少说也有几米高。一节无机化学课有近 20 块板书的容量，宋天佑教授写板书的速度和水平，令同学们赞叹。这洋洋洒洒的板书背后，包含着教师多少辛勤的汗水。①

---

① 吉林大学化学学院：宋天佑教授事迹材料，2007 年 12 月 4 日。内部资料。

这些传统源自徐如人给后来教学工作者们所立下的良好样板。

徐如人热爱学生，一辈子都在与年轻学生打交道，每当看到学生在学术上、思想上的提高与进步、成长与成熟，对他都是最大的欣慰。对学生的培养教育、备课上课、指导论文、周而复始的工作，他从不感到枯燥和厌倦，对待每一届学生都始终如初。随着教学层次不断增加，诸如带学生实验、给学生答疑、备课与讲课、带各层次学生的论文与研究工作等，他都会有针对性地用心对待，绝不千篇一律，照搬照抄或生搬硬套，都会因材施教，有的放矢。他本人有一个信念就是"既然花时间去做了，那就一定要认真去做好它；人是要有事业心的，既然你选择了这项工作，你就要把它当作一项崇高的事业去追求，最终目的就是要把这项事业做到极致；切不可急功近利，半途而废"。他对待工作基本都是按自己这个原则去做的。他认为，只要用心去想、去做，就一定能够做好。做任何工作都会使自己有进步，得到锻炼，同时能学到更多东西，不断促进自己的成长与提高。

对于徐如人的教书育人做法，他的学生冯守华回忆说：

> 徐老师在教书育人、人才培养方面的贡献非常大。我是徐老师所有学生里面和他共事时间最长的。徐老师上课备课都非常认真，不厌其烦地教导我们。徐老师在研究生阶段的教育有他自己的特点。徐老师教导我们不要急功近利，他从不说我们应该在某个高级刊物上发表论文。现在，我们的一些年轻导师可能就会对他的学生强调要如何发高水平论文，论文是要发，但是不应该注重在哪一个杂志上发表，而是要注重科研成果。徐老师强调我们要对科学作出真正的贡献，这个

图 11-2　1998 年，徐如人获全国教育系统劳动模范和模范教师证书（徐如人提供）

思想在我们心中已经扎根了。中国人在科技方面真正作出一点贡献，这是非常难得的，因为我们国家错过了科学理论发展的阶段。西方其他国家科学理论发展的时间正好是我国的清朝时期。如何在新时期实现跨越式发展，是需要我们有正确的理念，而不是急功近利，为了论文而工作。所以徐老师提出我们如何迎头赶上，提高我们的科技水平，为国家的建设作出贡献，在国际的科学技术上添砖加瓦，这是徐老师最基本的理念。徐老师就是这么教导我们的。徐老师在教学方面是面对面、一对一的教导。我在念书的时候，每个礼拜都要去徐老师的家里面对面地交谈一个上午，这样可以亲身感受导师的学术思想，领会导师的讲解，在学术上受益匪浅。在整个人才培养方面，徐老师培养出一大批的学术骨干，他的大部分学生现在在国内外的各个重要领域都是骨干人才。徐老师在成为中国科学院院士的阶段是他的学术高峰期，无机合成当时在国内发展很快。在新的形势下，徐老师的教学理念、教导方法和为科学贡献的精神仍然对目前我们科研工作有着指导作用。[①]

徐如人的教学工作还有一个特点，就是几乎所有他讲过的课程中，基本上都是原创性的。因为这些课程都不是约定俗成的，差不多都是在无章可依，没有现成的教学大纲和教材，甚至是没有别人的经验和做法能够沿袭借鉴，基本都是从一张白纸开始准备的。如给物理系学生讲"普通化学"，给化工专修班讲"无机与分析化学"，给化学系一年级学生讲"现代化学基础"，给哲学系学生讲"化学"及后来给大四学生及研究生讲"分子筛化学"与"无机合成化学"等，既无教学大纲，又无合适的参考书和教材。这样，他完全得从头开始，在看大量参考书、查阅资料的基础上，经过自己的分析、归纳、总结，然后制订出教学计划，备课教案。徐如人认为，首先要让自己懂得这门课，然后再考虑如何让学生也"懂"这门课，而且还要让学生有思考的余地，以及对学生的疑问作出解答。

---

① 冯守华访谈，2016 年 4 月 20 日，长春。资料存于采集工程数据库。

以下几个事例足以说明徐如人从事教学的这一特点。

第一个例子是，1953年，徐如人承担为物理系一年级学生讲授"普通化学"的任务。当时正处于全面向苏联学习阶段，化学系的所有课程全部用苏联的教学大纲，然而当时物理系却没有准备可供化学系参考的苏联的"普通化学"教学大纲。当时他能拿到的参考资料仅有两本刚翻译出版的苏联普通化学课本：一本是苏联化学家格林卡著的《普通化学》，另一本涅格拉索夫著的《普通化学教程》。粗读之后，徐如人发现前者是一个简化版的以无机化学为主的书，后者则是一本很好、很有特色的无机化学专著型教材。然而根据他在上大学所学的《普通化学》及当时已被翻译出来的鲍林的《普通化学》来看，他感觉普通化学应是一门让人们认识化学科学的绪论性课程，包括对化学研究的对象、化学科学教学的目的与任务、化学的最基本理论、化学的科学体系及相关的元素化学与主要分支学科内容的介绍，等等。

徐如人当时连对"普通化学"课程的定位与课程目标都搞不清楚，而任务又很紧迫，再加上他当时对化学的认识与基础不够，在这种情况下，他在第一年教物理系学生的普通化学课时，只能按当时唐敖庆老师为化学系讲授无机化学课程的简缩版来拟定教学大纲并进行授课，然而教学效果并不理想。他马上进行思考和改进，通过向其他老师请教、参考兄弟院校的教学模式、与学生进行讨论，以及参看一些有关书籍，才逐渐明白了个中道理，并逐步完善和改进了普通化学的讲授内容，收到了较好的效果。事后，徐如人对他第一次走上讲台授课的反思是：初次上课的效果不理想，是自己对该课程并没有完全弄懂之前就匆忙走上讲台造成的，要讲好一门课，自己首先要尽量弄懂包括课程的目的、定位、科学知识内容与体系特点及授课对象等。这次课以后，为他在今后教学上的成熟与进步提供了很好的借鉴，也铸就了他后来在教学工作上所取得的突出成就。

第二个例子是，1960—1961年，徐如人为当时化学系一年级学生讲授了三个学期的"现代化学基础"一条龙课程。这门课程是在"大跃进"思潮影响下对化学系基础课改革的产物。当他接到这项教学任务后，经过相当一段时间的考虑后他提出了一套想法，即以反应为纲将有关基础课程无机—分析—部分物化基础结合起来，产生一门新的基础课，以适应教学创新的要求。然而当时必须详细考虑下列问题：首先，以五大无机化学反应为纲能否更好地阐述无机化学的基本内容，而且比以前更好地让学生来懂得无机化学；其次，是以沉淀溶解反应、酸碱中和－水解反应、氧化还原反应、络合配位反应与复分解反应等为基础来让学生了解分析化学，包括以硫化物系统为基础的定性分析以及以酸碱中和反应、氧化还原反应、络合反应为基础的定量分析中的容量法等的基础及其发展前景；最后，怎样将热力学与经典动力学的基础与无机化学中的五大反应相结合，以具体例子来训练学生在化学学习中做到理论与实际的结合。

徐如人当时不仅每周要上三次课，有时还要协助关实之教授和曹锡章讲师编写部分讲义。从 1952 年到 1960 年，他虽已经有了六年的教学经历和两年的稀有元素化学与相关科学研究的进修经历，然而要较好地来理解与处理好上述关系，并对学生作三个学期的讲授，对他来讲的确是一项压力很大且十分繁重的任务。为此，他夜以继日地工作，仔细阅读无机、分析与物化方面的书籍，不断地思考问题，写讲稿、做教案，如期完成了教学任务。通过这次课改锻炼，使徐如人在做教学工作上积累了不少教训与经验，这些锻炼大大促进了他在教学与对化学科学认识上的成长与成熟。

第三个例子是，改革开放初期，在 1977、1978 届学生中重新开始了无机化学专门化教学。徐如人为当时的大学生讲授"无机合成化学"课程。这是他根据当时的形势经过深思熟虑后开设的课程。他认为，如果想将吉林大学的无机化学学科推向国内前沿，就必须形成自己的学科特色。

这是国内第一次开设这门课程，虽然当时徐如人在分子筛的合成化学方面已经开始做了一些系统性研究并取得了一些研究成果，然而无机化合物与相关材料种类的大量增加，合成内涵的扩大，以及合成制备与分离的策略、路线以及方法也开始逐渐增多，国际上虽已有 ACS 出版的《无机合成》丛书，G. Brauer 撰写的 *Handbuch der Präparativen Anorg. Chemie* 等手册类或实验方法型的书籍，然而如何从化学的角度系统讨论无机合成与制备问题，尚未有可供借鉴的书籍。因而他当时只能多方面查阅与总结有关材料，通过艰辛努力，他第一次提出了"无机合成化学"的课程体系并付之于课堂。

在讲第二次课时，徐如人对上述体系又进行了补充和大幅度的修改，并且花了不少精力将其写成了讲义。这样一方面有利于学生的学习，另一方面也是为了在国内建立起这个学科。为使这个学科在理论上更加科学严谨，他将无机合成化学讲义分送给北京大学、复旦大学、山东大学等学校的有关教授，恳请他们提意见。这些教授果真提出了许多很好的意见，如当时北京大学的张青莲教授就提出应增加"放射性化合物或标记化合物的合成化学"的意见；徐如人的导师，复旦大学顾翼东教授更是从多个方面提出了很多宝贵的意见。徐如人合理采纳了各位教授的意见，进一步改进了"无机合成化学"的讲课内容（包括讲义内容的修改）与该学科的知识体系。

这样，一个新的学科方向及课程体系就开始建立起来了。在此后的十年时间里，经历教学科研实践日臻完善起来。这期间，有一位来自山东大学化学系的进修老师刘德信，他后来也是一名从事无机合成化学方面的教授。在他的建议下，徐如人根据近十年的使用经验，于1990年撰写了《无机合成化学》一书，1991年由高等教育出版社出版。这是他从事教学科研工作以来出版的第一部专著，也标志着无机合成化学这一学科专业的正式确立，并在以后不断得到发展和推广。

这三个不同类型的教学事例，都是徐如人亲身经历的。当时的工作任务对徐如人来讲，压力的确很大，难度也很大。他为此付出了艰辛的努力，通过查阅大量参考书籍和文献资料，深入思考课程的体系与科学内容，虚心向有关老师请教，尽可能地理解这门课程，并且思考如何让学生懂得这门课及从中学到哪些内容与知识点等。功夫不负有心人，最终这些任务都出色地完成了。

徐如人就是在这种压力下艰苦奋斗的，通过各门课程与各教学环节上的教学实践，使他的基础越来越扎实，教学水平不断提高，经验越来越丰富，

图 11-3　2001 年，徐如人教学团队获国家级教学成果二等奖
（徐如人提供）

这也为他从事科研工作打下了很好的功底。他的体会是，所有的教学工作与任务，只要认真去做，不论是讲课、备课、带实验与辅导学生，以至指导本科生、研究生的论文等，都会使自己学到很多东西，有时甚至可以在与学生的讨论中得到很好的启发。他深刻体会到教学可以相长，从教学中摸索规律，去粗取精，除旧纳新，产生新思想，就能够不断提高和改进自己的教学方法与水平。另外，他能够较快进步与成长的一条经验就是：热爱并认真对待自己的每项教学工作，认真备课，用心思考，关注细节，勤学苦练，师生互动，教学相长，就一定能够把教学工作做好。

科研勤奋　成果累累

徐如人大学只读了三年，为了响应国家的号召提前毕业参加工作，援疆支教，参与东北人民大学化学系的建设。他没有做过大学毕业论文，因此缺乏最初步的研究工作经历与锻炼。工作以后，由于繁重的建系工作、教学工作、进修学习以及政治运动影响，徐如人用于科学研究方面的时间都是零打碎敲的，没有什么连续性，也没有什么明确的方向性。接触到什么工作，就做一点相关的研究。总结他的科研工作，大致可以分为六个阶段。

徐如人的第一次研究工作锻炼是在关实之教授的指导下进行的，当时是 1955—1956 年，协助关教授指导分析化学大四学生毕业论文。这时候他所接触到的科研工作还都是比较粗浅的，属于认识层面上的，如对研究工作的认识了解，学习一些研究方法，锻炼科研实践的基本能力如查文献、翻译资料、设计实验方案等。

第二次是 1956—1958 年，徐如人去复旦大学进修，在顾翼东教授的指导下，立足国内实际，做了近两年的钼和钒的提取合成研究。由于顾翼东教授的精心指导，使他在研究工作上受到了比较正规的锻炼，奠定了科研基本功。

第三次是进修结束返校后，由于繁重的教学工作，直到 1963 年，徐如人才开始结合带大学生的毕业论文，以及协助关实之教授指导研究生苟树增的毕业论文，做了一些零星的研究工作。此后，由于受"文化大革命"的影响，教学科研工作被迫停止。

第四次是在1969—1972年下放扶余县期间，结合当地实际，应用当地的石英砂资源做了一点应用性的开发研究——用水热法制水玻璃。1979—1981年，徐如人又针对开发炼油催化剂ReY的"一交一焙"制备路线做了一段时间在较高温度的水热条件的离子交换反应的研究。

真正比较系统的研究工作，即徐如人科研工作的第五个阶段，开始于改革开放初期。

前面提到，1978年，徐如人开始招收研究生，为了准备第一批5名研究生的毕业论文，他开始接触分子筛的研究，并由此建立了与汉斯·莱歇特教授的交流合作关系。通过交流，在基本上了解国际分子筛前沿与动态的情况下，他确定了以"分子筛的合成化学"作为研究领域来开展研究工作。那么，从哪儿作为切入点和突破口呢？对此，他曾进行过深入的研究与思考，通过文献的查阅、国际学术交流研讨以及了解国际上在本研究领域的前沿与动态的基础上，最终定下了"分子筛生成机理的研究"这个具体研究方向。

这样，5位研究生的毕业论文以及部分青年老师的研究工作就以此方向展开。他们以炼油与石化工业催化中具有重要意义的几类分子筛：Y型、L型、Ω型与ZSM-5型为对象开展了分子筛晶化相区、晶化与晶体生长动力学等宏观规律的研究，获得了一大批研究成果。首战告捷，这令徐如人研究小组非常兴奋，在此基础上，他们开始系统着手进行"生成机理"的研究。

不过，对分子筛生成机理的微观研究进行得并不顺利，虽然试用多种研究方法，经过了多次实验探索，然而，由于缺乏有效的原位表征实验技术与研究方法以及缺少必要的检测设备，继续做下去无疑是徒劳无功。于是，他毅然决定暂时停止对"分子筛生成机理"的进一步研究，在正确分析了目前的研究条件及团队的研究能力后，他将整个团队的研究方向调整为"新型分子筛与微孔化合物的合成与新合成路线的开拓"。这一科学调

图 11-4　徐如人与英国皇家研究院院长 J.M.Thomas 教授在一起交流（徐如人提供）

整使他们的研究工作又见曙光，在团队成员的共同努力下，他们在此领域又取得了一大批丰富的研究成果，发现了一批具有系统性的规律。

20 世纪 80 年代中期，徐如人研究小组又开始与英国皇家研究院院长 J. M. Thomas（FRS）等展开国际合作，并不断加大了合作的深度与广度，共同获得了很多研究成果，共同发表了多篇论文，得到了国际分子筛界的普遍关注。

2003 年发表于《化学通报》上的孙亦樑与邱希白的"用 SCI 引用率分析我国部分高校化学研究成果"[①]一文指出：

在检索 20 世纪最后 20 年里我国原重点综合性大学化学（包括中国科大）的研究论文并加以分析后可知，"以完成高引用率论文的篇数来衡量，吉林大学、北京大学和南京大学居于前列，中国科学技术大学、南开大学随后。通过该文的表 3 可知，吉林大学和南京大学国际协作活跃，更以南京大学的忻新泉（10 篇）和吉林大学的徐如人（8 篇）最为突出。北京大学和南开大学立足国内，国际协作相对少些。中山大学和香港联系密切。总之，不论内地大学还是沿海大学，改革开放后的 20 年里科学研究国际化的趋势都很明显"。

他们的这一评论比较客观地反映了徐如人科研小组当时的研究工作在国内同类学科中处于领先地位，并已具有一定的国际影响。

又经过十余年的摸索、研究与实践，徐如人的科研经验日趋丰富，科研思想更加成熟，研究方向更加专业精尖。在获得一系列研究成果的同

---

① 孙亦樑，邱希白：用 SCI 引用率分析我国部分高校化学研究成果。《化学通报》，2003，66（8）：567-573。

时，徐如人对高校研究工作的规律有了更深的认识，并且对合成化学发展前景有了比较清晰的构想，并能够正确运用这些规律来设计实验，或对实验结果进行预测。通过对合成化学基本规律的研究，他大胆地提出是否有可以以结构规整、合成化学研究已较多的微孔化合物为对象进行定向合成。定向合成应该是合成化学中的一个重要前沿方向，也是科研工作者孜孜以求的目标。另外，通过十多年对微孔化合物合成与结构方面的研究，他们在合成化学、结构化学及微孔晶体生成机理的实验规律研究方面积累了不少经验，这对研究它们的定向合成是有利的方面。然而由于实验条件与原位表征技术方面的不足，他们对微孔晶体生成的微观机理方面还缺乏细致认识，难于在短期内获得这方面的突破，这样就不太可能在短期内认识分子筛的形成机理，并在形成机理的指导下来进行定向合成的试探。这成了困扰他们多年的一个难题，必须想办法来解决它，才能实现科研的突破。

在此情况下，从 20 世纪 80 年代中后期开始，徐如人就请教计算机科学和人工智能方面的专家，希望通过学科间的交叉来解决这一难题。于是，他与当时团队中的徐翊华、裘式纶、徐文国等人与计算机系的徐鹰课题组建立了联系，通过多次讨论形成了通过建立微孔化合物的合成与结构数据库，然后在从对数据库的挖掘与总结规律来开拓定向合成的路线，最后再结合高通量的组合合成与表征技术来进行定向合成。

确定好这样的思路后，徐如人就开始花大气力来实施这一实验计划，首先组织了计算机系的裘喆、施宁等人与他团队中的徐翊华及他的研究生方敏、李激扬为主要成员的研究队伍，安排了三届本科学生以此作为毕业论文题目来系统查阅文献、总结数据，并结合他们自己十多年来的实验数据，建立了以微孔与开放骨架 $AlPO_4$ 的合成与结构化学数据库。与计算机人工智能方面的专家合作，同样安排了裘喆、施宁、周斌和刘晓东等三届计算机系学生来实验室读研究生，并以此方向为题进行数据挖掘方面的研究。这样，一直至 90 年代初期，研究工作虽然还没有取得较大的突破，但是通过学科交叉来开展的合作研究，使他们的科研视角与学术思路大大拓宽了，在吉林大学开启了校内合作研究的先河，这是他在科研工作上的一次进步。

如果说前四次的科研经历是徐如人从事科研工作的认识和起步阶段的话，第五次就是他科研工作走向成熟并形成具有自己学科专业特色的阶段。

接下来，即1990年以后，他的科学研究工作进入第六个阶段——提高阶段，亦可称作超越阶段。

1991年，国家开始实施"八五"计划，科技部以此为契机，组织制订了一批国家基础性研究重大项目计划——攀登计划，该计划包含的内容有两个方面，即以探索和认识自然界客观规律为目的的研究工作和瞄准社会进步、经济发展为目标的研究工作，涉及数学、物理、化学、天文、地学、生物学、基础医学、基础农学等方面的基础研究项目和技术、工程领域的基础研究项目。通过该计划的实施，集中一批高水平的研究队伍，在一些重要的学科领域中取得突破，使中国在世界科学的发展中占有一席之地；同时培养一批年轻有为的科研骨干人才，加强科学研究力量。

对于这一计划，全国各大学及相关研究单位积极响应。其中，北京大学的唐有祺教授提出"建设分子工程学"的建议，并邀请了吉林大学、南京大学、复旦大学及中国科学院北京化学所的有关研究人员就该课题进行了多次研讨和论证。唐有祺提出"以功能为导向进行结构与合成的研究"来创造、开拓具有特定功能的新物质的思想路线，以及在详细研究功能—多层次结构—合成关系的基础上建设分子工程学，并根据创新物质科研活动的特点，提出了"分片建设"的想法。这是一个科学、宏大、远见卓识的想法，正好与徐如人当时设想并已开展了一段时间的设计定向合成的思路非常吻合，因此徐如人就是在这种情况下应邀参加了这一项目，可谓"春苗喜逢及时雨，扬帆恰遇顺航风"。徐如人紧紧抓住这一良机，马上根据需要修改完善了自己的研究计划，顺时加入到这项大科学研究工程中来。在大家的共同努力下，经过几次申请、答辩和评审后，科技部批准了以"建设分子工程学"为主要研究对象的"攀登计划"，并成立了由北京大学、吉林大学、南开大学、复旦大学和北京化学所五个单位组成的项目组，推选北京大学桂琳琳教授为项目的首席专家。

当时徐如人是带着进一步开展设计定向合成的目的，希望在大项目的支撑下、多学科的协作下，使他们的定向合成研究借助"攀登计划"的东风，为正式进入国家大项目研究的行列创造了机会，使他的科研设想得以进一步的施展。在经过了两届"攀登计划"的大项目合作研究后，他对"分子工程"与"建设分子工程学"的思想有了较深入的认识，对不同学科有了进一步的了解。根据项目计划的要求，使他对定向合成的目标——"以功能为导向"以及开展理想结构的设计研究深感任务艰巨。时不我待，必须抓紧时机，努力工作，才能实现创新性的突破。

一直跟随徐如人一起开展定向合成研究的于吉红教授对此感受颇深，她介绍说：

我是1998年从日本博士后毕业回来，跟徐教授在一个课题组从事分子工程学的研究。分子工程学有别于传统化学，就是一种逆向而行的思维方式。传统化学是从合成到结构筛选，结构表征到性能表征；分子工程学是从功能导向、结构设计再到定向合成。对无机材料来说，要实现这样一个定向设计合成，可以说是非常难，也非常具有挑战性。在当年，实际上徐教授跟我说过，很多人讲，无机材料不可能实现定向合成。因为无机合成不像有机合成那样有明确的反应，一步一步地就可以控制。相反，无机反应很难检出这样一个很明确的合成反应机理。至于对功能与结构关系则直到现在也不是很清楚。因而徐教授是致力于走分子工程学这条路。1998年我回国之后，徐教授要我和他一起来做这个方向。当时很多人认为这个太难了，实在是不容易搞定向合成。可是，就是在这样的一个条件下，我和徐教授还是一道儿去努力。我们从最基本的做起，去做数据库，去搜集文献，然后做规律的总结，如合成规律总结、结构规律总结等。从这样的开始，我们开发了新的很多结构设计定向合成的道路。现在对功能材料定向设计合成，我们已经走到了国际的前沿。在国际上我们可以说是一直占有一席之地，处于比较领先的地位。这个我觉得很重要。徐教授也经常跟我说，做研究，眼睛一定要瞄准更高的前沿，占领最高的制高

图 11-5　2000 年，"攀登计划"主要负责人在长白山合影（前排左起：桂琳琳、高滋、庞文琴；后排左起：裘式纶、徐如人、唐有祺。徐如人提供）

点。你总是要想到人家还没想到要做的事情，就像耕地，不是说只耕自己的一块地，而是要占领更高的制高点。这也是给我做科研的一个非常好的启迪。①

20 世纪 90 年代末期，科技部提出以"973"重大科研项目代替原来实施的"攀登计划"。科研目标更为宏大，立足更加长远，团队规模及研究范围进一步扩大。经过协商，上海有机所申请加入了这项新提出的"973"重大科研项目研究团队中，使参与大项目的学科内容进一步增多，科研力量进一步加强，参加单位变成四校两所。

2000 年的一天，徐如人接到了唐有祺教授的电话，电话一端，唐教授郑重地向他提出："新'973'大项目的首席专家，可否由吉林大学的同志来担任？"徐如人听后非常感动，同时也非常钦佩唐有祺教授为科学事业的更好发展所作出的这项决定。这不仅是在该项目研究布局上的科学调整，也是同行专家对吉林大学研究工作的信赖和认可，一定不能辜负专家们的期望，全力把这个牵头工作做好。徐如人马上把这一消息向学校领导作了汇报，经与系里有关领导专家研究后，决定由组内年富力强的裘式纶②教授来承担这项任务。经推选，大家一致同意由裘式纶担任首届

图 11-6　裘式纶教授（冯世博摄）

---

① 于吉红访谈，2016 年 4 月 15 日，长春。资料存于采集工程数据库。

② 裘式纶，1948 年 4 月 19 日出生，吉林省长春人，教授，博士生导师，曾任吉林大学党委常委，副校长。1985 年毕业于吉林大学化学系，获硕士学位后留校任教，1988 年 12 月在吉林大学化学系获理学博士学位。

"973"项目"创造新物质的分子工程学研究"的首席专家。这是第一项由吉林大学担任首席专家的"973"重大科研项目,为学校赢得了荣誉,提升了吉林大学无机化学在国内学术界的影响力。"973"项目首席专家每届任期5年,裘式纶不负众望,连续任了两届(2000—2010),2010年届满后,第三届(2011—2015)"973"项目的首席专家由本课题组的于吉红教授继任。

从20世纪90年代初开始直到2015年,徐如人作为主要学术领导成员参加了20多年的国家科研重大项目的研究工作,在化学领域众多学科诸如物理化学、结构化学、有机合成、催化科学、配位化学及无机合成化学等众多著名化学家的推动下,不仅使"分子工程的研究"与"分子工程学建设"得到了很大进步,而且使他的课题组不断"出成果,出人才",并在2008年荣获了科技部的荣誉证书,以表彰他们在"973"计划实施中取得的突出成绩。通过该项目的实施,使"分子工程"与设计定向合成(构筑)的概念与科学研究在国内得到了比较普遍的认可,文章被引用率比较高。经过了25年在科研大项目中的研究实践,在

图11-7 2008年,"创造新物质的分子工程学研究"项目荣获科技部颁发的荣誉证书(徐如人提供)

图11-8 2007年,徐如人课题组荣获国家自然科学奖二等奖(徐如人提供)

图11-9 2012年,徐如人课题组荣获国家自然科学奖二等奖(徐如人提供)

诸多单位的共同参与下，经过学科间的交叉，从不同角度认识、不同方法解决有关的科学问题，从互相学习、相互合作中得到了很多好的启发与帮助，促进他们所从事的定向合成研究工作取得了很大进步。

总结徐如人的研究工作，这种进步体现在以下几个方面：第一，在思想认识上，"以功能为导向"为设计定向合成研究提出了目标，并成为他们今后研究工作的方向。第二，在功能—结构—合成三者关系规律的研究上，对三者内涵的认识有了进步。以他们所研究的微孔材料来说，如果要定向合成具有特定催化、吸附或其他功能的微孔材料，先要弄清楚与功能相关联的结构，应是凝聚态微孔材料的多层次结构，特别对其"外赋"功能有相当紧密联系的不仅是单晶结构，还是凝聚态微孔材料的多层次结构（包括缺陷、表面、固体粒度与尺寸等）。然后是对他们所研究的无机微孔功能材料的合成实际上应该是包含合成、制备、组装以至自组装在内繁复的"构筑工程"，因而研究这三者间的关系，远较他们想象的复杂，这为他们今后在实验与理论上的研究提出了方向和更高的要求。第三，在学科交叉以及相互了解的基础上，启发且促进了他们今后重视下述几个方面工作：①借鉴有机化学中以反应机理的认识指导特定化合物的定向合成，他们应进一步加强对微孔化合物生成机理研究的更深入认识；②从计算机科学人工智能领域中以大数据为基础挖掘总结规律以达到对某些科学规律的认识受到肯定，促使他们必须进一步学习与深化以往利用数据挖掘指导定向合成的研究；③在结构设计取得突破的同时，必须进一步考虑与包括凝聚态多层次结构特点在内的理论设计方法等。

作为一名成熟的科学家，徐如人深刻感受到，在整个科学研究工作的进程中，对研究领域的选择、研究方向与突破口的选定及团队的组建、学术交流等问题的认识与处理的好坏，将会影响到整个科研工作是否能顺利进行或者是否有更快更好的突破。

首先是关于研究领域的选择。这是由自己对选择的立足点决定的，要么立足于为国家推动经济、社会发展的需要，要么立足于为了推动科学技术上的发展，这对整个研究工作而言是极其重要的一步。

其次是对研究领域前沿的了解与方向和突破口的选择。这是研究领域选妥后最重要的一项任务，需要自己花大量精力从文献、资料及从国际学术交流中对动态及发展前景的了解来认识、分析、判断。方向与突破口初步确定下来后，通过在实践中认真总结、修正后定下来。从对前沿的认识到对突破口的选择将在相当大的程度上影响你对今后研究工作的进行和研究成果的获得。对这一点，他有过失误也有过成功，是非常值得学界重视和借鉴的。

最后是研究工作的展开与团队的组织。随着时代的发展，需要解决的科学问题必然是庞大且复杂，往往需要组织有关学科的成员或者通过自己组内的成员，组成团队来合作进行研究，这样才有可能在较大的科学问题上有所建树，不然就会事倍功半。根据他的经验，合作需要相互间的深入了解与讨论，比如明确学科交叉中的关键问题就需要充分的相互了解与讨论。他在几次实践中就因为没有处理好这方面的关系，而使原来很好的想法无法得以实现。一个有着共同信念且能通力合作的研究团队是保证研究工作有效进行的最重要因素之一。

根据徐如人的体会，能将上述问题有一个较好的认识与处理，对整个研究项目（特别是对大项目）来说就有了一个好的开端。下面的问题就是如何团结与组织团队中的成员，使其各尽其责，长期坚持，用心将研究搞好的问题了。当然，随着研究工作的进行，不断地关注最新文献与国际学术交流，必然会对原来的计划与安排有所"微调"，这都是很正常的。

为了研究工作更好地进行，徐如人特别主张积极参加国际学术会议。为此，他从1980年参加第五届国际分子筛大会开始，连续参加了历届的国际分子筛大会。直到2007年在中国召开第十五届国际分子筛大会，甚至到2016年7月他还应中国催化协会的邀请，参加了首次在北京召开的第十六

图11-10 2006年7月，在长春举行第十五届国际分子筛大会组织委员会第三次常委会（前排左一孟宪平，左三起裘式纶、何鸣元、徐如人、闵恩泽、高滋、包信和，徐如人提供）

图 11-11　2016 年 7 月，徐如人与法国 Michel Che 教授（左，前国际催化大会主席）和美国 Ei-ichi Negishi 教授（2010 年诺贝尔奖得主）在第十六届国际催化大会晚宴上合影（徐如人提供）

届国际催化大会（16ICC），仔细聆听了几个重要的大会特邀报告。他认为重要的国际学术会议能让他们最及时、最早了解国际研究动态，并且能与相关学科领域的科学家相互交换意见与交流思想。同时，为了推动国内在"分子筛与多孔材料"与"无机合成化学"这两个与他们的科研、教学和学科建设紧密相关领域的进步，他特别提倡和创建并极力推动这两个领域的国内系列学术会议的开展。在他们的积极推动和不懈努力下，这两个研究领域的学术会议至今已在全国召开了十九届分子筛会议和十四届固体与无机合成化学会议，而且每届参加的科研工作者越来越多，会议的质量与国际化的程度也越来越高，这对推动国内上述领域研究工作的蓬勃发展起到了非常重要的作用。

教研相长　人才辈出

　　几十年的教学与研究工作经历，徐如人形成了比较成熟的教学科研思想和工作理念。可以肯定地说，他在这两方面做得十分成功。至于如何正确处理好教学与科研二者之间的工作关系，他认为这是一个十分重要且十分现实的问题，必须面对且解决好，这不仅是对一个教师工作能力和水平的检验，也是对一个教师职责认识的考验。

对此，徐如人认为，对于教师来说，对学生的教学工作是他们的首要任务，然而在教学工作的同时，必须进行一定的研究工作。只有开展深入的研究工作，才能学到且提高自己发现问题与解决问题的能力，了解到学科的发展前沿与发展动向，真正改善与提高自己的思想方法，才能够更好地指导学生，让你的教学工作有新意、不死板，从而更好地提高教学水平与教学效果，做到教研相长。反之，只从书本上备课、讲课以至带实验、带论文等，这样的教学只能是纸上谈兵，是教不好学生的。现在的高校，特别是高校中专设的研究机构，包括国家级和省部级重点实验室、工程中心等，其中的教师担负着国家特定的研究任务，是国家开展基础研究、应用基础研究以至应用研究的重要力量。虽然他们的主要任务是开展特定的研究工作，然而他们也同时承担着部分教学与研究生的培养任务，所以，也要认真履行作为教师的责任，不可以专重研究而忽视自己的教学职责，要做到既出成果，又出人才。

徐如人一直是按上述原则来处理教学与科研的关系，尽一个教师的责任来培养学生的。他的人才培养观是：首先是做好一名教书育人的老师，同时开展科学研究，用科学研究的成功经验与前瞻视野反过来更好地丰富和指导自己的教学工作，二者相互促进，相得益彰，这样，才能够培养出基础扎实，理论水平高，动手能力强的学生。这也是吉林大学化学系培养人才的传统做法，一直传承至今，总结为"三基"——基本理论、基础知识、基本实验技能。同时也是吉林大学化学系培养的人才一直沿用至今且为各用人单位所普遍认同的一个主要原因。

谈及化学系学生的"三基"培养模式，1956年入学的刘学铭体会较深，他入学时受教于徐如人，毕业以后留在无机教研室工作，与徐如人共事多年。他认为，学生基本学习能力的培养主要还是来自老师的言传身教，有什么样的老师，就教出什么样的学生。他列举了两件实验上的小操作，来揭示这一道理：

有一次，徐老师提出如何将把硝酸铝转化为氯化铝？这本来是不超过高中化学水平的问题，一时间，竟然把在场的人蒙住了几秒钟。在场的人都想到，应该先把溶液中三价铝离子沉淀成氢氧化铝，过滤出沉淀后，再将沉淀用盐酸溶解，再蒸发结晶，便制成氯化铝晶体。大家犹豫的是，选用什么样的沉淀剂，把三价铝离子从硝酸铝溶液完全沉淀出来。徐老师告诉大家，不能用氢氧化钠做沉淀剂，用量不足，沉淀不完全，用量过头，氢氧化铝沉淀又被溶解，生成偏铝酸盐，而应该用弱碱氨水或者碳酸钠作沉淀剂。这个例子说明，他善于把化学常识性的知识引用到实践中的灵活性和自觉性。

还有一次，在实验组会上，徐老师提出煤气灯大火（不分层的蓝色火焰）加热烧水快，还是强火（呼呼作响分层火焰）加热烧水快？他坚定认为前者快，见大家有些迟疑，于是当场试验，结果证明，受热面积大，传热效果好的大火胜出，而局部温度高受热面积小的强火败北。这个例子说明，徐老师实验基本功的扎实性。[①]

关于吉林大学化学学科在人才培养方面的成功经验，20 世纪 90 年代曾任化学系主任的吴通好教授在 2012 年化学学科创建 60 年之际曾撰文说：

下面是我系培养人才的两项闪光事件。第一件事儿是 20 世纪 80年代，根据美国哈佛大学有机化学家多林教授建议，教育部决定从1981 年起，每年采取统一考试的办法，从 12 所全国直属重点综合性大学化学系和中国科学技术大学化学系选拔本科优秀毕业生赴美攻读博士学位，简称 CGP 计划（CGP, Chemistry Graduate Program，项目的实施由当时的复旦大学校长谢希德任组织委员会主席，相关学校各出一名代表任委员组织领导考试，徐如人是该委员会成员。每次考无机化学、有机化学和物理化学三门课程，由组委会聘任出题学校和教师，每门课由四校各出一位教授组成出题小组，最后由一位"总统"统一选取与决定考题）。我系在 1981—1985 年被录取 37 人，在 12 所

---

① 刘学铭访谈，2015 年 11 月 19 日，长春。资料存于采集工程数据库。

高校中列北京大学之后，位居第二。

第二件事儿是建系以来，我系培养的学生超过万人。他们在国内各单位都发挥了自己的聪明才智，为祖国作出了重要贡献。到目前为止计有颜德岳、冯守华、张希、赵东元、段雪、江雷等被评为中国科学院院士；衣宝廉、曲久辉等被评为中国工程院院士。在国外留学深造和工作的大批校友也为我们化学争得了荣誉。记得在 1999 年 3 月，我去洛杉矶参加美国化学会春季年会时，竟见到了 31 位我们化学系在国外工作的学生。他们对我说："老师，咱们的学生在北美干的都挺好，一点儿不比北京大学的差。"当时我真是如含甘饴，要知道我们学生入学时的成绩与北京大学学生绝不在一个水平上，说吉林大学学生有后劲真是千真万确。[①]

至于 2012 年以后又先后有安立佳、于吉红、李松等校友被评为两院院士更能说明吉林大学化学培养人才的传统影响深远。这一优良传统的形成及由此所带来的显著成果，徐如人当之无愧的算是主要功勋之一。

图 11-12　赵东元教授（吉林大学提供）

据统计，1977 年恢复高考以后吉林大学本科教育培养的院士人数达 15 名，在国内高校名列前茅。其中，化学学科培养的院士有 8 名，徐如人名下培养的就有 3 名，分别是冯守华、赵东元和于吉红。这是一个非常了不起的成就，也再一次证实了化学学科培养的学生理论功底扎实、后劲足、勇于进取，这种功底使他们在科学研究的道路上走得更高、更远。

---

① 吴通好，吉林大学化学学科创建 60 年访谈，2012 年 9 月，长春。未刊稿，内部资料。

图 11—13　首届吉林大学化学学院杰出毕业生学术研讨会（2008 年 1 月，韩梅摄）

为沟通凝聚优秀的化学人才，建立化学学科精英人才网络，2007 年下半年，经化学学院几位化学专家学者的倡议，决定在长春举办"首届吉林大学化学学院杰出毕业生学术研讨会"。会议旨在发挥杰出毕业生的聪明才智，促进他们彼此的学习交流，增进友谊与合作，为母校的发展建设贡献更多更大的力量。2008 年 1 月 23 — 24 日，"首届吉林大学化学学院杰出毕业生学术研讨会"如期开幕。会前，化学学院就参会人员做了一个调查统计，在 2008 年以前，吉林大学化学校友中被评为院士、杰青、长江、百人、国家教学名师的就有近 70 余人。至于近十年来，新增的杰出校友包括"千人计划"特聘教授等又有几十人。所以，可以肯定地说，吉林大学化学学院目前在全国科教界的高端人才就有百人以上，位居全国高校前列。

作为本次研讨会的智慧结晶，化学学院编撰出版了一本名为《拾贝集》[①]的纪念性论文集，并建立了"吉林大学化学学院杰出青年基金"，用以鼓励学院在校师生以杰出校友为榜样，培养勤奋学习，刻苦钻研，锐意进取，献身科学的精神。同时，通过本次活动，也为化学校友提供一个回报母校和老师培育之情的机会。

学科建设　推陈出新

"文化大革命"以后，徐如人开始正式接触分子筛的研究，并逐步把

---

① 霍启升，寒梅：首届吉林大学化学学院杰出毕业生学术研讨会，《拾贝集》。2008 年 1 月 23 日，内部资料。

它作为一个主要研究方向，开发出一系列分子筛晶体结构。经过近十年的思考与对分子筛微孔化合物合成化学的系统研究，以及经常参加国际学术交流与访问，徐如人逐步认识到无机合成是现代无机化学的核心，其主要任务是为创造新物质、开发新材料、开拓新的研究领域与学科生长点提供基础。广义的无机合成应该包括制备、组装、杂化与复配及自组装等。研究内容与任务是认识与发展无机合成反应的基本规律与理论，完善与开拓无机物与材料的合成策略、路线、方法与技术、绿色与可持续性地开发、设计定向合成（构筑）新的无机物种。因而在国际上，无机合成化学一直处于核心地位和发展的前沿。随着国际交流的日益加强，他越来越认识到，束缚国内化学与材料科学发展的"瓶颈"之一是落后的现代合成化学，因此要发展现代合成化学，特别是基础更薄弱的无机合成化学必须得到更快的发展。为此，经他与有关专家、同行讨论后决定以合成化学为主攻方向来发展吉林大学的无机化学学科。

他们从三个方面开始了无机合成化学学科的奠基工作。

第一，以微孔化合物的合成化学进一步的系统研究与探索，以水热合成化学规律的研究为重点，培养大学本科生与研究生。在此基础上，1984年申请成功以合成化学研究为核心的无机化学博士点，1985年建成了无机化学博士后科研流动站，1988年无机化学学科被批准为国家首批无机化学重点学科。

第二，在1991—1993年建成了以水热合成化学为中心的教育部开放实验室，2001年经科技部批准在吉林大学成立无机合成与制备化学国家重点实验室。这为学科的发展提供了一个良好的实验平台与条件支撑，并进行了广泛的对外开放。

图 11-14　2004 年和 2015 年台湾五南公司出版的
《无机合成与制备化学》（徐如人提供）

第三，在 1981 年徐如人首次为本科大四学生开设了"无机合成化学"课程，并编写了课程讲义。经过近十年的修改、补充和完善，撰写了无机合成领域第一本教学参考书《无机合成化学》（高等教育出版社，1991年）。之后，他又经过了十年的思考与修改，在第一版的基础上补充了无机化合物与材料的制备化学，并将新版命名为《无机合成与制备化学》（高等教育出版社，2001年）。由于合成化学的快速发展，在新版的第二版中还进一步补充了无机物的组装与自组装，在 2009 年出版了该书的第二版《无机合成与制备化学》上、下卷（高等教育出版社）。

经过二十年的努力，徐如人及其课题组创建了一个由下列五部分组成的无机合成化学的教学与科学体系：①无机合成（包括制备、组装与自组装等）路线、技术与方法（包括特种与极端条件、仿生条件下的合成等）；②主要类型无机化合物或功能体系的合成、制备、组装以至构筑化学；③具有代表性的无机材料的合成、制备与构筑化学；④特定聚集态与凝聚态无机物的合成与制备化学；⑤无机合成化学的前沿、仿生合成与定向设计无机合成。这些内容被编进《无机合成与制备化学》一书。该书的知识体系得到台湾五南出版公司与世界著名的 Elsevier 出版集团所赏识，2004年，应五南出版公司之邀在台湾出版（2015 年再版）；2011 年，应 Elsevier 出版集团之邀以 *Modern Inorganic Synthetic Chemistry*（2017 年再版）为书名在国际上出版。他们希望从上述三个方面做好对我国无机合成化学学科建设的奠基工作，使束缚国内现代无机化学与材料科学发展"瓶颈"的无机合成化学得到更快、更好的发展。为创造新的无机物质、开发新材料及开拓新的研究领域与学科生长点提供支撑。

图 11-15　2011 年和 2017 年 Elsevier 出版集团出版的 *Modern Inorganic Synthetic Chemistry*（徐如人提供）

培养师资　提携后学

20 世纪 80 年代开始，随着中国改革开放的不断开展，科技教育界的改革也随之展开，尊重知识、尊重人才之风蔚然兴起。徐如人开始全身心地投入到教学科研工作中来，他需要大干一场，力争使无机化学学科跻身发展的快车道，与国内其他科研单位处于优势地位的相关学科比肩，最终实现赶超。但是，现实的情况是，由于无机化学学科起步较晚，师资力量相对薄弱，条件落后，这些都是制约学科发展的主要因素。尤其是改革开放以后，南北方的经济形势发生了较大的逆转，南方的经济迅速崛起，北方则相对落后，这一现实问题也影响到了高校的办学，表现最为明显的现象就是人才流失严重。

关于化学系师资队伍建设，徐如人曾在回忆录中写道：

　　从 1954 年开始成立无机化学专门化到 1958 年有了第一届毕业生，当时由于无机化学在系内力量最弱，因而从 1953 年开始，系里对分配来的外校大学毕业生在工作安排上比较照顾无机学科。例如，1953 年来自复旦大学分配到教研室的就有 4 人（杜尧国、周稚仙、张惠瑛、孙玲英），从北京大学分配来 4 人：1955 年（邱洁贞）、1957 年（陈天朗）、1960 年（屠昆岗、刘举正），以及 1960 年从山东大学分来 2 人（俞国桢、李德会）等，从 1957—1965 年又留下了本系的毕业生若干人。直到"文化大革命"开始前，在关老师的领导下，无机力量有了较大的增强，各教学环节都已有人负责。然而与其他学校相比，化学系的无机力量还相对薄弱。当时全国高校的无机化学中，南京大学的戴安邦教授、北京大学的张青莲和徐光宪教授、复旦大学的顾翼东教授、长春应用化学研究所的倪嘉缵教授、南开大学的陈荣悌和申泮文教授，当时他们都已是学部委员了。在他们的领导下，上述校、所的无机化学均已形成了一定的特色，走在全国前列。老实说，当时吉林大学的无机化学是被人看不起的，举一个很小的例子，1979 年在成都召开无机化学学术大会期间，当时成立的中国化学会无机化学专门委员会，委员中就没有吉林大学。虽几经争取，最后还是没有给吉林大学名额，这就是改革开放初期吉林大学无机化学的现实。再加上从改革开放初期开始，人才流动政策比较宽松。这种开放政策对于地处东北的吉林大学校、系、室的教师队伍的建设都非常不利。从"文化大革命"前到 20 世纪末期，无机教研室教师中由于"孔雀东南飞"与各种情况下的工作调动而导致的人员流失已近 30 人，这个数目已超过当时教研室的在职教师。在这种情况下，更加促使我们考虑并大力进行学科建设与人才培养，希望形成自己的特色，且对无机化学以至国家材料科学的发展提供人才支撑。特别要加大力度，尽力抓好对年轻人的提高培养工作。[①]

徐如人的这段叙述是比较准确和现实的，可以看出，师资队伍建设确实成了当时化学系的一个当务之急，也是影响事业发展的一个重要因素。此外，长春的地理位置、经济水平、气候条件等客观因素，对于吸引人才不利。要造就一支比较优秀并热爱科学与团结敬业的队伍，对事业上的发展和扩大来说，是特别重要且困难很大的战略任务。因而，徐如人对培养与提高年轻教师与研究生的工作特别重视，一直花费很大的心血。通过几十年的努力，在教师大量流失的同时，他只能立足于加强本校与本地区研究生与年轻教师的培养工作。这虽然有"近亲繁殖"的不利之处，然而，他也采取一定的措施设法进行了改变，比如让他们多出国进行国际学术交流等，尽可能地让他们更新观念，广泛获得知识与能力。他希望他们更好地成长，他们快速进步是他最大的心愿。对此，他全力实施了以下做法：

关于年轻教师的提高

由于他们教研室原来基础较薄弱，在建室的时候就只有关实之教授带

---

① 徐如人回忆录，2016 年，未刊稿。资料存于采集工程数据库。

领他们几个年轻助教。直至"文化大革命"前夕，一直承担着本系与外系（比如物理、生物、原子能、半导体，甚至文科的普通化学课程教学）繁重的基础课教学任务，从1954年起又增加了专门化教学任务。多年来没有时间来考虑和正式规划1955年以后来室参加工作的年轻教师的提高与培养问题，对他们也没有安排科学研究方面的锻炼，再加上他们室一直到1960年才留下来几位本系的毕业生，还有一部分是来自其他专业的。他们来室后不仅立刻从事他们并不熟悉的无机化学的教学工作，并且还需要相当一段时间来适应业务与环境。

1966年，"文化大革命"爆发，整整耽误了10年，直到70年代中期，工农兵学员的教学任务主要落到徐如人等人身上。在这种形势下，对该室而言，最重要的任务是如何创造条件，使这帮中、青年教师尽快成长与成熟起来。然而，在当时的条件下不可能实现脱产进修。由于该室教学任务重，他当时与关实之教授及有关同志商量后，决定为年轻教师们的提高创造条件，在承担繁重教学任务的同时，要求他们积极开展适当的科研工作，即承传关教授当时提出的教学与科研两手抓。幸而当时他们已开始了以"分子筛合成化学"为主的研究工作，而且已开始招收研究生了。这样，他们就以此为切入点，尽力为教师们创造条件，如安排他们协助带研究生，带本科生毕业论文，尽量创造机会让他们参与国内的学术交流活动，并结合室内研究的大方向，开始各自的科研题目。

从20世纪70年代后期开始，徐如人带领刘举正开展NaY的晶化与废钒触媒中钒的提取与再生，带领来自山东大学的俞国桢开展稀土NaY的水热离子交换与"一交一焙"的制备路线研究。同时，还指导59届本系毕业的韩淑云从事ZSM-5的晶化研究，指导来自北京大学的屠昆岗从事Silicalite-1与-2的晶化研究等。几年的实践证明，这种提高模式是有效的，他们都做得很好。遗憾的是，他们多来自关内的高校，在80年代中后期就纷纷离校南返了。因而，当时他只能着眼于更年轻一些的毕业于本校的教师的提高，像65、66届毕业的徐翊华、李连生、马淑杰、王杏乔等，尽快促使他们以不同的分子筛为对象，开展研究它们的晶化及转晶规律等的研究工作。大家经过勤奋的工作，都取得了研究成果，发表了文章，并且在学术思想与业务水平上得到了锻炼与提高。当时他们成了室内的学术骨干，并为无机教研室教师队伍的成长与强化提供了前进方向与比较成功的培养模式。

关于博士生的培养

1984 年，无机化学学科被评上博士点，徐如人开始招收博士研究生。从 20 世纪末至 21 世纪初，他亲自带过十几位博士研究生。他的想法是，除去第一批他招收的 5 位三年制的研究生外，其后他一般都是每届招收 1—2 位博士研究生，这是根据他的学术能力与精力决定的。他认为培养博士研究生，重在能相互交流学术思想，所谓"指导"，实际上指的是从学术思想上指导，让学生懂得自己从事的研究工作的科学意义，明确科学问题的所在，以及解决科学问题的途径与方法。这只能从多次的科学思想交流和与他们多次讨论（包括查阅文献与从事方法的试探等）来解决，让他们懂得做科研工作的方法与提高科研工作的能力。

切合实际，因材施教

2000 年以后的十年多时间里，根据大学教学与研究生培养方面的经历和经验，徐如人比较注意了解与观察东北地区学生的特点（包括思想与学术能力等方面的特点），并经常与南方的学生作些比较。他认为，对学生特点了解越多，越有利于因材施教。另外，在教学体制上，半个世纪前从向苏联学习开始，整个教学体制主要偏重于基础教育（这方面显然比西方突出）。改革开放以后，虽然国际交流日益得到重视与加强，然而整个体制上基本上没有大变动，比如在选课等方面，甚至对研究生课程的安排基本上还保持着原有体制的特点。再加上直到近年，他认为系、室对教学工作与研究工作的安排上还是没有做到很好、很紧密的结合，以达到几十年前提出的"两手抓，两手都要硬"的水平。在这种体制下，再加上研究生一开始就进入工作面很狭窄、任务非常具体的毕业论文的研究中，必然会造成硕士研究生知识"不硕"，博士研究生知识"不博"的短板，这样培养人才无疑是画地为牢、知识面窄、目光局限、思想上不可能活跃，从而造成自己解决科学问题的能力不强等问题。10 年前，他在亲自带博士研究生学习与开展研究工作时，虽然能力有限，然而一直在考虑这类问题，并尽量来做些调整（包括从研究生毕业直接留校从事研究工作的年轻老师），在选题时注意进行学科交叉。他当时带李守贵论文时，题目内容是希望学习与借鉴唐敖庆教授等创造的高分子缩聚反应统计理论研究水热条件下铝酸盐与硅酸盐的缩聚反应成硅铝酸盐的研究方向来开展工作。为做好这一课题，他带着李守贵还专门花了一学期旁听了当时数学系的统计课程。他在带计算机系的学生周斌的博士论文时，安排他去听了当时"分子筛化学"的课程；再如对从有机来的徐雁、刘再群，对从物理系出身的崔得良等人，他都安排了他们去听跨学科的相关化学课程，补充有关的知识；对其他学生，他都尽力让他们了解所涉及的研究思想与方法以及技术。他认为跨学科的交叉研究是科研发展的必然，最重要的是对交叉学科相互知识应有较深入的了解。

徐如人还特别重视跨学科的联合培养以选拔人才，例如，他将肖丰收、赵东元等人送到大连化学物理研究所请郭燮贤[①] 院士联合培养，将徐征送到日本 Kozo Tanabe（田部浩三）处进行跨学科联合培养等。

只要有机会，徐如人就会特别注意创造条件让研究生们加深了解与总结有关学科领域的国际前沿与进展，扩大知识面并提高总结、分析知识的能力。以 1987 年他们撰写的第一本著作《沸石分子筛的结构与合成》为例，他与庞文琴教授在确定书的体系与主要内容后，就组织了他们当时团队的几乎所有成员，包括屠昆岗、徐翊华、李连生、马淑杰等参加了该书的撰写。在经过几次讨论后，分头进一步查阅文献、总结工作实践经验，

---

① 郭燮贤（1925-1998），浙江省杭州市人，物理化学家，中国科学院院士，中国科学院大连化学物理研究所研究员、博士生导师。1946 年毕业于重庆兵工大学应用化学系；1947 年担任国立中央大学化学系助教；1950 年到中国科学院大连化学物理研究所工作；1958 年担任中国科学院兰州化学物理研究所催化研究室主任；1961 年回中国科学院大连化学物理研究所工作，历任甲苯任务领导小组成员、研究室主任等职，1978 年任催化基础研究室主任；1979 年担任中国科学院大连化学物理所副所长；1980 年当选为中国科学院学部委员，同年担任《催化学报》第一届主编。

然后开始撰写，最后由他统稿协调完成。

在徐如人最初带研究生的前十年，他几乎在他们毕业后就直接推荐去国外进一步深造。比如从 20 世纪 80 年代开始将张建民送往德国汉堡大学，将刘新生送往英国剑桥大学，将赵敬平送往英国曼彻斯特大学，以及推荐冯守华去美国 Rutgers 大学，徐雁、陈接胜去英国皇家研究院 Davy-Farady 实验室，肖丰收去北海道大学，霍启升去美国加州大学（Santa Barbara）校区等。

注重选材，坚持标准

徐如人重视对研究生的选才工作，并对不努力、不合格学生进行必要的处罚。其中，在他自己带的博士研究生中就有四位因为工作不尽如人意，他就没有给他们学位。在这点上，徐如人是始终坚持原则的，主要体现在以下几个方面：

（1）他对研究生的培养是高标准、严要求的。从 20 世纪 70 年代后期开始直至今天，他培养的研究生人数相比之下并不多，平均每年也就 1—2 个，然而这些学生成长和发展得都不错，且有后劲，这与他平时一贯对学生要求较高和严格培养有关。

（2）他对研究生与青年教师注重全面培养，包括学术上、思想方法上和为人上，并能够做到因材施教。

（3）在对研究生与青年教师的具体指导上，他特别注重彼此间的思想交流，他喜欢和他们朋友般的面对面深入讨论问题。他认为指导作用主要是点拨、引导，使年轻人能充分发挥聪明才智，提高加深对研究课题的兴趣与对解决科学问题的欲望，激发其创造性思维。同时，让其经历困难，培养其勇于面对困难与克服困难的精神。

（4）对中青年教师的培养方面，他则是尽量创造条件，提供机会，让年轻人到实践中去锻炼，经风雨，长见识。诸如：支持、帮助年轻人申请科研项目，安排他们参加或主持研究课题，使他们在开展高水平研究工作实践中增长把握国际学术前沿动向和选择开拓性课题的能力，掌握高层次的基础理论知识与相适应的研究方法，增长团结甚至带领研究集体开展研究工作的组织领导才能，在科学研究工作中获得高水平的成果，从而大幅度地提高学术水平；安排优秀年轻人才尽量多地参加国内外的学术活动和学术访问，使其能与国内外著名的专家、教授广泛接触，交流学术，得到启迪，了解和掌握他们所从事的研究领域的新动向和学术前沿，同时逐渐扩大他们在学术界的影响。

徐如人平时待人温和，没有架子，生活上也不挑剔。但是在学生培养上却从不打折扣，有时严厉得有些绝情。也正因为他的严格与坚持，保证了无机化学学科人才培养的质量。徐如人培养的学生，不论是出去工作的，还是留下来和他一起共事的，基本上都成了单位的骨干，在教学科研领域传承着吉林大学化学的优良传统，在教学科研第一线起着引领和带头作用。

在引进人才工作上，徐如人十分注重感情投入，尊重人才，包容有个性的人才，尊重他们的个性发挥，使他们充分发挥出创造性的劳动。他有爱才之心、求才之诚、识才之方、容才之量，积极为人才解决工作、学习、生活上的实际困难，努力营造人尽其才、公平竞争、鼓励创新的宽松和谐的人文环境，并且从各方面为他们的成长创造条件。

在谈及徐如人在人才队伍建设的工作时，吉林大学老校长刘中树[①]教授语重心长地说：

> 他特别注意学术队伍的建设，特别是对青年人才的发掘和培养。我记得当年也是我负责学校工作的时候，他的一位非常出色的博士生刚刚留下，徐教授找我很多次，让我一定要支持对这位博士生爱人的工作安排。他说他对这位青年人才的学术建设有很长远的考虑，这个长远考虑需要得到学校的支持，他看出来这位年轻博士很踏实、学业基

---

① 刘中树，男，1935 年 10 月生于吉林省集安市，中共党员。现任吉林大学教授、博士生导师、国务院学位委员会学科评议组成员，哲学社会科学资深教授。1958 年毕业于东北人民大学中文系，后留校任教，曾任吉林大学中文系教研室主任、系主任，学校副校长、校党委副书记、校党委书记、校长。

图 11-16　徐如人家的李子宴（2017年，宁德宽摄）

础也很好，是一个做科研的人才，他想把他下来，所以学校一定要支持他爱人的工作安排问题，以消除他的后顾之忧。

这些人当中，像裘式纶、冯守华、于吉红都是徐教授一步步培养起来的，都让他们在学术上站稳脚跟后来学校工作。他们在行政工作上面有能力，但是还是要以学术研究为主。肖丰收、陈接胜、冯守华、于吉红、裘式纶等人留校都是徐教授力保的。当时为了能够让陈接胜来吉林大学，徐教授恳求学校能够支持。我那个时候是个副校长，我们的伍卓群①校长亲自给在英国的陈接胜写信，而这也是徐教授争取的。虽然后来也有一些人走了，但是徐教授也算是给我们国家化学培养了一批优秀人才。

对于徐如人的爱才之心，他的学生于吉红体会最深，她念书时师从徐如人教授，工作后留在徐如人课题组工作，深得徐如人的言传身教。她对徐如人的教书育人之道、科学研究之风、做人做事的品行感同身受，也是徐氏教学科研理念的传承者。她说：

　　对我来说，徐教授可以说是亦师也是亦父，就像我的父亲一样真的很关心我。每当我觉得身体有点不舒服的时候，徐教授都会在家给我拿了很多药带过来，真是让我很感动。他就非常像自己的父亲一

---

① 伍卓群，湖南省湘潭县人，1930 年 12 月 22 日出生。1950 年 7 月进入东北工学院学习。1954 年毕业于吉林大学数学系，留校任教，历任讲师、副教授、教授、副校长、研究生院院长、校长、博士生导师。

样，你说胃不舒服，他肯定找一些胃药；你说感冒了，他就找一些感冒药。徐教授也是家里有什么好吃的，就给我带过来。特别是徐教授家里种了两棵李子树，每年他家的李子树都长得枝繁叶茂，可能真的是因为徐教授桃李满天下，所以结的果子也都非常丰硕。每当七八月份李子成熟时的时候，徐教授就会召集我们这些弟子到家里去品尝。我们把这次聚会称作"李子宴"。就在他家院子里面，坐在李子树下面，我们就去开 party。树上的李子我们都是直接摘下来就吃。徐教授总是不停地说："多摘下来一些吃啊"。那种喜悦，真是难得的一种享受。我们就像一个很快乐的大家庭一样，跟徐教授在一起，我们去享受这样的一种快乐。有了这种家庭的感觉后，我们就想到了我们这个小组一直叫"分子工程学小组"。我们和我们的学生也一直是觉得我们是分子工程学的，包括我们毕业的学生和现有的的学生，因为有这么一个方向，有这么一个名字，真的觉得有一种家庭的感觉。所以我们一直是叫"分子工程学小组"，我们学生一直是"分子工程学"学生，大家就是沿着这个方向一起做的。①

潜心学问　著作等身

21 世纪初期，经过了半个世纪的耕耘奋斗，徐如人为无机化学学科的发展历尽艰辛、栉风沐雨、殚精竭虑、只争朝夕，终于把一个名不见经传的弱小学科发展成为国家重点学科，并创建了一个国家重点实验室。由他的团队成员领导了连续三届的国家重大科研项目（973），取得了一系列重要的科研成果，培养了一大批高水平的科技人才，可谓实至名归，其成就和影响令学术界刮目相看。

时光飞逝，如驹过隙，五十年弹指一挥间，岁月的印痕深深镌刻在徐

---

① 于吉红访谈，2016 年 4 月 15 日，长春。资料存于采集工程数据库。

如人的面庞。此时的他已年逾古稀，不能再像年轻人那样冲锋陷阵了，应该把学科发展的重任交到年轻一代身上了。基于这些考虑，他开始逐渐把自己工作的重心逐步从教学科研与研究生的培养工作上转向了学术著作的编著中来。从自身原因来说，无可讳言，随着年龄的增加，学术思想的活跃性与精力上的积极性逐渐衰退，这是研究与创新上最主要的障碍；从另一方面来说，由于长期科研与教学工作实践的积累，以及自己一辈子拼搏奋斗的经历与感悟，确实希望能将自己的科研与教学实践所取得的理论知识、研究规律、教学经验与人才培养等方面的工作进行总结、著书成卷，以资后来人学习与参考；同时，通过总结，向国际、国内产、学、研界系统介绍自己的工作与研究成果，也能为社会留下一笔知识财富。

从徐如人的著述经历来看，他从 20 世纪 80 年代初期开始，在吉林大学化学系为学生讲授"无机合成化学"课程，首次将"无机合成化学"搬上课堂。他当时用了近 2 年的时间，撰写了该课程的讲义。那时他的目的是为了进一步厘清该专业的研究思路与课程体系的建立，使之成为今后教学科研的一个常规化的专业。由于该课程是国内首开，在教学实践中，他一边与学生进行交流互动，感受课堂教学效果，一边向有关高校的老师与专家征求意见，对讲义进行反复修改，借以在建立学科体系和内容的基础上，不断地提高水平，闯出新路。经过十年左右的修改、补充与完善，1991 年他撰写的《无机合成化学》专题型教材由高等教育出版社出版发行，这是国内首部"无机合成化学"著作，该书的出版实现了他在无机合成化学领域的教学研究工作从初创到实践探索、从不断完善到理论的日趋成熟并最终建立了一个全新学科体系的构想。

随着研究工作的不断推进，由于无机化合物与物种类型的扩展，无机材料的大量开发，以及相关的制备、组装与自组装路线与方法的出现与开拓，2001 年徐如人与庞文琴教授修改了"无机合成化学"学科的体系，并大幅更新与补充了知识内容，特别是增加了制备路线与方法的化学内容，主编了《无机合成与制备化学》（第一版），由高等教育出版社出版。2009 年他们又在大量充实、更新内容及补充了组装与自组装路线的基础上，由高等教育出版社出版了第二版的《无机合成与制备化学》。2011 年与 2017

年，他们分别撰写了 *Modern Inorganic Synthetic Chemistry*（Elsevier 出版社）第一版与第二版，将"无机合成化学"这一体系推向了国际。

抱着同样的思路，徐如人将 1987 年撰写的《沸石分子筛的结构与合成》一书在仔细总结、修改与更新内容的基础上，2004 年与 2015 年由科学出版社出版了《分子筛与多孔材料化学》第一版和第二版，并在 2007 年由 John Wiley & Sons 公司出版了 *Chemistry of Zeolites and Related Porous Materials* 一书，再一次将他们团队的研究工作与本研究领域的前沿成果推向了国际。

徐如人在做科学研究方面埋头坚持，格物穷理；在著述方面亦潜心归纳，集章成卷。系统地总结了他几十年来教学科研工作积淀，发掘整理，著述颇丰。近二十多年来，他一直潜心著书，几乎每天都要花个四五个小时亲自手写书稿。不当之处就一遍遍地擦掉，再一遍遍地重写。他那个年代的人不习惯用电脑打字，就一直用手写，整日伏案耕耘，不厌其烦。他的愿望就是要把他这一辈子积累的一些教学经验、科学知识传递给后人。在他的著述中，有的著作是他自己独立完成的，有的是他与别人合作的。据他的学生和助手于吉红教授讲，他跟徐如人一起参与写过三四本书。每次写完一本书，徐如人都说，"我们最后一本了，最后一本！"可是一旦再有任务，再有出版社强烈恳求徐如人能不能再版，或能不能再写一些这方面的书时，徐如人还是坚持要去写。他认为，既然需要再版，就说明有需要之处，因此，他就要尽量满足学习研究者所需。自己再苦再累，能够为后人提供知识需求，他就感到十分值得。他的这种精神，完全是出自对科学的热爱，甘于为科学事业执着奉献。所以，他才乐此不疲，是他的热爱、挚爱，撑起了无机化学学科创新研究、人才培养及理论传承的一片天空。

近二十年来，徐如人与庞文琴及他们的研究团队，在著述方面花了不少心血与精力。然而在仔细撰写学术著作的同时，也不断提高了

图 11-17　徐如人论著合集（徐如人提供）

他们整个团队对该学科的全面认识与对科学前沿及研究方向及突破口的了解。通过归纳总结，去粗取精，去伪存真，在理论上日臻完善，并编著了以"无机合成化学"与"分子筛化学"为主要专业内容的一系列论著。这些著述是徐如人六十多年来智慧与汗水的结晶。他不仅把一个学科推向了一个高峰，创建了新的分支，而且为学科的发展奠定了深厚的理论基础、物质基础与人才基础，这种集教学、科研、著述于一身的成就，彰显了徐如人不平凡的科教人生。

如果说徐如人当初的志愿是想作出一些青史留痕的业绩，那么，这些饱含心血的论著就是他留给后人最好的见证，堪称是镌刻在科技史册上的一枚闪光的印记。

2016 年 10 月 11 日，是徐如人来吉林大学工作的第 65 个年头，为纪念这一特殊的时刻，徐如人决定将自己与妻子庞文琴教授以及他们子女的所有著述捐赠给学校图书馆作永久收藏，以表达他对学校的这份情感。

10 月 11 日，吉林大学隆重举行了题为"著书立说，传道如人"——徐如人院士、庞文琴教授、徐鹰教授、徐雁教授学术著作捐赠仪式。仪式上，受学校党委书记杨振斌、校长李元元委托，吉林大学常务副校长邴正教授代表学校接受了徐如人院士全家向吉林大学图书馆捐赠的分子筛与多孔材料化学、无机合成与制备化学、生命信息学等领域三大类 28 本专著，并为徐如人院士颁发了捐赠证书。

图 11-18 2016 年 10 月 11 日，徐如人一家向学校捐赠著作仪式（吉林大学党委宣传部提供）

常务副校长邴正在致辞中代表学校党政班子和全体师生向徐如人院士及其夫人庞文琴教授、儿子徐鹰教授、女儿徐雁教授为吉林大学特别是化学学科作出的巨大贡献表示诚挚感谢，对他们把两代人的心血捐赠给学校所体现出的"传道如人"培育英才的精神表示由衷的敬佩。学校要以此次捐赠仪式为契机，不断激励广大师生学习徐如人院士等前辈们的严谨治学、爱国爱校、艰苦奋斗、无私奉献的精神，同时希望能有更多像徐如人院士及其家人一样的专家学者关心支持吉林大学事业的发展。

徐如人在致辞中回顾了在吉林大学的工作经历和为吉林大学化学学科走向国际所作出的不懈努力，表达了一家两代人对吉林大学的深厚情感。他深情地说，之所以把捐赠仪式选定在今天，是因为64年前的10月11日，他从上海来到长春，正式成为吉林大学的一名化学教师。64年后的今天，他把全家人的科研心血捐赠给学校，是对吉林大学培养的诚意回报。他还同与会师生分享了作为一名教师的思想感悟，即：要把教学、研究、培养人才作为三个核心任务完成好。在回首工作经历时，他多次提到"拼命"二字，并鼓励青年师生珍惜现在良好的社会环境和教学科研条件，潜心钻研，不断进取。

仪式上，徐如人的弟子代表先后发言，回顾了徐如人的学术成就和突出成果，并表示会将其对研究工作精益求精，对教诲学生言传身教，对科学理想百折不挠的精神延续和传承下去。

第十二章
美满婚姻　幸福家庭

婚前八年　志同道合

一般来说，一切事业上有成就的人，都不愿意谈自己成功的原因，尤其是中国知识分子。但是，后人们最感兴趣的，恰恰又是名人之所以成为名人的原因。

据作者确认，徐如人之所以取得了杰出的成就，除了他本人的天赋与任教期间艰苦奋斗与执着追求的内因外，还有两个不可忽视的外因。

其一，徐如人受过良好的中学和大学教育，平生遇到了对他治学和为人都产生过深远影响的好老师。

应该说，作为化学界前辈又是一起共事多年的老师唐敖庆教授、蔡镏生教授、关实之教授和陶慰孙教授及全国无机化学界的老前辈们，对他的成长都曾经产生过直接或间接的影响。其中对他教育、指导和影响最大的、堪称授业宗师的有两个人：一位是他参加工作时指导和带领他的无机教研室主任关实之教授；另一位就是他在交通大学读书期间及后来又在复旦大学进修期间的导师顾翼东教授。

正如前文所述，从 20 世纪 50 年代中期起，徐如人便同顾翼东教授结下了终生不渝的良师益友的情谊。顾翼东教授对他帮助其大，影响至深。他说：

> 顾翼东教授对学生非常爱护，特别关心，现在他还经常给我写信，有时每周写一封，指导我应该做些什么和怎么做。不久前，顾老 90 诞辰暨从教 70 周年纪念会，我还专程前往祝贺……①

关实之教授是徐如人事业的领路人，三十多年的合作共事使他们结下了深厚的师生情和同事情，在关实之教授身上徐如人学到了干事创业、教书育人、高尚师德师风等许多优良的品质，为他在吉林大学的成长进步奠定了坚实的基础。

图 12-1　20 世纪 90 年代，徐如人与妻子庞文琴郊游时合影（徐如人提供）

其二，徐如人有一个幸福美满的家庭，特别值得一提的是，他有一位真诚善良、聪慧勤奋、温文尔雅，在生活上与他同甘共苦、在事业上与他比翼齐飞的好妻子——庞文琴教授。

徐如人在自己的一篇回忆录中写道："在我的一生中最幸运的是有一位与我半世纪风雨同舟，五十年相濡以沫的妻子，以及一个十分融洽与幸福的家庭。如果说在我们的一生中对事业、对学校及对国家作出了一点成绩与贡献的话，

图 12-2　庞文琴工作照（徐如人提供）

---

① 徐如人访谈，2015 年 10 月，长春。资料存于采集工程数据库。

图 12-3　2000 年，徐如人与庞文琴在长白山天池合影
（徐如人提供）

庞文琴给我的帮助和支持是最大的"。①

前文提到，徐如人与庞文琴是在 1952 年分别由上海交通大学与东北师范大学化学系三年提前毕业后分配来到当时的东北人民大学，开始参加化学系建系工作的，他们两人当时都是刚过 20 岁。从一开始，他们就同时被分配到无机化学教研室，承担各自的工作。庞文琴当时是无机化学实验组的组长，徐如人在第一学期也带无机化学实验。他们一起参加了艰苦的建系工作，从建设化学系学生的基础实验室开始，一直打拼在一起。三年的工作后，他俩已经很熟了。

1955 年，庞文琴去北京大学跟随苏联专家学习物理化学分析，直到 1957 年才返回学校。而徐如人是在 1956 年去复旦大学，跟随顾翼东教授进修稀有元素化学，直到 1958 年春季返校。这期间，他们分开了三年，又一起回到了同一个教研室。又经过了两年的工作相处，他们俩已经很了解了，彼此情意相投，志同道合，一种水到渠成的婚恋关系便悄然地发生了。1960 年 1 月 11 日，他们在长春举行了婚礼。在以后的几十年中，他们同甘共苦，相互关照，同舟共济，相濡以沫。

婚后十年　养育子女

1960 年 12 月 21 日，儿子徐鹰出生；1963 年 10 月，女儿徐雁出生。

---

① 徐如人访谈，2015 年 10 月 12 日，长春。资料存于采集工程数据库。

他们给孩子起名为"鹰""雁"，希望孩子将来能够有远大志向，展翅高飞（包括1970年出生的小女儿，起名为"鸿"，亦有此意。后来，这三个孩子都应了名字的寓意，考上了大学并出国留学深造，皆学有所成，出类拔萃）。

1960年，徐如人正负责教改"一条龙"任务，日以继夜地为完成"现代化学基础"的主讲任务与整个教改集体工作的协调推进而努力拼搏着。而庞文琴也是系里教改"一条龙"任务的骨干，她在参与了一段时间的教改任务后，由于当时新建的原子能系及生物系的教学需要，她又被系里安排到这两个部门主讲"普通化学"。她接受的这些教学任务在当时都是无先例可循的，一切全靠她自己在探索中开展。她当时已怀有身孕，为完成教学任务，她无暇照顾自己，为节省时间，她和丈夫每天都到学校食堂吃饭。食堂伙食很差，而他们的工资又都很低，每月加起来仅一百余元，根本谈不上补充什么营养，就在这样的条件下，他们的儿子徐鹰出生了。

对于儿子出生这件事，徐如人是终生难以忘却的。难忘的不是儿子出生所带来的喜悦，而是他对妻子的那份歉疚。那段时间，徐如人忙于《现代化学基础》课程"一条龙"的教学改革任务，整天都在疲于备课，根本无暇顾及怀孕的妻子。12月20日，也就是庞文琴临产前的那天晚上，徐如人还在理化实验楼六楼一间大实验室里准备布置配合讲课用的教学展览，以供学生们第二天上课时参观。他正在专心忙碌着，半夜十二点左右，庞文琴拿着住院用的脸盆与一些生活用品，穿着厚厚的棉大衣，非常吃力地爬上了六楼，面色苍白，气喘吁吁地推门而入时，徐如人惊呆了，眼前的情景让他这个"不称职"的丈夫着实大吃一惊。原来半夜时，妻子的羊水突然破了，她预感到即将临产了，而当时没有任何通信设施与交通工具，时至深夜，周围寂静无人，又不便叫起左邻右舍，所以她只好从他们居住的宿舍楼冒着凛冽寒风，一步一步走到实验楼，并且很吃力地爬上了六楼来找丈夫。

平时疼爱妻子的徐如人，当时惭愧与难受的情景自不必说。得知妻子的情况后，他俩立即从六楼一步步走到了当时的市分局（现长春市公安局朝阳区分局）路口的有轨电车站。他们在凌晨的寒风中等候了将近一个小时，人都快冻僵了，这才来了电车。幸运的是，次日上午，儿子徐鹰出生了。在这段经历中，妻子的坚强与对他的体谅，那种既明事理又宽容大量的温柔和贤良，令他终生难忘！

儿子出生后，由于当时的条件确实困难，除了当时徐如人在南京医学院任教的大哥徐如愿为了给刚出生的孩子补充一定营养，给他们寄来了一些米粉外，几乎什么都没有。再加上当时他们俩工作特别紧张，徐如人全力忙着教改任务，庞文琴则承担了多门课的教学任务，除了给本系的学生讲授物理化学分析课外，还要给生物系的学生和原子能系的学生讲授普通化学，忙得不可开交，他们每天很少在半夜以前回家休息。工作和生活的重压使他们实在无暇照顾孩子，待孩子满月后，无奈之下只好把他寄养在一对山东籍的老夫妇家中。那对老夫妇的家非常破旧，只有一间房、一铺土炕，炕下还养着一只产奶的山羊，地上堆满了喂羊的干草。他们的长子徐鹰——这位后来成为国际著名的生命信息学专家、美国佐治亚大学的讲座教授，每天就是靠着这一点点羊奶的营养长大的。

谈及此事，徐鹰感慨地说：

> 我印象中听说我出生两个月到三个月，我妈妈就没有奶了，加上他们又特别忙，1961 年那时候"大跃进"。我妈妈就把我托付到一个长春人家里去了，他们家有一只羊，所以我小时候基本就是喝羊奶长大的，我爸妈周末回来看我一次，一直到 2 岁左右我才被抱回家。①

1959—1961 年，由于"大跃进"运动及自然灾害的影响，导致全国性的粮食短缺和饥荒，时称"三年自然灾害"。这一困难波及全国城乡，农村城市都有饿死人的现象发生。此时徐如人全家也是挣扎在温饱线上。

据徐如人回忆：

> 那时家里实在找不出吃的来了，我就推个车子，一天步行往返

---

① 徐鹰访谈，2015 年 12 月 10 日，长春。资料存于采集工程数据库。

20余公里到长春市郊一个叫兴隆山的菜社地里去捡拾散落的白菜叶子，回来后洗净剁碎包成菜团子充饥。这样，总算度过了那段难熬的岁月。[①]

1963年长女徐雁出生，那时他们的条件稍微有所改善。不过由于他们的工作还是很紧张，因而也只能把女儿寄养在另一户人家中，直到她上托儿所。

1964年，中央提出了在农村搞"四清"运动，吉林大学校、系当时就抽大批教职工去参加。他们家得出一个人，由于那时徐如人患有比较严重的胃溃疡，庞文琴怕他下乡吃粗粮受不了，因而她毅然决定自己去参加"四清"运动。在这种情况下，庞文琴于1964年七八月间去了榆树县弓棚子公社，参加了近一年的"四清"运动。

在"文化大革命"的十年中，因为徐如人的关系，庞文琴更是遭受连累，吃了不少苦，特别在精神上受到了很多折磨。然而她默默地忍受着。直至1969年冬，他们全家下放到扶余县三井子公社走"五七"道路，庞文琴陪着丈夫又经历了三年艰苦的农村生活。值得高兴的是，1970年，他们在乡下生了小女儿徐鸿。

1972年，大学准备复课，先招收的是工农兵学员。在急需要教师回来上课的情况下，他们于1972年12月回到了学校。由于没有宿舍，全家被安排在灰楼的一间"教室"中，一住就是三年。

1973年，庞文琴开始为73级工农兵学员讲课，而徐如人因为尚未结案平反，被

图12-4　20世纪70年代，徐如人一家五口合影
（徐如人提供）

---

① 徐如人回忆录，2016年，未刊稿。资料存于采集工程数据库。

安排在校办稀土工厂做了三年的工人。

1976年，"四人帮"倒台。1977年，徐如人被平反了，他们家这才重新开始了正常的生活。

婚后十多年的生活中，庞文琴及子女一直因为徐如人的关系遭受连累，但她从无怨言，不离不弃，以女人特有的坚贞与韧性来面对生活的磨砺。在她的帮助与陪伴下，使徐如人挺过不少难关。

如今，徐如人每当回忆此事，心中满怀对妻子、儿女的歉疚之情。在"反右"与"文化大革命"期间，许多人蒙受不白之冤。有些家庭为了划清界限，断绝父子关系、夫妻关系、兄弟姐妹关系的现象并不鲜见。但庞文琴并没有这么做，她一直坚信丈夫是无辜的，她的坚持最终守住了这个家的完整，驱散了心理上的阴霾，迎来了新生活的阳光。对于庞文琴的坚守、忍耐、理解与付出，徐如人永远不会忘怀。

珠联璧合　比翼齐飞

1977年，徐如人的"特嫌"罪名被彻底平反，恢复了教师岗位，开始了正常的教学科研工作。受"文化大革命"的影响，系里许多中青年教师的职称10多年来一直原地不动，考虑到徐如人和庞文琴等人的工作业绩，1978年，系里决定提拔包括他们夫妇在内的12位讲师为副教授。这一决定主要是为了下一步系里招收研究生做准备。为做好这项工作，他们夫妇从1977年年初就积极开始以分子筛为对象开展研究工作。徐如人当时是研究以松花江沿岸盛产的江浮石为原料，协助德惠县化工厂进行A型与八面沸石分子筛的生产，而庞文琴开展的是与一汽合作的"分子筛型选择性红外辐射材料"的研究，他们的工作开展得很有成效，并在1978年和1979年分别发表了相关论文。特别是庞文琴还出席了全国科技大会，并且受到了奖励。

1979年起，为了尽力弥补10多年的时间损失，他们率先在校内开展与国外大学的学术交流活动，请来德国汉堡大学物化研究所的汉斯·莱歇特教授等国外专家来校讲学。在汉斯·莱歇特教授的指导下，他们在分子筛专业方面开展了连续三年的系统授课与研究工作，比较全面地了解了国际上在本领域的科学前沿与动态，并在此基础上经过缜密的研究和探讨，选择了当时在催化领域极具发展前景的分子筛型催化材料作为研究对象。为提高研究工作效率，他们分工合作：庞文琴以"杂原子分子筛"的研究为主攻方向，徐如人以"分子筛晶化机理"与"新型分子筛的合成"为主攻方向。为尽早实现科研上的突破，他们带领研究生拼命工作，努力赶超该领域的科学前沿，力求有所创新，为国家石化工业与精细化工催化材料的应用基础研究作出一些贡献。

通过五年左右的努力奋斗，徐如人和庞文琴在分子筛合成领域已取得了不少前沿性的工作。

1984 年，南斯拉夫国际分子筛会议邀请徐如人在大会上做了由他们夫妇合作撰写的大会特邀报告——*Xu Ruren，Pang Wenqin "The Synthesis，Crystallization and Structure of Hetroatom Containing ZSM-5 Type Zeolite（M-ZSM-5）"*，接下来又做了四篇口头报告，把他们近年来所做的研究工作向与会专家学者做了介绍，将他们的研究工作推向了国际学术界。会后，他们积极与各国参会专家学者交流探讨，并应邀访问了南斯拉夫的有关大学与研究单位，建立了更为广泛的国际合作关系。

1984—1985 年，庞文琴去日本大阪大学与 Koizumi 教授进行

图 12-5　1989 年 5 月，徐如人率团参加在荷兰阿姆斯特丹召开的第八届国际分子筛大会，与妻子庞文琴在会场门口留影（徐如人提供）

图 12-6　2001 年 7 月，庞文琴在第十三届国际分子筛大会上作报告（徐如人提供）

合作研究。1987 年，他们又同去东京参加了第七届国际分子筛大会，并分别在会上做了学术报告。自此以后，徐如人夫妇及其研究组作为中国分子筛研究的一支生力军连续参加了历届国际分子筛大会。

图 12-7　2007 年 8 月，徐如人与弟子们在第十五届国际分子筛大会上合影（吉林大学提供）

他们的研究工作越来越得到国际同行的重视，并逐步形成了自己的特色，他们出色的表现被国际分子筛科学界尊称为"Jilin Group"。

正是通过他们这些年来不断地研究、积累、交流和创新，使他们逐渐在国际分子筛领域占有重要席位。2007 年，徐如人、庞文琴及其课题组又在北京举办的第十五届国际分子筛大会上宣读了他们在分子筛化学前沿的研究报告，这标志着徐如人、庞文琴研究组的工作已处于国际领先水平。

同时，他们在研究过程中不断总结、提高，丰富理论，著书立说，在"分子筛化学"和"无机合成化学"领域逐渐形成了独特的知识体系。通过多年的合作，他们编撰出版了 8 本学术专著与编著。

这里，值得一提的是庞文琴指导的研究生杜红宾成功合成具有五配位钛的层状钛硅酸盐催化剂，并由英国皇家研究院院长 J.M.Thomas（FRS）教授组进行了结构测定，合作研究的论文 *Synthesis and Structure of a Layered Titanosilicate Catalyst with Five-coordinate Titanium*[1] 在 *Nature* 上发表，C&EN 发表了近三页的评论。这是吉林大学化学学科领域在 *Nature* 上发表的第一篇论文。

1984 年，国家批准无机化学学科成立博士点。随后，徐如人和庞文琴

---

① 　M A Roberts, G Sankar, J M Thomas, R H Jones, H Du, J S Chen, W Q Pang, R R Xu: Synthesis And Structure Of A Layered Titanosilicate Catalyst With Five-Coordinate Titanium. Nature, Vol381, 30May, 1996.

分别于 1984 年和 1986 年被国务院学位委员会化学学科评议组评聘为博士生导师。作为国评博士生导师，这在当时是令人景仰的头衔，因为这不仅是一个人学术水平的象征，也是科研实力的体现。但徐如人夫妇不图虚名，积极把更多务实的举措落实到实际工作中。为当好博士生导师，培养优秀的学生，创造出一流的成果，他们对科研的标准定位更高了，对学生的要求更加严格了，因此也带出来一批优秀的博士研究生。例如，在徐如人名下的有冯守华、宋天佑、陈接胜、于吉红、肖丰收等；庞文琴名下的有裘式

图 12-8　2007 年 8 月，庞文琴与弟子们在第十五届国际分子筛大会期间合影（吉林大学提供）

图 12-9　2013 年 3 月，庞文琴获得"吉林省首届十大女杰称号"（徐如人提供）

纶、岳勇、孟宪平、杜红宾、孟长功等。可谓名师出高徒，他们都在各自的工作岗位上取得了出色的成绩，成为同行中的佼佼者。

在他们夫妇的带领下，吉林大学无机化学学科人才辈出，成果丰硕。1987 年，无机化学学科被评为国家重点学科。2001 年，无机合成与制备化学实验室被评为国家重点实验，科研工作连续获得四次国家自然科学奖，等等。1991 年，徐如人被遴选为中国科学院院士。2001 年，庞文琴被评为"吉林省首届十大女杰"。

情系故土　医榻相依

图 12-10　2000 年，徐如人和庞文琴受聘浙江大学兼职教授（浙江大学提供）

图 12-11　2010 年，徐如人与庞文琴在浙江三江口共享"农家乐"（徐如人提供）

图 12-12　2017 年 3 月，采集小组在下管镇采集时与徐如人故里乡亲合影（冯世博摄）

2000—2006 年，徐如人和庞文琴应浙江大学校长潘云鹤教授的邀请去浙江大学做了几年的兼职教授（每年两个月），做了一些科研合作，为浙江大学化学系培养了几位博士与硕士研究生，为此也结识了一批浙江大学化学系的老师。

浙江省绍兴市上虞区下管镇是徐如人的老家，他自幼离开家乡后就很少回去。人老思乡，故乡的青山绿水时常在徐如人的脑海中浮现。于是，从在浙江大学当兼职教授时开始，他偶尔带妻子回家乡探望一下，在那里过几天"农家乐"。乡亲们对他们亦是热情有加，毕竟，他是那个小镇中走出来的科学家，也是当地人引以为荣的乡贤人物。这是他们晚年幸福生活的一部分。

根据采集工作的需要，2017 年 3 月下旬，笔者有幸赴上虞区下管镇采访。时值暮春时节，春雨绵绵，沿途油菜花、桃花、樱树花竞相开放，田野里一片生机。

路边篁竹丛生，农家院黛瓦白墙，错落有致。两边青山，在雨雾中时隐时现，清清管溪与公路并行向前延伸。好一派江南田园风光。车近下管时，一座颇具江南建筑风格的路碑耸立道旁，上面"千年古镇，懋庸故里"几个书法大字映入眼帘。这里，便到了徐如人的故乡——下管镇。

听说我们是来采集徐如人的成长资料的，镇里和村里的负责同志热情地接待了我们。村委会徐主任向我们介绍了徐家祖上的一些情况，还向我们展示了管溪徐氏宗谱。厚厚的谱书足有二十余本，可见当地徐氏家族的庞大。为了让我们了解更多的情况，他们还特地把村里一位年长的徐氏族人请来。老先生名叫徐不匮，87岁，身体硬朗，鹤发童颜，说话声音响亮。他向我们介绍了徐如人儿时的一些情况，包括徐如人的父母及同父异母兄姊的情况。

通过交流，使我们深刻感受到管溪徐氏家族是一个书礼传家的大家族，他们崇尚读书，重视教育，积极兴办学校，即使是战争时期也坚持不懈。当时，生活困难的家庭也要想办法让孩子读书，这种观念逐渐形成了尊师重教的良好风气，世代传承。

徐如人的父亲徐浩出生在下管镇徐氏家族中的一个普通家庭。他年少时聪颖好学，早年考入浙江省第一师范学校，毕业后执教于故里小学，后来又做过浙江水产学校的校长。他曾任过春晖中学的董事长。长子徐如愿毕业于浙江大学，曾在春晖中学做了9年多的校长，中华人民共和国成立后转往江苏医学院与南京医科大学任教。次子徐如先，中华人民共和国成立前在浙江省绍兴市上虞区一个小学当校长。

徐氏家族中，自明清以来读书的人就很多，从事教育工作的也很多，并且有一些人做得很有名气。其中，仅近现代的就有徐懋庸、徐宝谦、徐学禹、徐光宪、徐如人、徐承恩、徐寿波等人。到下管镇，提起徐氏家族，许多人都是以赞赏的口吻来评价的。在这样一个崇尚

图12-13 管溪徐氏宗谱（下管镇提供）

诗书的家庭环境中，对孩子们的成长是很有熏陶作用的。

上虞区自古人杰地灵，英才辈出，当地人习惯将从本地走出的名人称为"乡贤"。为打造和树立家乡名人效应，做好文化传承，当地政府还批准成立了乡贤研究会，这是中国第一家以"乡贤"命名的民间社团。其宗旨是："挖掘故乡历史，抢救文化遗产，弘扬乡贤精神，服务地方发展"。徐如人是上虞走出的杰出科学家，他的名字已被收录到乡贤研究会之中。在上虞，提起徐如人，很多人都知道，并以他为骄傲。《上虞日报》《上虞史志》等地方刊物多次宣传报导过徐如人的事迹，体现了当地尊重乡贤的文化特色。

正是这样一种文化氛围，使浙江名人辈出，英才荟萃。

2004 年，徐如人因心脏不舒服，在复旦大学赵东元教授的介绍下，去上海中山医院就诊，作了冠状动脉介入检查，确定问题不大，住了一周院就回来了。翌年，因身体不适再赴上海肿瘤医院就诊。在检查中发现结肠上长了一个 2—3 厘米的线性瘤和很多息肉，为此医院给他做了结肠手术。在妻子庞文琴的精心照顾下，住了一个多月的院才基本康复。2006 年，他因前列腺问题，又去上海肿瘤医院做了前列腺手术，连续三年的住院治疗，主要是靠妻子的悉心照顾。

徐如人的身体状况刚刚稳定下来，妻子庞文琴却出现了意外。2007 年 4 月，庞文琴不慎从家中楼梯上滑下，造成大腿粉碎性骨折，在吉林大学三院手术后住了一个多月的院。不幸的是，三个月后，手术处又发生断裂。为了得到更好的治疗，在化学学院裘式纶、薛亦深等同志的帮助下，徐如人陪同妻子到北京积水潭医院再次进行了接骨手术。就这样，半年内庞文琴做了两次较大的手术，对她身体伤害较大。

2011 年冬，庞文琴又去北京积水潭医院做膝关节置换

图 12—14　2007 年，徐如人与庞文琴在病榻前合影（徐如人提供）

手术。术后又做了四个多月的康复治疗，徐如人尽心陪护在身边。自此以后，她的两条腿就行动不便了，特别是上下楼梯十分费力。徐如人心疼妻子，在家中安装了一个座椅式的轨道电梯，解决了上下楼的问题。但她平常的行动需要借助轮椅。为了帮助妻子康复，徐如人坚持每天定时搀扶妻子出去遛弯儿，从不间断。

这样，从2004年到2011年，他们夫妇因身体原因各做了三次手术，彼此相互照顾便成了他们这些年的主要生活内容。生病是痛苦的，照顾病患也备受煎熬，但他们从未把这些当成负担，反而通过相互照顾使他们的感情得到升华。毕竟，以前大多数时间都在忙工作，干事业，夫妻俩很少有大块的时间在一起相守、闲聊，通过病榻相依，使他们有了更多相处的时间，正好可以借此总结工作，品味人生，寄情儿女，叙谈晚年，倒也算是以苦为乐。俗话说得好：老伴儿，老伴儿，老来相伴。徐如人和庞文琴就是这样一对感情笃厚的夫妻，甘苦与共，相扶相依，患难之处见真情，体现了他们积极、乐观、真挚、淡泊的人生态度。

2010年1月11日，是他们结婚50周年的日子。结婚50年，民间称之为"金婚"，孩子们特地为他们举行了纪念活动，为他们定做了传统的红色礼服，定制了蛋糕，以示祝贺。

2012年9月，恰逢吉林大学化学学科创建60周年，同时也是徐如人和庞文琴来校工作60年的日子。对此，学院在庆祝大会上对徐如人进行了表彰，并授予"桃李满园"牌匾。与此同时，在徐如人夫妇众多弟子的

图12-15　徐如人夫妇金婚全家合影
（徐雁提供）

图12-16　徐如人夫妇金婚合影（徐雁提供）

筹措下，又专门为他们召开了一次执教 60 周年和徐如人 80 岁华诞的纪念活动。活动仪式上，学生们回顾了他们二老执教 60 年的经历，并做了学术报告，学生代表李守贵、孟宪平为他们敬献了"厚德载物，桃李成春"横幅，以彰显他们执教六十年的光辉业绩。

图 12-17　2012 年 9 月，徐如人在吉林大学化学学科创建六十年纪念大会上被授予"桃李满园"牌匾（吉林大学提供）

图 12-18　2012 年 9 月，在徐如人执教 60 周年学术活动上，学生为他敬献"厚德载物　桃李成春"横幅（吉林大学提供）

子女成才　和睦孝悌

徐如人和庞文琴参加工作的前二十几年，由于赶上特殊的年代，经历比较坎坷。包括他们养育的三个子女，从出生开始直到改革开放初期，一直生活在一个出身不好且对他们自小又照顾得不够周全的家庭中。这样的经历，反而使三个孩子养成了生活朴素低调，为人谦虚谨慎，肯于吃苦，自强不息，努力进取的性格。他们可能天生就继承了父母勤奋好学的优良品质，最终都学有所成，在各自的工作岗位上发挥着骨干作用，为国家和社会贡献了聪明才智。

下面简要介绍一下他们三个孩子的情况。

长子徐鹰，1978 年考入吉林大学计算机科学系，于 1982 年、1985 年分别获得吉林大学学士学位和硕士学位，1986 年赴美国深造，1991 年获美国科罗拉多大学博士学位。现为美国佐治亚大学校董事会及佐治亚州科协讲座教授及首任生物信息学研究所所长、吉林大学长江学者讲座教授、吉林大学—佐治亚大学系统生物学联合研究中心主任。

1991 年，徐鹰在美国科罗拉多大学取得计算机理论方面的博士学位后，一直在美国橡树岭国家实验室与佐治亚大学工作，从事生命信息学方面的研究。他不仅工作出色，还不忘报效祖国，关心照顾父母。为此，他响应祖国号召，以"千人计划"特聘教授身份定期回到母校工作，从 21 世纪初开始，几乎每年都回国为国内"生命信息学"的发展举办一次规模较大的"隆兴计划"巡回讲习培训班，参加人数达三四百人之多。会上主要介绍该学科的发展前沿及研究工作情况，提高了国内相关单位在此方面的研究水平，至今已坚持十多年。他在美国大学中积极招收中国留学生，多年来为中国培养了为数众多的博士与博士后科技人员。他每年回母校工作时都陪父母生活两个月左右时间，关心照料他们的日常生活，以尽到一个儿子的孝心。目前他的孩子徐东逸也已从美国华盛顿大学（圣路易斯）金融专业毕业，在金融行业工作。

长女徐雁，1985 年毕业于吉林大学化学系，1987 年通过留学考试获得中英友好奖学金，赴英国留学。在英国皇家研究院院长 J. M. Thomas（FRS）与帝国理工学院 L. V. C. Rees 教授的联合培养下，于 1991 年获得博士学位。之后到新加坡国立大学与南洋理工大学工作，任助理教授。在新加坡创建了生物材料应用方面的企业，任董事经理。2010 年，她念及父母年高体弱，身体又不好，为照顾二老，她放弃了在新加坡的工作与生活，毅然回国。她学术水平高，业务能力强，回国后被聘为吉林大学化学学院唐敖庆特聘教授[①]，这是一个很高的学术头衔。她不图名利，潜心钻研，锐意创新，通过六年的努力奋斗，在"多级结构材料的仿生构筑"学术领域闯出了一片天地，建立了仿生构筑实验室；同时，她花了两年时间与徐如人合作，主编了第二版 *Modern Inorganic Synthetic Chemistry* 一书，该书于 2017 年 3 月正式由 Elsevier 出版社出版发行。虽然她工作很辛苦，每天都早出晚归，

---

① 吉林大学为加强高层次人才队伍建设，吸引、遴选和造就一批具有国内国际领先水平的学科带头人，以吉林大学原校长、著名科学家、教育家唐敖庆教授名字命名的学术称号。分为唐敖庆特聘教授和唐敖庆讲座教授。

但晚上回来后总要向父母汇报一下工作情况，关照父母饮食起居，以叙天伦之乐。徐雁的女儿卉然在新加坡 Yale-NUS 大学攻读生态环境专业，现已毕业参加工作。

小女儿徐鸿，1996 年在新加坡会计师学院毕业后，一直留在新加坡工作。她工作十分努力，目前在中国京冶建设工程（新加坡）有限公司任高级会计。虽然工作很忙，但她每年都回来看望父母，且几乎每隔几天就给他们打一次电话，关心二老的生活情况。徐鸿的孩子目前在中学学习。

总之，徐如人院士虽然人生一度坎坷，但通过他个人不懈的拼搏奋斗，历尽艰辛，苦尽甘来，在事业上取得了非常辉煌的成就。同时，他有一个志同道合、甘苦与共、相濡以沫的妻子及三个成才的子女，有一个和睦、温馨而幸福的家庭。尤其是他和庞文琴教授，既是一对知识伉俪，又是一对事业上亲密合作的战友，他们一生相依相伴，艰苦创业，精诚合作，生活虽苦，不乏幸福，遭遇磨难，不离不弃，半世纪风雨同舟，五十载相濡以沫的真挚情怀使他们取得了事业家庭的双丰收，堪为后人学习的楷模。

图 12-19　在国外开会期间，徐如人夫妇及女儿徐雁与 Forster 教授合影（徐雁提供）

结 语

　　2017 年仲秋之月，采集小组经过两年多的采集和创作，本传记已近收官之笔。想想两年来的工作，累并快乐着。

　　2015 年初夏时节，从长春到北京，我们接下了一份沉甸甸的任务，从此，开启了踏寻一位学术大师的成长经历之旅。采集工作虽不乏艰辛，但更有收获的欣慰。徐如人的人生轨迹逐渐成为我们脑海中挥之不去的印记：忘不了暮春时节，细雨纷飞，在如黛青山和清清管溪映衬下的徐氏旧居；忘不了懋庸故里，五经牌坊上镌刻的徐氏先祖的功名；忘不了方岩山绝壁下为躲避战火而临时开设的山洞小学；忘不了浙西南崇山峻岭中一个少年颠沛流离的求学之路；忘不了在时局动荡、父逝母去的处境中的艰难选择……

　　两年时间，经过一番辛苦的跋涉，采集小组的成员们追寻徐如人的成长之路，走访故人，采撷史料，把人们对徐如人的种种传说转化成了我们实地走访的印证，这些工作为本传记的编撰起到了奠基性的作用。

　　接触采集任务之初，我们的想法未免单纯，为一位我们比较熟悉的科学家著书立说，两年时间应该足矣。然而实际工作与我们的想法大相径庭，采集工作开展以后，我们接触到许多实际问题，才发现需要做的工作甚繁。虽然工作一直在开展，但倥偬之中却已近结题之日，才发现时间过得如此之快，而需要落实的工作尚有很多，遂慨叹时间短促。

采集任务对我们来说是一个全新的课题。以前，应学校和教育出版部门的需要，我们曾收集和编撰过有关徐如人的学术资料，但大都属于某一专题方面的材料，不是过于专业性的，就是简历性的，像这样如此求全求细地介绍徐如人的学术成长经历的传记还是第一次，这不禁让我们感受到了采集工程的系统性和艰巨性。

好在，徐如人的工作经历并不复杂，他自 1952 年参加工作以后，一直没有离开过吉林大学化学系，在吉林大学留下了比较完整的教学科研轨迹，中间虽有一些对外交流合作以及进修培训的经历，但始终没有离开过吉林大学这条工作主线。他的工作经历虽有跌宕起伏，但都是由社会变革因素所造成，不属于个人主观因素，只需作出客观的叙述和评价就可以了。

采集工作的难点在于徐如人的童年和青少年时期的经历。他身处在那样一个战乱的年代，从抗日战争到解放战争，可谓岁月蹉跎，人世沧桑，时局动荡，变幻莫测。由于他出身的特殊性，他和他的家庭难免卷入政局起伏的波澜之中。他的这种经历，是和近代中国革命新旧政权更迭变换紧密相连的，这就给他这段时期的成长经历涂上了一层神秘的色彩。

新旧社会政权的更替，必然要经历血与火的考验，以及社会制度、阶级立场和利益群体的转变，但不变的是他一心向善、追求真知、不断向上的内在动力，这是他最可贵的一种品质。

徐如人出生在旧政权的官宦家庭，成长于江南的文化隆兴之地。历代以来，教育是备受重视的，读书求学是人间正道，正因为如此，那里人才辈出，大师云集，影响和熏陶着一批又一批青年学生求学、求知，进取不辍。民国以来，虽久经战乱，但江南的教育之风未减，教育的独立性较强，学校教学比较正规，师资也比较专业。

徐如人的父母都是那个年代的知识分子，有识之士，且都有从事教育的经历。他们早年留学日本，学到了国外先进的科学文化和教育理念，在对子女的教育上深谙其道。学优登仕，正是有了这样良好的教育经历，他们后来开始从政，并走向高位。这些对徐如人的教育有着积极的影响。

由于徐如人生不逢时，学龄前赶上了战争年代，学习因此受到很大影响，但相比之下，他比普通人家的孩子受到的教育要好得多。在抗日战争期间，他是随着国民党浙江省政权机关一起内迁的，在这支内迁的人群中不乏教育家、教授、博士、留学生等。受战争影响，战时学校虽然教学秩序很不正常，但老师的层次很高，因此，他享受到了当时较好的教育资源。就建国中学来说，诞生于战火之中，建校时间短，教学不稳定，但学校起点高，师资力量强，其中不乏章湘伯、张厚植、郑公盾等为代表的一批知名教育家。所以，短短几年之内建国中学便成为浙江省乃至全国知名中学，后并入杭州高级中学，迄今仍为国家重点中学。

相对那个年代的青少年，徐如人还是接受了比较正规的教育。迁回杭州后，他当时的家庭条件应该还算不错，但他没有养尊处优，成为纨绔子弟，这源于抗日战争的艰苦磨砺，加上父亲的过早离世，时局变幻又迫使母亲离开了他们，促使他和弟弟及早成熟起来。经历了家庭的重大变故，徐如人并没有被击垮，面对生离死别的艰难抉择，他能够定下心来，排除杂念，备战高考，不受他人意见所左右，内心所表现出来的这种刚毅、果断和主见，不是一般年轻人所能做到的。这是徐如人历经磨难所培养的一种潜质，这种潜质与其未来的成功有着内在的联系。

徐如人从新旧社会交替中走来，他的整个中学是在民国体制下完成的，而他的大学生活又开始于新中国，徐如人在新旧社会的教育体制的比较中完成了他从小学、中学再到大学的学习过程。

我们抛开社会制度或政治信仰可能对学生们产生的影响不提，单就民国时期的教育而言，客观地看，可圈可点之处还是很多的，我们所熟知的一些近代学术大家，不论是教育家、文学家还是自然科学家多出自民国时期。民国时期是教育家管教育，当时无论是小学、中学还是大学，都有一大批称得上教育家的校长在管理学校，如蔡元培、梅贻琦、蒋梦麟、陶行知、经亨颐、夏丏尊等。这些因素对当时的基础教育起到了很好的促进作用，他们中的很多人代表着当时社会最高的教育水平，但又都是从最基础的教育入手，能够把对学生的教育直接与国家最高水平接轨，学生的培养完全遵循以教育规律为导向。老师们拥有属于自己专业的自信，许多从事基础教育的老师的水平可触及知识界的前沿，他们的教育理念、方式方法有独立性，很少受到政府规定的约束。这对学生求真知、做真人起到了很好的作用。正如陶行知所推行的教育理念：千教万教教人求真，千学万学学做真人。徐如人所受的基础教育就属于这一时期的教育类型。

徐如人的大学时期适逢中华人民共和国的建立，他受教于民国时期走来的那些教育家，在大学教育中汲取了旧有教育体制中的精髓，同时又赋予了自己新时代的理想信念和精神面貌。所以，他大学毕业后就义无反顾地投入国家发展建设最需要的地方去建功立业——参加东北人民大学化学系的初创工作。对徐如人来说，东北人民大学化学系的创建工作，犹如在一片荒原上开拓新路，虽历尽千辛万苦，但这种开创性的工作也让他得到了全面锻炼，在蔡镏生、唐敖庆、关实之和陶慰孙教授的带领下，尤其是在关实之教授的直接指导下，创建了吉林大学无机化学学科。在此基础上，他一张蓝图绘到底，成就了一个学科的辉煌。

因此，在徐如人的身上，有民国教育的基础，但摆脱了民国的时弊；接受了新政权的进步思想，但传承了旧制度好的教育理念。他顺应了时代的发展，批判地继承了两个时代的教育文化内涵，并以建设一个新国家、新社会的高度热情投身到工作中来。虽然后来受到了一些极"左"思潮的影响，对他身心造成了巨大创伤，但他内心的文化基石没有垮塌，他传承文明的信念没有泯灭。位卑不敢忘忧国，作为一个中国的知识分子，他尽可能做到了最好。科学春天来临之际，他重新回到了他所热爱的科教岗位，历经十年的拼搏奋斗，将一个学科推向了发展的快车道，他的教育理念和学术思想也开始走向成熟。他骨子里的这种坚持和坚守，使他获得了成功。正如孟子所云："穷则独善其身，达则兼济天下。"

探究徐如人成为一名优秀的科学家和教育家的原因，在他亲手创建的吉林大学无机化学学科的事业中已经有了很好的总结，那就是：传统而不拘束，继承而不守旧，开放而不效仿。正是在这种思想的带动下，吉林大学化学学科的事业长盛不衰，即使在经济和地域环境对学校发展影响制约颇巨的今天，仍能够挺立潮头实属不易。其中值得称道的是，在全国大学化学学科中，吉林大学化学学科所培养的高端人才一直位居前列。这种现象正是本书中所阐释的"名师高徒"效应。徐如人是中华人民共和国成立后毕业的大学生中较早被评为中国科学院院士的人员之一，这离不开他曾受教于诸多名师的指导，他是名师高徒效应的承受者，同时，他又是这种效应的传递者，他亲自培养出了以冯守华、赵东元和于吉红三位院士为代表的一批优秀人才。

踏寻徐如人的成长轨迹，单就改革开放后的 35 年中，他就创下了多个第一：在国内率先开展分子筛的设计定向合成研究；率先开展对外交流与国际学术合作；率先开创无机合成化学专业方向；建成了国内第一家无机水热合成教育部重点开放实验室，并最后发展成为无机合成与制备化学教育部重点开放实验室；把无机化学学科建成了首批国家一级学科；出版了国内第一本《无机合成化学》研究生教材以及该领域的一系列中、英文版的专著；在国际上首次提出了无机合成化学的科学体系，等等。

徐如人是一个敢于进取的人，具有非常强的创新意识，善于认识新事物并格物穷理。他凡事敢为人先，不落恒蹊。这一点，是他工作经历中一个非常成功且令人称道的做法。就拿他的教学工作来说，在他所讲过的课程中，几乎没有一门课程是在重复别人的内容去讲授的，基本上都是他以克服常人难以想象的毅力、水平和伏案苦读的呕心沥血之作。例如，他刚从大学毕业时在无章可循的条件下就开始给物理系学生讲"普通化学"，给化工专修班讲"无机与分析化学"，给化学系一年级学生讲"现代化学基础"，给哲学系学生讲"化学"以及"大跃进"中的"一条龙"教改课程和后来给大四学生及研究生讲"分子筛化学"与"无机合成化学"等，这些课程（有的后来已编著成书）都是他的原创课程。当然，还有科学研究、学科建设以及实验室建设等方面的杰出成就。可以肯定地说，他当之无愧是一位勇闯新路的开拓者，他以披荆斩棘的魄力和百折不挠的勇气创建了一个学科并经毕生的奋斗将之推向了一个高峰。

拨开徐如人头上的光环，他的人生轨迹每一步都离不开拼搏奋斗。踏寻他的成长路线，总结他的人生智慧，感悟他的成功之道，以下几点分析或许是一个最好的诠释。

一是坚持：这是徐如人在长期艰苦的工作生活中所磨砺出的一种秉性。不管身处什么年代，他都不为所动，一心向学，矢志不渝，坐得住冷板凳，守得住清贫，十年磨剑，终成大器。

二是埋头苦干：天才来自百分之一的灵感和百分之九十九的汗水，这句话是他成功最好的答案。世界上没有天才，有的只是脚踏实地的奋斗。为了他所钟爱的科学事业，他伏案耕耘、夜以继日、殚精竭虑、舍身忘我，以献身、创新、求实、协作的科学精神开创了吉林大学化学这块处女地，闯出了一片新的天地。

三是认真：严谨求实的工作态度是他成为学术大家的一个重要条件。徐如人在工作中的认真是出了名的。他做事言既出、行必果，不拖拉，不推诿，对待工作绝不马虎，细致认真程度让人钦佩。

四是科学家的潜质：尤其在科学研究方面，他有着睿智的头脑、前瞻的视野、敏锐的洞察力和敢于创新的魄力。中国改革开放之初，他敢开风气之先，以非凡的魄力率先与国外大学和研究所建立学术联系，如与德国汉堡大学汉斯·莱歇特教授及英国皇家研究院 Davy-Faraday 实验室托马斯院士的合作关系，积极参加国际学术会议，率先接收西德汉堡大学梅迪乐博士来吉林大学交流，在他的指导下进行博士后研究。更值得一提的是他自 20 世纪 80 年代中期起就开始率领研究生与科研团队以分子筛为对象，开创建设数据库进行数据挖掘的"专家系统"设计定向合成研究路线，领衔参加国家"攀登计划"及参加后来的由多所院校联合研究的三届"973"项目。同时他又率领团队率先在国际上大力研究新组成、新结构、新类型微孔晶体的开拓，引领了国际分子筛发展史上第三个里程碑的开展。直至近几年，他还在考虑如何推动学界对"凝聚态化学"研究的重视，为此，《国家科学评论》（NSR）还邀请他写了一篇社论，这是中国人在国际上首次提出为建设"凝聚态化学学科"的倡议。接着他与著名的生物化学家、凝聚态物理学家和中青年无机材料化学家合作，又应《国家科学评论》之邀写了一篇题为"凝聚态化学：从无机材料到生物体"的文章，他把尽力推动化学界重视"凝聚态化学学科"的建设作为他晚年的一项事业。

五是谦逊与博大的胸怀：徐如人的性格之中一个最为高贵的品质就是心中有大我。他出生于民国时期，但对新中国有特殊的爱，对社会有强烈的奉献和担当意识。他"文化大革命"期间遭受迫害，被关押批斗；走

"五七"道路，下放偏僻农村劳动改造；返城后当工人，从事苦力劳动。但他从不记恨、不抱怨，平反之后仍一如既往地投入到教学科研工作中，以一颗赤子之心回馈社会，报效国家。他为人谦和儒雅，虚怀若谷，淡泊名利，厚德载物。

徐如人的晚年，家庭和睦，子女孝悌，可谓幸福美满。然而，在2016年11月2日，他的妻子庞文琴教授因病去世。妻子的离世，对徐如人精神上的打击非常大，他们一辈子从风雨中走来，相依相扶，患难与共。妻子不仅是他事业上最贴心的依靠，更是他情感的重要寄托。

妻子的离世让徐如人许久才从悲痛中走出来，他做了一个令所有人都肃然起敬的决定，他要把与庞文琴教授一生的积蓄约500万元全部拿出来捐赠给学校，设立"庞文琴、徐如人教育基金"，这也是他之前就和庞文琴教授商量好的事情，待他们百年之后，设此基金，以奖掖那些在科教事业上出色的晚辈后学们。

由于距500万元的数目还差一点钱，徐如人还专门打电话委托我们去学校财务部门询问他当月的工资及院士津贴的发放情况，他要尽快筹够这笔钱，好让这个愿望启动。徐老的行为不禁让我们感动，更让我们崇敬。他曾对我们说，虽然他的父辈做过高官，但属于他们自己的家产是房无一间、地无一垄，中华人民共和国成立后，他和弟弟又把所有的家什都捐给了国家。这次，他要搞裸捐，把他和妻子的全部积蓄拿出来捐给学校，以报国家的养育之德。

徐老的行为让我们想到了邹韬奋的名言：

> 一个人光溜溜地到这个世界来，最后光溜溜地离开这个世界而去，彻底想起来，名利都是身外之物，只有尽一个人的心力，使社会上的人更多得到他工作的裨益，才是人生最愉快的事情。

裸捐，其实，徐如人不仅仅捐赠的是他一生的积蓄，他何尝不是把自己的一生都献给了国家。

这就是徐如人，一位纯粹的、透明的学术大师，景行如人。

附录一　徐如人年表

1932 年

3 月 16 日，出生于浙江省绍兴市上虞区下管镇。

父亲徐浩（1895—1947 年），字子梁。早年投身于孙中山领导的国民革命，1930 年赴日本留学，就读于日本明治大学法学系与东方文化学院文学系，曾任国民党浙江省党部书记长，参加领导当时浙江省全面抗日战争工作，1947 年 9 月因胃癌病逝于上海。

母亲刘谱人（1895—1982 年），字娟卿。早年与徐浩一道投身于孙中山领导的国民革命，并担任过国民党上虞区党部的领导工作，婚后与丈夫同赴日本留学，就读于东京高级女子师范学院，1947—1948 年当选为首届立法委员，1949 年杭州解放后去了台湾，1982 年因病在台北去世。

胞弟徐如镜（1935—2013 年），1950 年抗美援朝战争爆发，应召参加了中国人民解放军大连海军学校，毕业后留校从教，1964 年转业到北京交通部科学研究院工作。

还有两位同父异母的哥哥与四位姐姐，早年除了与大哥徐如愿接触较多外，其他接触的很少。母亲只身去台湾后，在台北过继了一位故里乡亲的女儿刘如卿。

1937 年

7 月 7 日，卢沟桥事变爆发，中国抗日战争全面打响。

10 月 7 日，日军在浙江乍浦强行登陆，很快便入侵宁、沪、江南一带。

12 月，杭州沦陷，与两岁的弟弟随父母跟随浙江省会机关内迁到浙江省中部山区的永康市方岩镇等地。

1938 年

在永康市方岩镇的五峰小学随班听课，开始了小学生活。该学校由浙江省政府临时修建，主要为解决省属各机关职员子弟入学问题。

1940 年

秋天，转入政府在当地五峰山麓建立的建国小学，开始了正规的小学学习生活。

此间，为躲避日军的空袭，建国小学有相当一段时间全校搬入一个大山洞中上课。

1941 年

5 月，日军迫近方岩不远的金华，随家转移到宣平县和松阳县。

8 月，重新迁回方岩镇，仍在建国小学读书。

1942 年

6 月，日军进一步南侵，全家又随浙江省会机关转移到了浙南地区崇山峻岭中的云和县，建国小学随之迁入，继续就读于建国小学。

1943 年

从建国小学毕业，随后考入在云和县新建的省立建国中学读书，临时借用位于狮山的云和简易师范的校舍上课。

11 月，日军开展细菌战。因鼠疫细菌大规模传播，造成云和县因鼠疫死亡的人数超过千人。

1944 年

冬季，日军占领丽水县，由于鼠疫的大规模传播，随家搬到距离云和县 30 千米外的景宁县和靠近福建省的泰顺县。

此间，由于鼠疫的传播与日军的不断空袭，学校经常停课。

1945 年

春夏之交，返回云和，在新建的简易校舍中完成了最后一段初中学习。

9 月 3 日，抗日战争胜利，阖家从丽水乘船迁回杭州。

同期，建国中学也迁回杭州，临时在孝女路天长小学内上了 1—2 个学期的课。

1946 年

3 月，建国中学改制试办中学六年一贯制，聘请著名教育家章湘伯任校长。

9 月，重新通过考试进入建国中学（六年一贯制）四年级，随后，建国中学从借用的天长小学迁校至杭州女子中学的校舍，直到 1948 年冬。

1947 年

9 月，在杭州建国中学读五年级，上课仍借用杭州女子中学的校舍。

1948 年

9 月，在杭州建国中学读六年级。

1949 年

2 月，建国中学搬入新建在鼓楼外通江桥的校址上课，这是该校第一次有了自己的校舍。

4 月，杭州解放，完成最后一学期的六年级学习，准备报考大学。

6 月，在杭州先考上了教会办的之江大学，随后又去上海参加华东地区的统一招生考试，并考上了复旦大学化学系。

入学之初受教于复旦大学化学系主任严志弦，开始学习大一普通化学。

1950 年

暑期，通过转学考试插班到上海交通大学化学系二年级，受教于顾翼东（物理化学）、朱子清、朱振华（有机化学）、苏元复（化工）等著名教授。

1951 年

6—7 月，上海市开展大规模镇压反革命运动，从上海交通大学抽调了一批学生参加镇反工作，与同班的沈静兰、顾其伟、潘振华及化工系的胡英等被抽调到当时比较落后、治安混乱的普陀区公安局协助镇反工作。

1952 年

5 月，与上海交通大学土木系的朱竹年和物理系的匡定波被抽调到华东人事部华东地区高校毕业生统一分配委员会协助毕业生分配工作。

7 月，提前大学毕业。国家决定将当时的 1952 届三年级学生提前与四年级学生一起毕业，以补充国家建设对大量高校毕业人才的需要。

10 月初，完成分配任务后离开上海，来到位于沈阳的东北教育部报到。

10 月 11 日，赴长春东北人民大学参加工作，任助教。随即参加了为期一个月的俄文突击学习。同时，在关实之教授带领下参与无机化学实验室的建设工作。

10 月中旬，化学系首届 95 名新生报到。

10 月下旬，开始带学生无机化学实验课，与唐嗣霖合作编写无机化学讲义。被选为后备物理系普通化学主讲教师，并在关实之教授指导下备课。

1953 年

9 月，任物理系一年级普通化学主讲教师，与从复旦大学分配来的周稚仙合作承担普通化学实验任务。

9 月，在系里的组织下，开始全面学习苏联综合性大学的教学体系、教学计划与教学大纲。

1954 年

继续为物理系学生讲授普通化学课程与带普通化学实验。

4 月，在高等教育部的组织下，与北京大学黄竹坡、南开大学马维等人在南开大学召开了一次普通化学教学大纲（综合性大学）的制定会议，为高等教育部物理系普通化学教学大纲的制定提供了许多建设性的意见。

6 月，在关实之教授与东北人民大学基建部门的组织领导下，参与筹建理化实验大楼的初步设计等协助性工作。

1955 年

继续为物理系学生讲授普通化学课程。

5 月，与曹锡章、沈家骢、丁莹如由助教晋升为讲师。

5 月，协助关实之教授指导本科分析化学专门化学生许金树等人毕业论文，开始涉足科研工作。

1956 年

8 月，赴复旦大学化学系跟随顾翼东教授从事稀有元素化学的进修学习，听复旦大学化学系苏联专家巴格耶夫良斯基讲的物化分析专题课程。

此间，经顾翼东教授指导，系统学习了著名的无机化学书籍 *Treatise on Inorganic Chemistry*（Vol I 与 Vol II）（英译版）及 *The Phase Rule and It's Applications*（9th Ed.）。系统了解了学科的科学体系与内容，开始学习系统"读书"的习惯。

9 月，理化实验大楼东侧化学实验室与中间大厅部分落成，化学系由灰楼搬进新楼，该楼是当时全国最大的理化实验楼。

11 月，在关实之教授的指导下，完成并发表了第一篇学术论文《镍—铬合金中锰的快速测定》（发表在东北人民大学《自然科学学报》，1956 年第 2 期）。

继续在复旦大学进修学习稀有元素化学，并开始从事我国丰产的稀有元素钼与钒的研究工作。

4 月，结束在复旦大学的进修，在顾翼东教授指导下完成并发表两篇学术论文：《黄色钼酸的沉淀条件及其脱水温度》，科学通报，1958，3（7）：214—215。

《1∶3 多钒酸铵的制备及应用》，科学通报，1958，3（7）：215。该研究成果被编入《盖墨林无机化学手册》（*Gmelin*：*Handbuch der Anorganischen Chemie*）。

8 月，东北人民大学划归吉林省与高等教育部双重领导，更名为吉林大学。

同年，吉林大学与吉林省第一化工厂合作建立了以硼镁矿为原料，生产硼酸、硼砂为产品的第一个校办化工厂，徐如人担任厂长，刘学铭、吴玉才担任副厂长。

1957—1958 年，中国科学院地方院所下放，中国科学院长春分院与吉林大学化学系合作创建了"基本化学研究所"，蔡镏生教授兼任所长，协作单位是吉林化学工业公司的有关厂矿。在此期间，徐如人主要协助蔡镏生教授开展与企业的协作科研工作和培养新的研究人员。

9 月，为中国科学院长春分院科研人员讲授《络合物化学》课程。

8 月，吉林大学化学系与吉林省化工局和长春市化工局联合创办化工专修班，招收了近 60 名学生，学制三年，任该班《无机与分析化学》课程主讲教师。

1960 年

1 月 11 日，与庞文琴在长春结婚。

受"大跃进"思潮影响，化学系开始搞教育革命运动，原有教研室解散重组形成七个新的教研室，尝试由无机—分析—物化（部分）组成的"现代化学基础"为主体的"一条龙"教学内容，担任三个学期《现代化学基础》课程主讲。

12 月 21 日，长子徐鹰出生。

1961 年

3 月，继续主讲《现代化学基础》课程。

1962 年

3 月，承担无机化学专门化课程稀有元素化学实验。

1963 年

3 月，主讲《稀有元素化学》课程及承担实验课任务。

10 月 3 日，长女徐雁出生。

1964 年

9 月，担任哲学系学生《化学》课程主讲教师。

1965 年

与关实之教授组织领导无机化学基础课教学改革，试行小班上课。

1966 年

6 月，"文化大革命"运动开始，化学系教学、科研等工作处于非正常状态。

1968 年

夏季，学校开展"清理阶级队伍"运动。

10 月，由于出身问题，被当时系内的群众专政组织关押，以"特嫌"的罪名进行"隔离审查"。

1969 年

11 月，"隔离审查"一年后被释放。

12 月 23 日，全家下放到吉林省扶余县三井子公社永久大队，走"五七"道路。

1970 年

春季，在公社粮食加工厂与来自省地方工业研究所的化工工程师吴德铭、机械工程师王福继及几位工人自力更生，建立了水玻璃厂，以当地石英砂等为原料，生产低模数水玻璃。

11 月 23 日，小女儿徐鸿出生。

1972 年

12 月，应招返校，被安排在校办稀土工厂工作。

1973 年

年初，在校办稀土工厂当工人，从事用离子交换法分离研制高纯稀土工作。

7 月，赴江苏南京、山东安丘等地硫酸厂调研学习，研究从废硫酸触媒回收稀有金属钒的生产问题。

1974 年

协助德惠化工厂以长白山丰产的江浮石为原料生产国家急需的 A 型与 13X 型分子筛，工作之余翻译和查阅了许多有关分子筛方面的文献，用以指导工人生产。

1976 年

10 月，彻底平反，重新走向教师岗位。承担的第一个教学任务是带 74 级工农兵学员毕业论文。

尝试以长白山江浮石为原料制备纯相的 NaY 型分子筛作为学生的论文题目，开始了在分子筛方面的研究工作。

1978 年

与德国汉堡大学物理化学研究所的汉斯·莱歇特教授建立联系，并获教育部批准邀请汉斯·莱歇特教授来校访问讲学的请求。

9 月，开始招收第一批硕士研究生，他们是李守贵、刘新生、赵敬平、张健民和曹惠。

12 月，由讲师晋升为副教授。

1979 年

5—6 月，德国汉堡大学物理化学研究所汉斯·莱歇特教授应邀来校做了分子筛的合成、晶化与结构方面的讲学。

12 月，晋升为教授。

1980 年

年初，提出用较高温度下的水热离子交换反应来进行一次交换以完成 ReY 分子筛制备的路线，且得到了一定的经费资助。这一研究成果发表在教育部主办的《高等学校化学学报》（1980 年第 1 期，第 1—9 页）上。

5 月，出席在意大利那不勒斯召开的第五届国际分子筛大会，并报告论文 *The Mechanism of The La^{3+}-Nay Ion Exchange Reaction at Elevated Temperature*。

6 月，赴德国汉堡大学物理化学研究所访问，并与汉斯·莱歇特教授开展合作研究。

9 月，招收冯守华为研究生。

8—9 月，再次邀请汉斯·莱歇特教授来化学系讲学一个月。

8 月末，1978 年入学的五位研究生进行论文答辩，聘请汉斯·莱歇特教授为答辩委员会主席。五位研究生的论文都得到了评委们的赞许，并一致通过。

在吉林大学化学学科首次开设了《无机合成化学》课程，并担任课程主讲。

3 月，为化学系四年级学生讲授《分子筛化学》课程。

9 月，参加庆祝吉林大学化学系创建 30 周年暨关实之教授执教 50 周年纪念活动，向关实之教授敬献"功高振铎"牌匾。

3 月，当选为第六届全国人大代表。

7 月，率团出席在美国 Reno 召开的第六届国际分子筛大会。

8 月，再次邀请汉斯·莱歇特教授来化学系讲学，同时以分子筛化学为主要内容召开第二届长春夏季化学讨论会，国内产、学、研界数十人参加此讨论班。

1 月 13 日，经国务院学位委员会批准，吉林大学无机化学（导师徐如人）与高分子化学（导师唐敖庆、沈家骢、汤心颐）成为有权授予博士学位的学科。

9 月，率团参加在南斯拉夫 Portorose 召开的国际分子筛会议，任学术委员会成员及大会主席团成员，应邀作大会特邀报告 *The Synthesis, Crystallization and Structure of Heteroatom Containing ZSM-5 Type Zeolite*（M-ZSM-5），会后应邀访问南斯拉夫的有关大学与研究单位。

9 月，招收德国汉堡大学无机化学研究所梅迪乐博士来化学系从事博士后研究，为期一年。

1985 年

2 月 16 日，经国务院学位委员会第六次会议审议通过，与孙家钟一起被聘为国务院学位委员会第二届学科评议组化学学科评议组成员（1985—1991）。

4 月，应上海交通大学校长翁史烈的邀请，与唐敖庆校长及化学系党总支部书记江福康、系副主任李树家等人到上海交通大学访问讲学，并与当时上海交通大学化学化工系的负责人讨论如何加强化学系的学科建设。

5 月，与庞文琴教授等人完成的《分子筛晶化机理及杂原子分子筛的开发》获国家教委科技进步奖二等奖。

7 月，任化学系主任，黄化民、李树家任副主任。

9 月 16 日，学校成立合成与催化研究所，兼任所长。

10 月 18 日，经全国博士后科研流动站管理协调委员会第二次会议批准，吉林大学化学学科成立博士后科研流动站，无机化学、物理化学、高分子化学与物理等学科成为有资格招收博士后的学科。

1986 年

2 月，获"长春市劳动模范"称号。

6 月，在长春与中国科学院长春应用化学研究所联合举办"无机固体化学与无机合成"研讨会，会上作了《无机合成化学进展》的主题报告。

8 月，率团参加在日本东京召开的第七届国际分子筛大会，担任合成会议的执行主席，并报告论文，会后访问大阪大学、北海道大学和京都大学。

12 月，获"国家级有突出贡献中青年科学家"称号。

1987 年

8 月，与庞文琴、屠昆岗合著的《沸石分子筛的结构与合成》一书由吉林大学出版社出版。

10 月，经评审，教育部批准吉林大学无机化学学科成为国家首批重点学科。

该年度，获"长春市劳动模范"称号。

1988 年

3月，当选为第七届全国人大代表，并出席第七届全国人大第一次会议。

4—6月，参加"中美高级访问学者互访计划"，访问 U. Conn. at Stors、WPI、Rutgers、CU at Bolder 及 UC-Berkeley 大学。

8月23日，与庞文琴等人完成的《分子筛晶化机理与新型分子筛的研制》获国家自然科学奖三等奖。

1989 年

春季，继续担任《无机合成化学》课程主讲。

5月，率团参加在荷兰阿姆斯特丹召开的第八届国际分子筛大会并报告论文，会后访问德国汉堡大学。

9月，与汉斯·莱歇特、裘祖文等人合著的《固体核磁共振》一书由吉林科技出版社出版。

1990 年

6月27日，应邀出席在日本东京召开的首届沸石和多孔晶体国际会议（ZMPC），并作大会特邀报告 *New Families of M（III）X（V）O₄-Type Microporous Crystals and Inclusion Compounds*。

9月，获"全国高校先进科技工作者"称号。

同年，科研工作取得重大突破，在醇热体系中成功合成了具有 20 元环孔结构的磷酸铝 JDF-20，在超大微孔晶体领域被视为一项经典性的成果。

1991 年

1月，当选为中国科学院学部委员，吉林大学化学学科与其同时当选的还有孙家钟、江元生、沈家骢三位教授。

1 月，受聘担任 *Journal of Materials Chemistry* 杂志国际指导委员会委员。

10 月，主编的《无机合成化学》一书由高等教育出版社出版。

同年，建成国内第一个高温高压水热合成与测试实验室，开创了国内水热化学的研究基地，并向国内外开放。

1992 年

年初，经国务院学位委员会批准，任第三届（1992—1997 年）全国化学学科评议组成员与召集人之一，成员中还有吉林大学孙家钟教授。

4 月，出席中国科学院第六次学部委员大会，且在化学学部会上作《微孔晶体孔道结构的分子设计》学术报告。

7 月，率团出席在加拿大蒙特利尔召开的第九届国际分子筛大会，并任国际指导委员会成员与合成分会执行主席。

7 月，受国际分子筛协会邀请任合成委员会委员。

12 月，应英国文化科学委员会（BC）之邀访问伦敦、曼彻斯特、利物浦、爱丁堡和阿伯丁等多所著名大学。

1993 年

1 月，当选为第八届全国人大代表与第八届吉林省人大常委会副主任。

2 月，任 *Microporous Materials* 杂志国际编委会委员。

3 月，任《无机化学学报》副主编（1993—2001），后任顾问。

5 月，教育部"无机水热合成教育部重点开放实验室"在吉林大学成立，任首届主任，陈家镛、倪嘉缵分别任学术委员会正、副主任。

6 月，与庞文琴、冯守华等人完成的《新型微孔晶体的研究》获国家教委科技进步奖（甲类）一等奖。

6 月，与倪嘉缵、陆熙炎、戴立信联名向科技部提出将《现代合成化学前沿》列入国家重大项目的建议书，得到国家重视，并将《现代合成化学》列为九五规划和 2010 年长期规划的首项优先发展领域。

12 月，任《高等学校化学学报》副主编。

1994 年

1 月，主编的《无机合成化学》一书获全国高校优秀教材一等奖。

1 月，任 *Topics in Catalysis* 杂志国际编委会委员。

2 月，任 *Catalysis Letters* 杂志国际编委会委员。

2 月，任 *Chemical Research in Chinese Universities* 杂志副主编。

2 月，出席中国科学院第七次院士大会。

7 月，率团出席在德国 Garmisch-Parten Kirchen 召开的第十届国际分子筛大会并作报告，任国际指导委员会成员与执行主席。

10 月，应邀在第七届全国催化大会上作《新分子筛型催化材料的近期进展与动向》大会特邀报告。

1995 年

2 月，与高滋、徐雁等人共同编著的 *Progress in Zeolite Science-A China Perspective* 一书，由新加坡 World Scientific 出版社出版。

3 月 15 日，江泽民总书记，李铁映、李沛瑶等领导参加第八届全国人大三次会议吉林省代表团会议，听取代表的意见。徐如人在会上提出了《希望作为代表的国家领导同志在开会期间尽量多接触基层代表且听取意见》报告。

5 月，与庞文琴、冯守华等人完成的《有机醇体系中无机物的合成与晶化反应规律研究》获国家教委科技进步奖（甲类）一等奖。

7 月 16 日，应邀赴台湾中研院化学所、新竹清华大学、中山大学、台南中油触媒研究中心等单位访问并作学术报告。

7 月 27 日，乔石委员长来吉林省视察人大工作，在何竹康书记的介绍下，与乔石委员长做了亲切交谈。

10 月，"International Symposium on Zeolites in China" 大会在南京召开，徐如人与闵恩泽院士共同担任会议主席，200 余位国内外分子筛产、学、研界人员出席会议。会上，徐如人作了大会特邀报告 *Crystallization of*

Microporous Materials in Organic System。

10 月 19 日，获何梁何利基金"科学与技术进步奖"。唐敖庆教授获何梁何利基金"科学与技术成就奖"。

12 月，出任第三届国家自然科学基金委员会委员。

1996 年

1 月，任中国科学院稀土化学与物理第三届与第四届重点实验室学术委员会主任。

1 月，与庞文琴教授应邀参加台湾超微粒材料与触媒会议，并作学术报告。

5 月，与庞文琴、英国 J.M. Thomas 爵士研究组合作研究的 *Synthesis and Structure of a Layered Titanosilicate Catalyst with Five-coordinate Titanium* 发表于 Nature 上。

6 月，出席第八次中国科学院院士大会。

8 月，出席在韩国首尔召开的第十一届国际分子筛大会并作报告，任国际指导委员成员与合成会议执行主席。

12 月，出席第五届欧亚化学大会，并作大会特邀报告 *Recent Progress in Microprous Materials*。

1997 年

被评为吉林省"三育人"标兵。

6 月，出席第九次中国科学院院士大会。

7 月，任第三届至第五届《应用化学学报》副主编。

8 月 27 日，应邀与庞文琴教授赴日出席"国际沸石和微孔晶体会议"并作大会特邀报告。

10 月 11 日，应邀出席第六届全国固体化学与无机合成学术会议并作大会特邀报告《无机合成化学的近期进展》。

1998 年

2 月，任 *Microporous and Mesoporous Materials* 与 *Inorganic Chemistry*

Communication 杂志国际编委会委员。

7 月，率团出席在美国巴尔的摩召开的第十二届国际分子筛大会，在本次大会上被选为国际分子筛协会理事。

9 月 10 日，被教育部、人事部评为全国教育系统劳动模范并授予全国模范教师称号。

9 月，当选为第九届全国人大代表并出席了第九届全国人大第一次会议，会上被选为吉林省代表团副团长，同时继续当选为第九届吉林省人大常委会副主任。

10 月，"现代合成化学研究中心"在吉林大学成立，任中心名誉主任。

10 月，与庞文琴教授一起被杭州大学聘任为兼职教授。

1999 年

1 月，与裘式纶、庞文琴等人完成的《三维骨架微孔化合物单晶合成与制备》获教育部科技进步奖一等奖。

1 月，任 *Solid State Sciences* 杂志国际编委会委员。

6 月，应邀出席首次在中国召开的第五届"国际材料研究学会联盟（IUMRS）"，作大会邀请报告 *Recent Progress in Microporous Materials*。

7 月，全国 29 个国家重点实验室和部门开放实验室（化学化工类）进行统一评估中，"无机合成与制备化学教育部重点开放实验室"被评为五个优秀实验室之一。

12 月，与庞文琴、冯守华、裘式纶等人完成的《新型微孔晶体合成与新合成路线开发研究》获国家自然科学奖三等奖。

该年度所从事的科学研究——新型微孔化合物与新合成路线的开发研究，被评为 1999 年度教育部十大科技成果之一。

2000 年

2 月，任霍英东教育基金会顾问委员。

3 月，在第九届全国人大三次会议上，与吴式枢、刘淑莹等吉林省知识界代表受到李鹏委员长的亲切接见。

6月，出席第十次中国科学院院士大会。

6月10日，原吉林大学、吉林工业大学、白求恩医科大学、长春科技大学、长春邮电学院合并组建成新的吉林大学。

7月，无机化学学科被评为国家重点学科，化学系中同时被评为国家重点学科的还有物理化学、高分子化学与物理两个学科。

7月，主编的《简明精细化工辞典》在上海科学技术出版社出版。

8月，应邀参加在台北举行的第三届全球华人无机化学家大会，作特邀报告《无机物水热合成的进展》。

8月，江泽民总书记在曾庆红、温家宝等陪同下来吉林省视察，与省委、省人大、省政府、省政协及部队的领导干部受到了国家领导的亲切接见并合影留念。

10月，与庞文琴教授一起被聘任为浙江大学兼职教授（每年两个月）。

与庞文琴等人完成的《无机化学学科高层次人才培养》获吉林省教学成果特等奖。

2001 年

3月，与冯守华教授撰写的 *New Materials in hydrothermal synthesis* 综述在 Acc. Chem. Res 上发表（2001，34，239—247）。

5月，与陈接胜等人完成的《基于无机主体的主—客体复合物研究》获中国高校自然科学奖二等奖。

5月，经唐敖庆、唐有祺、严东生、徐光宪、张存浩、徐僖、蒋民华、郭景坤八位院士联名推荐，科技部正式批准在无机合成与制备化学教育部重点开放实验室的基础上建立"无机合成与制备化学国家重点实验室"。

5月15日，合并后的吉林大学进行院系整合，由原来五校的化学学科及相关学科组成了新的化学学科，化学系改为化学学院。

5月30日，吉林大学"无机合成与制备化学国家重点实验"正式挂牌成立，冯守华任主任，倪嘉缵任学术委员会正主任，徐如人任副主任。

6月，与庞文琴教授主编的《无机合成与制备化学》一书由高等教育出版社出版。

7 月，在法国 Montpellier 市召开的第十三届国际分子筛大会上，通过精心组织，积极运筹，经全体与会者投票选举，决定第十五届国际分子筛大会于 2007 年在中国北京举办。

2002 年

1 月，经多年人才培养积淀，以冯守华教授（其学生）为学术带头人的"无机合成与制备化学"研究团队被国家基金委评为"国家自然科学基金创新研究群体"并获得资助，成为吉林大学首个国家级创新研究群体。

6 月，出席第十一届中国科学院院士大会。

8 月 8 日，参加和指导无机合成与制备化学国家重点实验室在长春主办的"国际固体化学研讨会暨第八届全国固体化学与合成化学研讨会"（ISSSCC—2002），包括 TWAS 院长 C.N.R. Rao 等来自国内外 200 余名专家学者参加了本次会议。

9 月 6 日，参加吉林大学化学学科成立 50 周年暨孙家钟、徐如人、沈家聪、庞文琴、赵慕愚执教 50 周年庆祝大会。受到执教 50 年特别奖励。

12 月，获"国家级教学成果"二等奖奖章。

2003 年

10 月 16 日，当选为第三世界科学院院士。

7 月，与于吉红教授撰写的 *Rich Structure Chemistry in the Aluminophosphate Family* 综述在 Acc. Chem. Res 上发表（2003，36，481—490）。

9 月，所培养的 1988 届博士宋天佑被教育部、人事部评为首届"全国教学名师"与"全国模范教师"称号。

12 月 14 日，参加并指导化学学院在长春举办的"第七届国际水热反应研讨会"，有 150 余名来自国内外的专家学者参会。

2004 年

1 月，无机合成与制备化学国家重点实验室和超分子结构与材料教育部重点实验室迁至吉林大学南校区新建的实验大楼内，教学实验条件得到空前改善。

3 月，与庞文琴、于吉红等人合著的《分子筛与多孔材料化学》一书由科学出版社出版。

4 月 25 日，于吉红教授参加在南非开普敦召开的第十四届国际分子筛大会，作题为 *Toward the Rational Design and Synthesis of Inorganic Microporous and Related Materials* 的大会主题报告。

6 月，出席第十二届中国科学院院士大会。

10 月 16 日，经中国科协批准，中国化学会分子筛专业委员会（CZA）在长春成立，徐如人任首届主任。

11 月，与庞文琴编著，魏明通校订的《无机合成与制备化学》在台湾由五南图书出版公司出版。

2005 年

6 月，与唐有祺主编的 *Molecular Engineering of Catalytic System*，发表于 Topics in catalysis 上［Vol 35（2005），1—193］。

6 月，出席第十三届中国科学院院士大会。

10 月，出席由北京大学组织召开的第九届固体化学与无机合成会议。

12 月 16 日，培养的 1986 届博士生冯守华当选为中国科学院院士。

2006 年

7 月，与于吉红撰写的 *Insight into the Construction of Open-Framework Aluminophosphates* 综述发表在 Chemical Society Reviews 上（2006，35，593—604）。

8 月 5 日，应邀出席在上海召开的国际介孔会议，任名誉主席。

2007 年

2 月 29 日，与于吉红教授等人完成的《开放骨架磷酸结构类型的开拓》获国家自然科学奖二等奖，由于吉红为代表参加了 2006 年度国家自然科学奖励大会。

4月15日，被聘任为南开大学"杨石先讲座教授"，且在聘任大会上作《无机合成化学中的前沿问题》的报告。

7月，与高滋、陈接胜、闫文付等主编的 *From Zeolites to Porous MOF Materials the 40th Anniversary of IZC* 由 Elsevier 出版社出版。

7月，与庞文琴、于吉红、霍启升、陈接胜等教授合著的英文版 *Chemistry of Zeolites and Related Porous Materials* 由国际著名出版社 John Wiley 出版。

8月，由徐如人任主席，闵恩泽院士、何鸣元院士担任共同大会主席，裘式纶为秘书长的第十五届国际分子筛大会在北京召开，有来自56个国家的1000多位分子筛科学家与工作者参会。在本次大会中，中国科学家发表了286篇论文。本次大会的召开为中国分子筛与多孔材料科学与技术的全面走向世界铺就了道路。

9月，为庆祝75岁生日，Microporous and Mesoporous Materials 专门刊出了由 J. Weitkamp，Y. S. Yan，J. H. Yu 为客座编辑的 *Dedicated to Professor Ruren Xu on the occasion of his 75th Birthday* 专刊（Microporous and Mesoporous Materials，2007，105：1—210）。以表彰其在分子筛领域的杰出成就。

2008 年

6月，出席第十四届中国科学院院士大会。

8月，在徐如人的指导下，以裘式纶为首席科学家的973项目"创造新物质的分子工程学研究"因在计划实施过程中作出突出成绩获得国家科技部荣誉证书。

10月，被上海交通大学化学学院与化工学院聘任为双聘院士。

11月6日，与于吉红等人合作的《新结构分子筛的分子工程》项目研究获吉林省科技进步奖（自然科学类）一等奖。

2009 年

2月，与庞文琴、霍启升编著的《无机合成与制备化学》（第二版）

上、下册由高等教育出版社出版。

2 月 14 日，参加在吉林大学举行的"唐敖庆研究所揭牌仪式和唐敖庆半身塑像揭幕仪式"。以纪念唐敖庆开创中国理论化学事业。

7 月 15 日，参加吉林大学中心校区理科实验楼更名为唐敖庆楼及唐敖庆教授塑像落成揭幕仪式，著名化学家徐光宪院士参加了活动并作学术报告。

同年，经多年人才培养积淀，以于吉红教授为学术带头人的"无机固体功能材料的合成与制备化学"科研团队被评为"长江学者和创新团队发展计划"创新团队。

2010 年

4 月，被上海交通大学授予"上海交通大学杰出校友"奖。

4 月 11 日，吉林大学成立 JLU–UPV 多孔材料分子工程学国际联合实验室，任联合实验室顾问，A. Corma 与于吉红分别担任西方与中方主任。

4 月 15 日，全国人大常委会委员长吴邦国同志视察吉林大学并参观了无机合成与制备化学国家重点实验室，徐如人等人受到吴邦国委员长的亲切接见。

6 月，出席第十五届中国科学院院士大会。

9 月，与于吉红教授撰写的 *Rational Approaches Toward the Design and Synthesis of Zeolitic Inorganic Open-Framework Materials* 综述在 Acc. Chem. Res. 上发表（2010，43，1195—1204）。

10 月下旬，应邀访问台湾大学和台湾中央大学，并作学术报告。

11 月 3 日，应邀访问厦门大学，并作"卢嘉锡讲座"第一讲。

11 月，出席由上海交通大学举办的第十一届固体化学与无机合成会议暨第二届 Dalton Transactions International Symposium 联合会议并担任名誉主席。

3 月,《庆祝徐如人教授和庞文琴教授执教六十年暨八十华诞》专辑由高等学校化学学报出版。

同年,与庞文琴、霍启升教授等人主编的 *Modern Inorganic Synthetic Chemistry* 由 Elsevier 出版。

4 月 23 日,与 Z Wang,J H Yu 撰写的 *Needs and Trends in Rational Synthesis of Zeolitic Materials* 综述在 Chem. Soc. Rev. 上发表(2012,41:1729—1741)。

6 月,出席第十六届中国科学院院士大会。

8 月 31 日,无机合成与制备化学国家重点实验室举行 "徐如人教授和庞文琴教授执教 60 周年暨 80 岁华诞学术报告会与晚宴",报告会上获赠 "厚德载物、桃李成春" 条幅。

同日,参加化学学院举行的蔡镏生、唐敖庆、关实之、陶慰孙塑像揭幕仪式。

9 月 1 日,参加 "吉林大学化学学科创建 60 周年暨孙家钟、徐如人、沈家骢执教 60 周年庆祝大会"。会上被授予 "桃李满园" 牌匾。

12 月 19 日,与于吉红、庞文琴、李激扬、李乙等人完成的《特定结构无机多孔晶体的设计与合成》获国家自然科学奖二等奖。

1 月,应邀在澳门出席第一届欧亚分子筛大会,任名誉主席并致辞。

8 月 28 日—9 月 3 日,应邀到银川出席由宁夏大学承办的第十七届全国分子筛学术大会。

10 月,应邀出席在台北举行的亚洲—太平洋催化大会并在晚宴上致辞。

5 月,应邀在上海交通大学 "大师讲坛" 作《立足国情值得重视的若干研究方向与化学科学问题》学术报告。

6月9日，参加第十七届中国科学院院士大会。

7月20日—23日，应实验室主任霍启升之邀赴京参加全国重点实验室评估会议，无机合成与制备化学国家重点实验室被评为良好。

2015 年

1月，与庞文琴、霍启升等合著的《分子筛与多孔材料化学》(第二版)由科学出版社出版。

10月25日，出席第十八届全国分子筛学术大会。

11月18日，出席在吉林大学举行的"纪念唐敖庆教授诞辰100周年"系列活动。

12月7日，所培养的1995届博士生于吉红教授被评为中国科学院院士。

2016 年

5月30日—6月3日，在北京出席第十八届中国科学院院士大会。

7月3日—6日，参加第16届国际催化大会。

9月16日，出席吉林大学建校七十周年庆祝大会，被授予"吉林大学终身成就奖"。

9月27日—29日，出席第十四届固体化学与无机合成会议，并担任顾问委员会主席。

10月11日，为纪念来校工作65年，将自己与妻子庞文琴及子女所有著述捐赠给吉林大学图书馆作永久收藏。吉林大学举行了题为"著书立说，传道如人"——徐如人院士、庞文琴教授、徐鹰教授、徐雁教授学术著作捐赠仪式。

2017 年

3月，与徐雁教授合作编著的 *Modern Inorganic Synthetic Chemistry* 一书由 Elsevier 出版社出版发行。

6月27日—7月2日，到温州大学、上海交通大学、复旦大学交流。

9月16日，在吉林大学校庆日庆祝活动上，委托女儿徐雁以他和庞文琴教授的名义向学校捐赠500万元人民币，设立"庞文琴、徐如人教育基金"，支持无机合成化学学科的建设发展。

10月24—28日，参加第19届全国分子筛学术大会，并获首届"中国分子筛终身成就奖"。

2018 年

1月，应邀为《国家科学评论》撰写社论 *Towards a new discipline of Condensed Matter Chemistry*。

1月26日，成立"庞徐基金管理委员会"，并参加"庞徐基金管理委员会"第一次会议。

5月28日，参加中国科学院第十九次院士大会。

7月20日，光荣退休。

2019 年

2月24日，被评为第16届"2018年感动吉林年度人物"，并荣获"吉林好人标兵"称号。

3月，应邀为《国家科学评论》杂志写了一篇展望，题目是《凝聚态化学：从材料到生物体》（2019年第6卷第2期，第191–194页）。

4月25日，被授予第八届吉林省道德模范（敬业奉献类）。

6月25日，作为奖学金的捐赠者，参加首届庞文琴奖学金与合成化学新秀奖颁奖典礼。

10月8日，在长春组织召开第一届"凝聚态化学研讨会"，并在中国科学院《化学进展》上出版了"凝聚态化学专辑"。

附录二 徐如人主要论著目录

一、论文

（一）无机物与材料的水（溶剂）热合成化学

[1] Huo Q，Xu R，J. Chem. Syntheses of $AlPO_4-5$，$AlPO_4-11$，and $AlPO_4-21$ from nonaqueous systems [J]. J. Chem. Soc.，Chem. Commun，1990：783−784.

[2] Chippindale AM，Powell AV，Bull LM，et al. Synthesis and characterization of 2 layered aluminophosphates，(T) $2HAl_2P_3O_{12}$ (T=2−$BuNH^{3+}$) and (T) $H_2Al_2P_3O_{12}$ (T = PyH^+) [J]. J. Solid State Chem，1992，96：199−210.

[3] Roberts MA，Sankar G，Thomas JM，et al. Synthesis and structure of a layered titanosilicate catalyst with five−coordinate titanium [J]. Nature，1996，381：401−404.

[4] Zhao C，Feng S，Chao Z，et al. Hydrothermal synthesis of the complex fluorides $LiBaF_3$ and $KMgF_3$ with perovskite structures under mild conditions [J]. Chem. Commun，1996：1641−1642.

[5] Gao Q，Chen J，Xu R，et al. Synthesis and characterization of a family of amine−intercatalated lamellar aluminophosphates from alcoholic system [J]. Chem. Mater，1997，9：457−462.

[6] Xun X，Feng S，Wang J，et al. Hydrothermal synthesis of complex fluorides

NaHoF$_4$ and NaEuF$_4$ with fluorite structures under mild conditions [J]. Chem. Mater, 1997, 9: 2966−2968.

[7] Chen D, Xu R. Solvothermal synthesis and characterization of PbTiO$_3$ powders [J]. J. Mater. Chem, 1998, 8: 965−968.

[8] Zhu G, Qiu S, Yu J, et al. Synthesis and characterization of high−quality zeolite LTA and FAU single nanocrystals [J]. Chem. Mater, 1998, 10: 1483−1486.

[9] Chen D, Xu R. Hydrothermal synthesis and characterization of nanocrystalline Fe$_3$O$_4$ powders [J]. Mater. Res. Bull, 1998, 33: 1015−1021.

[10] Li J, Yu J, Yan W, et al. Structures and templating effect in the formation of 2D layered aluminophosphates with Al$_3$P$_4$O$_{16}^{3-}$ stoichiometry [J]. Chem. Mater, 1999, 11: 2600−2606.

[11] Wu M, Long J, Wang G, et al. Hydrothermal synthesis of tetragonal barium titanate from barium hydroxide and titanium dioxide under moderate conditions [J]. J. Am. Chem. Soc, 1999, 82: 3254−3256.

[12] Feng S, Xu R. New materials in hydrothermal synthesis [J]. Acc. Chem. Res, 2001, 34: 239−247.

[13] Song Y, Yu J, Li G, et al. Combinatorial approach for the hydrothermal syntheses of open−framework zinc phosphates [J]. Chem. Commun, 2002: 1720−1721.

[14] Yin Z, Sakamoto Y, Yu J, et al. Microemulsion−based synthesis of titanium phosphate nanotubes via amine extraction system [J]. J. Am. Chem. Soc, 2004, 126: 8882−8883.

[15] Yang M, Yu J, Chen P, et al. Synthesis and characterization of metalloborophosphates with zeotype amd framework by the boric acid 'flux' method [J]. Micropor. Mesopor. Mater, 2005, 87: 124−132.

[16] Du Y, Yu J, Li J, et al. Synthesis and structure of a novel microporous gallium phosphate Ga$_3$P$_2$O$_8$(OH)$_3$H$_2$O Containing [3^{4}4^{4}8^4] cages [J]. Chinese J. Inorg. Chem, 2006, 22: 1503−1506.

[17] Yang M, Yu J, Shi L, et al. Synthesis, structure, and magnetic property of a new open−framework manganese borophosphate, [NH$_4$]$_4$[Mn$_9$B$_2$(OH)$_2$(HPO$_4$)$_4$(PO$_4$)$_6$] [J]. Chem. Mater, 2006, 18: 476−481.

[18] Liang J, Li J, Yu J, et al. [(C₄H₁₂N)₂][Zn₃(HPO₃)₄]: an open-framework zinc phosphite containing extra-large 24-ring channels [J]. Angew. Chem. Int. Ed, 2006, 45: 2546-2548.

[19] Xing H, Li J, Yan W, et al. Cotemplating ionothermal synthesis of a new open-framework aluminophosphate with unique Al/P ratio of 6/7 [J]. Chem. Mater, 2008, 20: 4179-4181.

[20] Xing H, Yang W, Su T, et al. Ionothermal synthesis of extra-large-pore open-framework nickel phosphite 5H₃O·Ni₈(HPO₃)₉Cl₃·1.5H₂O: magnetic anisotropy of the antiferromagnetism [J]. Angew. Chem. Int. Ed, 2010, 49: 2328-2331.

[21] Su T, Xing H, Xu J, et al. Ionothermal syntheses and characterizations of new open-framework metal borophosphates [J]. Inorg. Chem, 2011, 50: 1073-1078.

[22] Wang X, Wang Y, Liu Q, et al. K₃TbₓEu₁₋ₓGe₃O₈(OH)(2)(x=1, 0.88, 0.67, 0): 2D-layered lanthanide germanates with tunable Photo luminescent properties [J]. Inorg. Chem, 2012, 51: 4779-4783.

[23] Sun L, Xing H, Liang Z, et al. A 4+4 strategy for synthesis of zeolitic metal-organic frameworks: an indium-MOF with SOD topology as a light-harvesting antenna [J]. Chem. Commun, 2013, 49: 11155-11157.

[24] Li G, Huang H, Yu B, et al. A bioscaffolding strategy for hierarchical zeolites with a nanotube-trimodal network [J]. Chem. Sci, 2016, 7: 1582-1587.

（二）分子筛与多孔材料化学

[1] 徐如人, 等. 沸石分子筛的生成机理与晶体生长（I）[J]. 高等学校化学学报, 1982, 3（3）: 287.

[2] 徐如人, 等. 沸石分子筛的生成机理与晶体生长（II）[J]. 高等学校化学学报, 1982, 2（4）: 520.

[3] 徐如人, 等. 沸石分子筛的生成机理与晶体生长（III）[J]. 高等学校化学学报, 1982, 3（6）: 437.

[4] 徐如人, 等. 沸石分子筛的生成机理与晶体生长（IV）[J]. 高等学校化学学报, 1982, 3（专刊）: 1.

[5] 徐如人, 等. 沸石分子筛的生成机理与晶体生长（V）[J]. 高等学校化学学

报，1983，4（1）：1.

［6］徐如人，等. 沸石分子筛的生成机理与晶体生长（VI）［J］. 高等学校化学学报，1983，4（2）：167.

［7］徐如人，等. 沸石分子筛的生成机理与晶体生长（VII）［J］. 高等学校化学学报，1983，4（3）：289.

［8］徐如人，等. 沸石分子筛的生成机理与晶体生长（VIII）［J］. 化学学报，1983，41（10）：916.

［9］徐如人，等. 沸石分子筛的生成机理与晶体生长（IX）［J］. 高等学校化学学报，1984，4（5）：540.

［10］徐如人，等. 沸石分子筛的生成机理与晶体生长（X）［J］. 化学学报，1984，42（3）：227.

［11］徐如人，等. 沸石分子筛的生成机理与晶体生长（XI）［J］. 高等学校化学学报，1984，5（1）：83.

［12］徐如人，等. 沸石分子筛的生成机理与晶体生长（XII）［J］. 高等学校化学学报，1985，6（9）：765.

［13］徐如人，等. 沸石分子筛的生成机理与晶体生长（XIII）［J］. 高等学校化学学报，1985，6（10）：855.

［14］Yang G，Feng S，Xu R. Crystal-structure of the gallophosphate framework：X-ray characterization of $Ga_9P_9O_{36}OH \cdot HNEt_3$［J］. J. Chem. Soc.-Chem. Commun.，1987：1254-1255.

［15］徐如人，等. 沸石分子筛的生成机理与晶体生长（XIV）［J］. 高等学校化学学报，1988，9（10）：1071.

［16］Yang G，Li L，Chen J，Xu R. Synthesis and structure of a novel aluminoarsenate with an open framework［J］. J. Chem. Soc.-Chem. Commun，1989：810-811.

［17］Chen J，Li L，Yang G，et al. Preparation and structural characterization of a novel galloarsenate using a dimethylamine template［J］. J. Chem. Soc.-Chem. Commun，1989：1217-1218.

［18］Jones RH，Thomas JM，Xu R，et al. Synthesis and structure of a one-dimensionally extended aluminum phosphate：$Et_3NH^+ (H_2AlP_2O_8)^-$［J］. J. Chem. Soc.-Chem. Commun，1990：1170-1172.

［19］Cheng J，Xu R. Syntheses and characterization of 2 novel germanium dioxide frameworks with occluded ethylenediamine (eda) and 1, 3-propylenediamine (1, 3-pda) [J]. J. Chem. Soc.-Chem. Commun, 1991: 483-485.

[20] Jones RH, Thomas JM, Xu R, et al. Synthesis and structure of a novel aluminum phosphate anion: $(Al_3P_4O_{16})^{3-}$ [J]. J. Chem. Soc.-Chem. Commun, 1991: 1266-1268.

[21] Synthesis and characterization of a novel extra-large ring of aluminophosphate JDF-20 [J]. Huo Q, Xu R, Li S, et al. J. Chem. Soc.-Chem. Commun, 1992: 875-876.

[22] Thomas JM, Jones RH, Xu R, et al. A novel porous sheet aluminophosphate: $Al_3P_4O_{16}^{3-}1.5$ [$NH_3 (CH_2)_4NH_3$]$^{2+}$ [J]. J. Chem. Soc.-Chem. Commun, 1992: 929-931.

[23] Tong T, Hursthouse MB, Chen J, et al. An open-framework zinc phosphate with Zn-o-Zn linkages [J]. Adv. Mater, 1994, 6: 679-680.

[24] Williams ID, Gao Q, Chen J, et al. Organo-template control of inorganic structures: a low-symmetry two-dimensional sheet aluminophosphate 3 [$NH_3CHMECH_2NH_3$] [$Al_6P_8O_{32}$] · H_2O [J]. Chem. Commun, 1996: 1781-1782.

[25] Gao Q, Chen J, Li S, et al. Synthesis and structure of a chain aluminophosphate filled with [NH4]$^+$ and [$H_3NCH_2CH_2NH_3$]$^{2+}$ cations [J]. J. Solid State Chem, 1996, 127: 145-150.

[26] Xiao FS, Zheng S, Sun J, et al. Dispersion of inorganic salts into zeolites and their pore modification [J]. J. Catal, 1998, 176: 474-487.

[27] Xiao FS, Qiu S, Pang W, et al. New developments in microporous materials [J]. Adv. Mater, 1999, 11: 1091-1099.

[28] Yan W, Yu J, Shi Z, et al. A novel open-framework aluminophosphate [AlP_2O_6 (OH)$_2$] [H_3O] containing propeller-like chiral motifs [J]. Chem. Commun, 2000: 1431-1432.

[29] Yuan H, Chen J, Zhu G, et al. The first organo-templated cobalt phosphate with a zeolite topology [J]. Inorg. Chem, 2000, 39: 1476-1479.

[30] Yan W, Yu J, Shi Z et al. A new fluoro aluminophosphate chain with an AI/P ratio of unity [J]. Inorg. Chem, 2001, 40: 379-383.

[31] Yu J, Wang Y, Shi Z, et al. Hydrothermal synthesis and characterization of two new zinc phosphates assembled about a chiral metal complex: [Co^{II}(en)$_3$]$_2$[ZN$_6$P$_8$O$_{32}$H$_8$] AND [CO^{III}(en)$_3$][ZN$_8$P$_6$O$_{24}$Cl]·2H$_2$O [J]. Chem. Mater, 2001, 13: 2972-2978.

[32] Yan W, Yu J, Xu R, et al. [Al$_{12}$P$_{13}$O$_{52}$]$^{3-}$[(CH$_2$)$_6$N$_4$H$_3$]$^{3+}$: an anionic aluminophosphate molecular sieve with bronsted acidity [J]. Chem. Mater, 2000, 12: 2517-2519.

[33] Xu Q, Li L, Liu X, et al. Incorporation of rare-earth complex Eu(TTA)$_4$ C$_5$H$_5$NC$_{16}$H$_{33}$ into surface-modified Si-MCM-41 and its photophysical properties [J]. Chem. Mater, 2002, 14: 549-555.

[34] Song Y, Yu J, Li Y, et al. Chirality transfer from guest chiral metal complexes to inorganic framework: role of hydrogen bonding [J]. Chem.-Eur. J, 2003, 9: 5048-5055.

[35] Wang Y, Yu J, Guo M, et al. [{Zn$_2$(HPO$_4$)$_4$}{Co(dien)$_2$}]·H$_3$O: a new zinc phosphate with multi-directional intersecting helical channels [J]. Angew. Chem. Int. Ed, 2003, 34: 4089-4092.

[36] Yu J, Xu R. Rich structure chemistry in the aluminophosphate family [J]. Acc. Chem. Res, 2003, 36: 481-490.

[37] Wang Y, Yu J, Pan Q, et al. Synthesis and structural characterization of 0D vanadium borophosphate [Co(en)$_3$]$_2$[V$_3$P$_3$BO$_{19}$][H$_2$PO$_4$]×4H$_2$O and 1D Vanadium oxides [Co(en)$_3$][V$_3$O$_9$]·H$_2$O and [Co(dien)$_2$][V$_3$O$_9$]×H$_2$O templated by cobalt complex: cooperative organization of complexes and the inorganic networks [J]. Inorg. Chem, 2004, 43: 559-565.

[38] Song Y, Yu J, et al. Hydrogen-bonded helices in the layered aluminophosphate (C$_2$H$_8$N)$_2$[Al$_2$(HPO$_4$)(PO$_4$)$_2$][J]. Angew. Chem. Int. Ed, 2004, 43: 2399-2402.

[39] Du Y, Yang M, Yu J, et al. Unexpected photoelectronic effect from [Co(en)$_3$]$_2$(Zr$_2$F$_{12}$)(SiF$_6$)·4H$_2$O, a compound of H-bonded assembly of discrete Co(en)$_3$$^{3+}$, Zr$_2F_{12}$$^{4-}$ and SiF$_6$$^{2-}$ ions [J]. Angew. Chem. Int. Ed, 2005, 44: 7988-7990.

[40] Yang M, Yu J, Shi L, et al. Synthesis, structure, and magnetic property of a new open-framework manganese borophosphate, [NH$_4$]$_4$[Mn$_9$B$_2$(OH)$_2$(HPO$_4$)$_4$

（PO$_4$）$_6$］［J］. Chem. Mater, 2006, 18: 476−481.

［41］Liang J, Li J, Yu J, et al.［（C$_4$H$_{12}$N）$_2$］［Zn$_3$（HPO$_3$）$_4$］: an open−framework zinc phosphite containing extra−large 24−ring channels［J］. Angew. Chem. Int. Ed, 2006, 45: 2546−2548.

［42］Yu J, Xu R. Insight into the construction of open−framework aluminophosphates［J］. Chem. Soc. Rev, 2006, 35: 593−604.

［43］Zhou D, Xu J, Yu J, et al. Solid−state NMR spectroscopy of anionic framework aluminophosphates: A new method to determine the Al/P ratio［J］. J. Phys. Chem. B, 2006, 110: 2131−2137.

［44］Pan Q, Li J, Ren X, et al.［Ni（1, 2−PDA）$_3$］$_2$（HOCH$_2$CH$_2$CH$_2$NH$_3$）$_3$（H$_3$O）$_2$［Ge$_7$O$_{14}$X$_3$］$_3$（X=F, OH）: A new 1D germanate with 12−ring hexagonal tubular channels［J］. Chem. Mater, 2008, 20: 370−372.

［45］Di J, Chen H, Wang X, et al. Fabrication of zeolite hollow fibers by coaxial electrospinning［J］. Chem. Mater, 2008, 20: 3543−3545.

［46］Zhao L, Li J, Chen P, et al. 2H$_3$O［Co$_8$（HPO$_3$）$_9$（CH$_3$OH）$_3$］2H$_2$O: An open−framework cobalt phosphite containing extra−large 18−ring channels［J］. Chem. Mater, 2008, 20: 17−19.

［47］Yu J, Xu R. Chiral zeolitic materials: structural insights and synthetic challenges［J］. J. Mater. Chem, 2008, 18: 4021−4030.

［48］Ren X, Li Y, Pan Q, et al. A crystalline germanate with mesoporous 30−ring channels［J］. J. Am. Chem. Soc, 2009, 131: 14128−14129.

［49］Song X, Li Y, Gan L, et al. Heteroatom−stabilized chiral framework of aluminophosphate molecular sieves［J］. Angew. Chem. Int. Ed, 2009, 48: 314−317.

［50］Han Y, Li Y, Yu J et al. A gallogermanate zeolite constructed exclusively by three−ring building units［J］. Angew. Chem. Int. Ed, 2011, 50: 3003−3005.

［51］Yan W, Song X, Xu R. Molecular engineering of microporous crystals: (Ⅰ) New insight into the formation process of open−framework aluminophosphates［J］. Micropor. Mesopor. Mater, 2009, 123: 50−62.

［52］Yan W, Xin L, Olman V, et al. Molecular engineering of microporous crystals: (Ⅱ) A new method to describe the structures of zeolites and related open−framework crystalline materials［J］. Micropor. Mesopor. Mater, 2010, 131: 148−161.

[53] Zhang B，Xu J，Fan F，et al. Molecular engineering of microporous crystals：(Ⅲ) The influence of water content on the crystallization of microporous aluminophosphate $AlPO_4$-11 [J]. Micropor. Mesopor. Mater，2012，147：212-221.

[54] Cheng T，Xu J，Li X，et al. Molecular engineering of microporous crystals：(Ⅳ) Crystallization process of microporous aluminophosphate $AlPO_4$-11 [J]. Micropor. Mesopor. Mater，2012，152：190-207.

[55] Tong X，Xu J，Wang C，et al. Molecular engineering of microporous crystals：(Ⅴ) Investigation of the structure-directing ability of piperazine in forming two layered aluminophosphates [J]. Micropor. Mesopor. Mater，2012，155：153-166.

[56] Tong X，Xu J，Xin L，et al. Molecular engineering of microporous crystals：(Ⅵ) Structure-directing effect in the crystallization process of layered aluminophosphates [J]. Micropor. Mesopor. Mater，2012，164：56-66.

[57] Tong X，Xu J，Li X，et al. Molecular engineering of microporous crystals：(Ⅶ) The molar ratio dependence of the structure-directing ability of piperazine in the crystallization of four aluminophosphates with open-frameworks [J]. Micropor. Mesopor. Mater，2013，176：112-122.

[58] Lu H，Xu J，Gao P，Li X，et al. Molecular engineering of microporous crystals：(Ⅷ) The solvent-dependence of the structure-directing effect of ethylenediamine in the synthesis of open-framework aluminophosphates [J]. Micropor. Mesopor. Mater，2015，208：105-112.

[59] Wen Q，Di J，Jiang L，et al. Zeolite-coated mesh film for efficient oil-water separation [J]. Chem. Sci，2013，4：591-595.

[60] Yang G，Wei Y，Xu S，et al. Nanosize-enhanced lifetime of SAPO-34 catalysts in methanol-to-olefin reactions [J]. J. Phys. Chem. C，2013，117：8214-8222.

(三) 微孔晶体功能体系的设计定向合成

[1] 徐如人. 微孔晶体孔道结构的分子设计 [J]. 中国科学院第六次学部委员大会学术报告汇编，1992，41：168-170.

[2] Zhou B，Yu J，Li J，et al. Rational design of two-dimensional layered aluminophosphates with $[Al_3P_4O_{16}]^{3-}$ stoichiometry [J]. Chem. Mater，1999，11：1094-1099.

[3] Li Y，Yu J，Liu D，et al. Design of zeolite frameworks with defined pore

geometry through constrained assembly of atoms [J]. Chem. Mater, 2003, 15: 2780—2785.

[4] Tang Y, Xu R. Molecular engineering of catalytic systems [J]. Top. Catal, 2005, 35: 1—193.

[5] Yan Y, Li J, Qi M, et al. Database of open—framework aluminophosphate syntheses: introduction and application (I) [J]. Sci. China Ser. B—Chem, 2009, 52: 1734—1738.

[6] Yu J, Xu R. Rational approaches toward the design and synthesis of zeolitic inorganic open—framework materials [J]. Acc. Chem. Res, 2010, 43: 1195—1204.

[7] Li Y, Yu J, Xu R. FraGen: a computer program for real—space structure solution of extended inorganic frameworks [J]. J. Appl. Crystallogr, 2012, 45: 855—861.

[8] Wang Z, Yu J, Xu R. Needs and trends in rational synthesis of zeolitic materials [J]. Chem. Soc. Rev, 2012, 41: 1729—1741.

[9] Liang Z, Du J, Sun L, et al. Design and synthesis of two porous metal—organic frameworks with nbo and agw topologies showing high CO_2 adsorption capacity [J]. Inorg. Chem, 2013, 52: 10720—10722.

[10] Li Y, Yu J, Xu R. Criteria for zeolite frameworks realizable for target synthesis [J]. Angew. Chem. Int. Ed, 2013, 52: 1673—1677.

（四）凝聚态化学

[1] Ruren Xu. Towards a new discipline of Condensed Matter Chemistry [J]. National Science Review, 2018, 5: 1—1.

[2] R Xu, K Wang, G Chen, et al. Condensed—matter chemistry: from materials to living organisms [J]. National Science Review, 2019, 6: 191—194.

二、著作

（一）分子筛与多孔材料化学领域

[1] 徐如人，庞文琴，屠昆岗. 沸石分子筛的结构与合成 [M]. 长春：吉林大学出版社，1987.

[2] Ruren Xu, Zi Gao, Yan Xu. Progress in Zeolite Science, a China Perspective

［M］. World Scientific，1995.

［3］徐如人，庞文琴，于吉红，等. 分子筛与多孔材料化学（第一版）［M］. 北京：科学出版社，2004.

［4］Ruren Xu，Wenqin Pang，Jihong Yu，et al. Chemistry of Zeolites and Related Porous Materials：Synthesis and Structure［M］. John Wiley & Sons（Asia）Pte Ltd，2007.

［5］Xuren Xu，Zi Gao，Jiesheng Chen，et al. From Zeolites to Porous MOF Materials，Studies in Surface Science and Catalysis［M］. Vol. 170A and 170B，Elsevier，2007.

［6］莱歇特（德），裘祖文，徐如人，等. 固体核磁共振［M］. 长春：吉林科技出版社，1989.

［7］Youqi Tang，Ruren Xu. Molecular Engineering of Catalytic System［J］. Topics in Catalysis，2005，35（1-2）：1-191.

［8］徐如人，庞文琴，霍启升，等. 分子筛与多孔材料化学（第二版）［M］. 北京：科学出版社，2015.

（二）无机合成化学领域

［1］徐如人. 无机合成化学［M］. 北京：高等教育出版社，1991.

［2］徐如人，庞文琴. 无机合成与制备化学［M］. 北京：高等教育出版社，2001.

［3］徐如人，庞文琴. 无机合成与制备化学（2015年再版）［M］. 魏明通（台湾）校订（2015年再版）. 台湾五南图书出版公司，2004.

［4］徐如人，庞文琴，霍启升. 无机合成与制备化学（第二版）（上、下册）［M］. 北京：高等教育出版社，2009.

［5］Ruren Xu，Wenqin Pang，QishengHuo. Mordern Inorganic Synthetic Chemistry［M］. Elsevier，2010.

［6］Elsevier，2016. Ruren Xu，Yan Xu. Modern Inorganic Synthetic Chemistry（2nd Ed.）［M］.

（三）其他

徐如人. 简明精细化工辞典［M］. 上海：上海科技出版社，2000.

参考文献

[1]徐如愿. 春晖的草创时期与全盛时期 [J]. 上虞史志，2010，5：16-18.

[2]张忠校. 千年古刹太岳寺 [J]. 上虞史志，2010，5：60-61.

[3]徐强. 下管徐氏进士、举人名录 [J]. 上虞史志，2016，29：38-45.

[4]汪国泰. 舜与上虞 [J]. 上虞史志，2016，29：66-78.

[5]徐华仁. 浅说徐偃公及其虞籍徐姓后裔 [J]. 上虞史志，2016，29：90-92.

[6]张玉来，于桂芬. 中国科学家的故事——唐敖庆 [M]. 成都：四川少年儿童出版社，1989.

[7]陈维钧，等. 蔡镏生纪念文集 [M]. 长春：吉林大学出版社，1994.

[8]孟亚黎，等. 关实之陶慰孙百年诞辰纪念文集 [M]. 长春：吉林大学出版社，1996.

[9]高宁. 百年名校—杭州高级中学 [M]. 杭州：浙江教育出版社，2006.

[10]李慧. 千年古镇：生态下管 - 下管卷 [M]. 石家庄：大众文艺出版社，2013.

[11]宁德宽，徐如人. [M] // 白春礼，20 世纪中国知名科学家学术成就概览：化学卷（第二分册）. 北京：科学出版社，2012.

[12]张誉清. 百岁宣传队长高彩琴 [J]. 云和县抗日战争文化，2011，1：14.

[13]王若钦. 民国三十七年（狮山记）[J]. 云和县抗日战争文化，2012，2：36-37.

［14］陶慧明，张誉清. 蜗居山城 艰难修志——1943-1945 年浙江省通志馆在大坪［J］. 云和县抗日战争文化，2012，2：41-53.

［15］黄绍竑. 临时省会迁云和［J］. 云和县抗日战争文化，2013，3：6.

［16］魏永裕. 报纸还未排版，我就知道日本投降了［J］. 云和县抗日战争文化，2013，3：48.

［17］林梦海. 高山仰止—唐敖庆和他的弟子们［M］. 厦门：厦门大学出版社，2015.

［18］刘远，董汉良，等. 一代宗师 风范永存—唐敖庆百年诞辰纪念集［M］. 长春：吉林大学出版社，2015.

［19］郑志勋. 家乡时常入梦来—徐如人院士春行上虞故乡［N］. 上虞日报，2011-04-05（1）.

［20］徐如人. 立足国情值得重视的若干研究方向与化学科学问题［J］. 大师讲坛（上海交通大学），2014，43.

［21］周誉明，姚天阳，等. 中国化学史概论［M］. 南京：南京大学出版社，2004.

［22］谢恩光，等. 浙江教育名人［M］. 杭州：浙江教育出版社，1994.

［23］张兆军. 无机合成有声有色［N］. 科技日报，2007-05-30（8）.

［24］廖一. 徐如人—无机合成化学先锋［N］. 文汇报，1998-08-31（1）.

［25］中共上海交通大学委员会. 交通大学的荣耀，母校的骄傲—上海交通大学2010 年杰出校友奖获得者事迹展［N］上海交通大学报，2010-04-05（2）.

［26］徐如人. 现代无机合成与制备化学中的几个前沿问题［C］. 96'何梁何利基金学术报告会论文集. 1996.

［27］国家教育部，国家人事部. 全国模范教师和全国教育系统先进工作者光荣榜［N］. 吉林日报，1998-09-09（4）.

［28］周其凤，等. 庆祝徐如人教授和庞文琴教授执教六十年暨八十华诞［J］. 高等学校化学学报，2011，32（3）：1-8.

［29］徐如人. 微孔晶体孔道结构的分子设计［C］. 中国科学院第六次学部委员大会学术报告汇编，1992：172-174.

［30］徐如人，庞文琴，霍启升，等. 分子筛与多孔材料化学（第二版）［M］. 北京：科学出版社，2015.

［31］Xuren Xu，Zi Gao，Jiesheng Chen，Wenfu Yan. From Zeolites to Porous MOF

Materials, Studies in Surface Science and Catalysis, Vol. 170A and 170B [M]. Changchun: Elsevier, 2007.

[32] Ruren Xu, Wenqin Pang, Jihong Yu, Qisheng Huo, Jiesheng Chen. Chemistry of Zeolites and Related Porous Materials: Synthesis and Structure[M]. Changchun: John Wiley & Sons (Asia) Pte. Ltd., 2007.

[33] Youqi Tang, Ruren Xu, et al. Molecular Engineering of Catalytic Systems, Topics in Catalysis [M]. Springer, 2005.

[34] 徐如人,庞文琴,于吉红,等. 分子筛与多孔材料化学(第一版)[M]. 北京:科学出版社,2004.

[35] Ruren Xu, Zi Gao, Yan Xu. Progress in Zeolite Science, a China Perspective [M]. Changchun: World Scientific, 1995.

[36] 莱歇特(德),裴祖文,徐如人,等. 固体核磁共振 [M]. 长春:吉林科技出版社,1989.

[37] 徐如人,庞文琴,屠昆岗. 沸石分子筛的结构与合成 [M]. 长春:吉林大学出版社,1987.

[38] Ruren Xu, Yan Xu. Modern Inorganic Synthetic Chemistry (2nd Ed.)[M]. Changchun: Elsevier, 2017.

[39] Ruren Xu, Wenqin Pang, Qisheng Huo. Mordern Inorganic Synthetic Chemistry [M]. Changchun: Elsevier, 2010.

[40] 徐如人,庞文琴,霍启升,等. 无机合成与制备化学(第二版)(上、下册)[M]. 北京:高等教育出版社,2009.

[41] 徐如人,庞文琴,等. 无机合成与制备化学 [M]. 台湾五南图书出版公司,2004.

[42] 徐如人,庞文琴. 无机合成与制备化学 [M]. 北京:高等教育出版社,2001.

[43] 徐如人. 无机合成化学 [M]. 北京:高等教育出版社,1991.

[44] 卢慧英,全晓强,黄湃,等. 乙二胺的结构导向效应的研究 [C]. 中国化学会第28届学术年会论文集,2012(8):229.

[45] 卢慧英,张斌,全晓强,等. 二乙胺为模板剂磷酸铝分子筛的晶化过程研究 [C]. 第八届全国无机化学学术会议论文集,2011,A-G-042.

[46] 张斌,徐君,范峰滔,等. 凝胶中水含量对微孔磷酸铝分子筛 $AlPO_4$-11 晶

化过程的影响［C］. 第十六届全国分子筛学术大会论文集，2011，O-40.

［47］程涛，孙淮，徐君，等. 阴离子骨架磷酸铝 AlPO-CJ9 的形成机理研究［C］.
第十六届全国分子筛学术大会论文集，2011，25.

［48］仝晓强，徐君，闫文付，等. 阴离子骨架磷酸铝 AlPO-CJ9 的形成机理研究
［C］. 中国化学会第二十七届学术年会论文集，2010，08-O-005.

［49］张斌，宋晓伟，徐君，等. 有机模板剂在相似晶化条件下的结构导向能力研
究［C］. 中国化学会第二十七届学术年会论文集，2010（8）：208.

［50］童明全，闫文付，李吉学，等. 手性多型体 A 过量的 Beta 沸石的合成［C］.
中国化学会第二十七届学术年会论文集，2010（8）：206.

［51］张聪，闫文付，于吉红，等. 微波加热法合成高度 b 取向 Silicalite-1 分子筛
膜［C］. 中国化学会第二十七届学术年会论文集，2010（8）：209.

［52］王周翔，闫文付，于吉红，等. 高疏水性 Silicalite-1 分子筛膜的制备［C］.
中国化学会第二十七届学术年会论文集，2010（8）：207.

后 记

徐如人教授是从事基础科学研究的大家，终身致力于分子筛与多孔材料、无机合成化学、水热合成化学的教学科研工作。一生著述颇丰，桃李满园，成果卓著。

接受徐如人教授的资料采集任务后，我们虽然压力很大，但也深感荣幸，这种荣幸来自对一位我们所仰慕的科学家的崇拜，来自他的事迹对我们心灵的洗涤，来自他的人格魅力对我们思想的感染。

历时两年多的时间，我们完成了对徐如人教授学术成长资料的采集工作。徐如人教授对此非常支持，我们和徐如人教授的沟通也很顺畅，心灵的距离在拉近，理解在加深，采集小组成员与徐如人教授建立了深厚的友谊，留下了难忘的印象。

徐如人教授是一位学术大家，他对待工作严谨认真，做事一丝不苟，履事雷厉风行。他不善于用电脑修改文章，当我们把打印好的文稿送给他时，年逾八旬的他总是一字一句地看，一字一句地改，不错过一个标点符号，用清秀的蝇头小字在行间或页面的空白处认真地进行批改。有一次他在路上遇见我，马上把他改过的文稿拿出来当面给我指点。那份文稿有几十页，改动的地方也很多，他硬是在路边顶着烈日把改动的地方一字一句地解释说明。

徐如人教授不仅是一位德高望重的学者，更是一位可亲可敬的长辈，他待人热情，对我们的问题有问必答，从不敷衍了事。我们每次到他家中或是办公室采访，只要定好了时间，他都会提前而至，专心致志配合采访工作。来拜访他的人很多，他每次都要完成采访后再去接待其他客人。有时采访的时间很长，他已显疲倦但仍坚持。

通过采集工作的交往，我们感到徐如人教授是一个很容易相处的人，他为人谦和，恭而有礼，从不摆学者架子，无论职位高低，他都一视同仁。他为人不武断、不张扬，礼贤下士，包容个性，体现了一名师者的涵养与儒雅。

徐如人教授家楼下有个小院儿，面积不大，内植两棵李树。春天，由于院墙的围挡，院内风小、温暖，李树便早早地开花了，一树树洁白的花朵散发出沁人心脾的芳香，学生们到徐如人教授家串门儿时总要在树下驻足，沉醉于花的芬芳。当李子成熟时，满树紫里透红的果实十分诱人。每到这时，徐如人教授就会邀请大家去吃李子，热情地招呼大家。他坐在树下的石桌前望着我们，脸上洋溢着可亲的笑容。大家把这项活动亲切地称作徐老师家的"李子宴"。此情此景正应了那句典故："桃李不言，下自成蹊。"我想，这不正是徐如人教授为人为师、德馨行雅的一个最好的写照吗！

徐如人教授是吉林大学化学学科的创建者之一，也是无机合成与制备化学国家重点实验室的缔造者与设计师，在教学科研领域取得了包括国家自然科学奖在内的多项国家级奖项，培养出了三位中国科学院院士，这是一个非常了不起的成就。但徐如人教授从不以此来炫耀，他把更多的时间用于潜心著述，总结他一生的教学科研感悟，很少去指导实验室的具体工作。他说："年轻人已经成长起来了，他们有自己的思维特点和工作方式，应该放手让他们去独立干事立业和锻炼，老经验往往指导不了新实践，不要影响他们的创新思路。"但是对于年轻人的求教，徐如人教授总会耐心指导，不厌其烦，帮助他们修改论文、设计方向，尽心竭力为年轻人成长创造条件。

徐如人教授一生淡泊名利，在他的大脑中，仿佛装的都是实验数据、科研思想、教育理念和为师之道。所以，他做起事来执着、虔诚、心无旁骛、不为名利所左右，因此所做必果，积微成著，成就非凡。徐如人教授自参加工作后一直扎根在东北这块黑土地上，为了国家的科教事业辛勤耕耘，只争朝夕。他的勤奋不仅使他自己成长为学界的参天大树，枝繁叶茂，同时，他也培育出了许多栋梁之材。在徐如人教授心中，地域环境、经济条件只是外在因素，只要怀着一颗献身科教、潜心培育桃李的初心，在哪里都会结出硕果。如果说每个人的成功都有秘诀的话，我想，这就是徐如人教授的秘诀。

2015 年 4 月 10 日，国务院总理李克强来到吉林大学，视察了无机合成与制备化学国家重点实验室。他亲切地对实验室的师生说："要紧紧抓住基础研究不放松，后面的技术创新和产业发展都有赖于这些扎实的基础研究；我们的研究虽然现在看起来是在坐冷板凳，将来会是热领域，会有大创造；你们要成为我们国家物质科学第一代的创造者，要在世界上作出一流的成绩！"对于徐如人教授来说，他就是能够坐住冷板凳的人，而且一坐就是 65 年，这是徐如人教授最可贵的品质。科研工作源于此理，需要有冷板凳的精神，需要长期坚持坚守，方能有大作为。

如今，在徐如人教授的身上，这种精神还在发挥着作用。他每天仍在伏案耕耘。他在 85 岁高龄之际，还应荷兰 Elsevier 出版集团的约稿，整天伏案写作，在女儿徐雁的协助下，编著出版了科学巨著《现代无机合成化学》（英文版），全书共 800 多页，每一页都是他一个单词一个单词地审阅完成的。这是何等的科学精神、忘我的学术境界、执着的进取意识！当徐如人教授向我们介绍这本书时，他抚摸着桌上厚厚的一摞新出版的论著，兴奋之情溢于言表。我想，这是一名劳动者收获后的喜悦，也是心血的结晶！

人的内心充实，行动方有底气，生活才有朝气，人生更有意义。对于一个耄耋老人，许多人可能都在子女的陪同下安度晚年，享天伦之乐了，而对于徐如人教授来说，学习、思考仍为他的生活常态。最近，他的脑海中还在思考一个学术问题：如何从凝聚态多层次结构的角度来更全面地研究与思考化学问题。近年来，他与研究凝聚态物理和有志于研究凝聚态化学的中、青年学者一直在商讨这方面的科学问题，希望对化学的研究与教学的发展做一些力所能及的贡献。不忘初心，方得始终，徐如人教授对科学事业的执着追求和热爱已经深深地印刻在他的心里。

莫道桑榆晚，为霞尚满天，老骥伏枥，志在千里。只要徐如人教授对科学事业的初心不改，他的晚年也必将绚丽多彩。

徐如人教授一生在科研工作中锲而不舍，砥砺进取，格物穷理，倾力求是，终成大道。2017 年 10 月 25 日，在第十九届全国分子筛大会上，徐如人教授被中国化学会分子筛专业委员会授予首届"中国分子筛研究终身成就奖"。这是对他一生致力于分子筛与多孔材料技术领域研究的全面肯定。2016 年 9 月 16 日，在吉林大学建校七十周年庆祝大会上，他还被授予"吉林大学终身成就奖"。

总结徐如人教授的科教人生，给我们竖起了一面不朽的旗帜，也为后人留下了许多深刻的启迪。

采集工作已近尾声，想想当初的压力，现在终于可以释怀了。从接受采集任务到组建队伍，从制订采集计划到分工开展工作，从资料的收集整理到研究报告的组织撰写，一路上遇到的问题和困难确实不少。然而，问题最终都得以一一解决。这要感谢中国科协的专业指导，感谢吉林大学各有关部门的鼎力支持，感谢徐如人教授及其家属、同事、同学和好友的积极配合，感谢上海交通大学、复旦大学、浙江大学、杭州高级中学、浙江省档案馆、上虞区档案馆、扶余市档案馆及云和县抗日战争文化研究会等单位的热心帮助，更要感谢的是采集小组全体成员的倾力付出与精诚合作。多方面的力量形成合力，推动着采集工程这一利在科教强国、功在民族复兴的伟大事业不断向前。

宁德宽

2019 年 6 月

老科学家学术成长资料采集工程丛书

已出版（110种）

《卷舒开合任天真：何泽慧传》　　　　《此生情怀寄树草：张宏达传》

《从红壤到黄土：朱显谟传》　　　　　《梦里麦田是金黄：庄巧生传》

《山水人生：陈梦熊传》　　　　　　　《大音希声：应崇福传》

《做一辈子研究生：林为干传》　　　　《寻找地层深处的光：田在艺传》

《剑指苍穹：陈士橹传》　　　　　　　《举重若重：徐光宪传》

《情系山河：张光斗传》　　　　　　　《魂牵心系原子梦：钱三强传》

《金霉素·牛棚·生物固氮：沈善炯传》　《往事皆烟：朱尊权传》

《胸怀大气：陶诗言传》　　　　　　　《智者乐水：林秉南传》

《本然化成：谢毓元传》　　　　　　　《远望情怀：许学彦传》

《一个共产党员的数学人生：谷超豪传》《没有盲区的天空：王越传》

《含章可贞：秦含章传》　　　　　　　《行有则　知无涯：罗沛霖传》

《精业济群：彭司勋传》　　　　　　　《为了孩子的明天：张金哲传》

《肝胆相照：吴孟超传》　　　　　　　《梦想成真：张树政传》

《新青胜蓝惟所盼：陆婉珍传》　　　　《情系梁菽：卢良恕传》

《核动力道路上的垦荒牛：彭士禄传》　《笺草释木六十年：王文采传》

《探赜索隐　止于至善：蔡启瑞传》　　《妙手生花：张涤生传》

《碧空丹心：李敏华传》　　　　　　　《硅芯筑梦：王守武传》

《仁术宏愿：盛志勇传》　　　　　　　《云卷云舒：黄士松传》

《踏遍青山矿业新：裴荣富传》　　　　《让核技术接地气：陈子元传》

《求索军事医学之路：程天民传》　　　《论文写在大地上：徐锦堂传》

《一心向学：陈清如传》　　　　　　　《钤记：张兴钤传》

《许身为国最难忘：陈能宽传》　　　　《寻找沃土：赵其国传》

《钢锁苍龙　霸贯九州：方秦汉传》　　《虚怀若谷：黄维垣传》

《一丝一世界：郁铭芳传》　　　　　　《乐在图书山水间：常印佛传》

《宏才大略　科学人生：严东生传》　　《碧水丹心：刘建康传》

《我的气象生涯：陈学溶百岁自述》　　《我的教育人生：申泮文百岁自述》

《赤子丹心　中华之光：王大珩传》　　《阡陌舞者：曾德超传》

《根深方叶茂：唐有祺传》　　　　　　《妙手握奇珠：张丽珠传》

《大爱化作田间行：余松烈传》　　　　《追求卓越：郭慕孙传》

《格致桃李半公卿：沈克琦传》　　　　《走向奥维耶多：谢学锦传》

《躬行出真知：王守觉传》　　　　　　《绚丽多彩的光谱人生：黄本立传》

《草原之子：李博传》

《此生只为麦穗忙：刘大钧传》　　　　《探究河口　巡研海岸：陈吉余传》

《航空报国　杏坛追梦：范绪箕传》　　《胰岛素探秘者：张友尚传》

《聚变情怀终不改：李正武传》　　　　《一个人与一个系科：于同隐传》

《真善合美：蒋锡夔传》　　　　　　　《究脑穷源探细胞：陈宜张传》

《治水殆与禹同功：文伏波传》　　　　《星剑光芒射斗牛：赵伊君传》

《用生命谱写蓝色梦想：张炳炎传》　　《蓝天事业的垦荒人：屠基达传》

《远古生命的守望者：李星学传》

《善度事理的世纪师者：袁文伯传》　　《化作春泥：吴浩青传》

《"齿"生无悔：王翰章传》　　　　　《低温王国拓荒人：洪朝生传》

《慢病毒疫苗的开拓者：沈荣显传》　　《苍穹大业赤子心：梁思礼传》

《殚思求火种　深情寄木铎：黄祖洽传》　《仁者医心：陈灏珠传》

《合成之美：戴立信传》　　　　　　　《神乎其经：池志强传》

《誓言无声铸重器：黄旭华传》　　　　《种质资源总是情：董玉琛传》

《水运人生：刘济舟传》　　　　　　　《当油气遇见光明：翟光明传》

《在断了Ａ弦的琴上奏出多复变　　　　《微纳世界中国芯：李志坚传》

　　最强音：陆启铿传》　　　　　　　《至纯至强之光：高伯龙传》

《弄潮儿向涛头立：张乾二传》　　《材料人生：涂铭旌传》

《一爆惊世建荣功：王方定传》　　《寻梦衣被天下：梅自强传》

《轮轨丹心：沈志云传》　　　　　《海潮逐浪　镜水周回：童秉纲

《继承与创新：五二三任务与青蒿素研发》　　　口述人生》

《淡泊致远　求真务实：郑维敏传》　　《采数学之美为吾美：周毓麟传》

《情系化学　返璞归真：徐晓白传》　　《神经药理学王国的"夸父"：

《经纬乾坤：叶叔华传》　　　　　　　　金国章传》

《山石磊落自成岩：王德滋传》　　　《情系生物膜：杨福愉传》

《但求深精新：陆熙炎传》　　　　　《敬事而信：熊远著传》

《聚焦星空：潘君骅传》